María Elena Mamarian

Rompamos el silencio

Prevención y tratamiento de la violencia en la familia

EDICIONES
KAIROS

© 2017 María Elena Mamarian

Publicado por Ediciones Kairós
Caseros 1275 - B1602ALW Florida
Buenos Aires, Argentina
www.kairos.org.ar

Ediciones Kairós es un departamento de la Fundación Kairós,
una organización no gubernamental sin fines de lucro dedicada
a promover el discipulado y la misión integral
desde una perspectiva evangélica y ecuménica con
un enfoque contextual e interdisciplinario.

Diseño de portada: Verónica Marques
Diagramación: Adriana Vázquez
Ebook: AStudio

Ninguna parte de esta publicación puede ser reproducida,
almacenada o transmitida de manera alguna
ni por ningún medio, sea electrónico, químico,
mecánico, óptico, de grabación o de fotografía,
sin permiso de los editores.

Queda hecho el depósito de la ley 11.723

Todos los derechos reservados
All rights reserved

Mamarian, María Elena

Rompamos el silencio: prevención y tratamiento de la violencia en la familia / María Elena Mamarian; dirigido por C. René Padilla. - 3a ed. ampliada. - Florida: Kairós, 2017.

278 p. ; 21 x 15 cm.

ISBN 978-987-1355-74-7

1. Violencia Doméstica. I. Padilla, C. René , dir. II. Título.

CDD 201.7628292

Dedicatorias

*A mi padre,
quien, con su trato amoroso, hizo fácil
que yo confiara en el amor de Dios.*

*A nuestras nietas:
Sol, Alelí, Constanza, Josefina y Mora,
y a los que vengan en la voluntad de Dios,
porque representan a una nueva generación.
Sueño que ellos y ellas vivan relaciones
más equitativas y justas.*

En memoria de Catalina Feser Padilla

Agradecimientos

A *Ediciones Kairós*, y a René Padilla en especial, por estimular y facilitar una tercera edición de este libro, además de ser una inspiración en la misión integral cristiana.

A mis colegas y amigos de *Eirene Argentina*. En particular al Mgter. Jorge Galli, compañero de ruta de muchos proyectos, quien permitió que incluyéramos como Anexo 1 de esta tercera edición su valioso trabajo "Familia, iglesia y violencia", y a la Prof. Silvia Chaves, amiga experta en dar ánimo y consejos oportunos sobre libros y la vida.

A la psicóloga social Malena Manzato, amiga y compañera de aventuras para Dios, por escribir, desde su vasta experiencia personal al frente de la *Asociación Pablo Besson*, sobre el tratamiento de hombres que ejercen violencia. También por estar siempre dispuesta a responder a mis consultas y brindarme su asesoramiento con generosidad.

A la Mgter. Estela Somoza, otra gran mujer comprometida desde hace mucho tiempo por la salud integral de las familias, co-fundadora y Directora de *Capacitación de Fortalecer*, recursos para familias y comunidades, por facilitar la inclusión del capítulo "Familia, género y creencias religiosas" en el Anexo 2 de este libro. ¡Es imperdible!

A todas las personas que, a través del tiempo y en una gran diversidad de contextos, se atrevieron a romper el silencio y me confiaron sus historias de tragedia y de triunfo. Me motivaron a seguir profundizando sobre este tema que nos alarma y aflige, y también a redoblar esfuerzos en la lucha por relaciones más justas e igualitarias entre los seres humanos.

A las lectoras y lectores que han leído el libro en su primera y segunda edición y a los que se acercarán a la nueva, revisada y ampliada. Que haya una tercera edición de *Rompamos el silencio* me produce sentimientos encontrados. Por un lado, pesar porque el maltrato en la familia no ha cesado y entonces el abordaje de este tema continúa siendo necesario. Por otro lado, se renueva la esperanza al comprobar que muchas personas se empeñan en prevenir o superar este mal en sus propias familias y comunidades, y también se comprometen para ayudar a otros en el camino de salida. Nuevamente, que Dios supla todo lo que falta en este imperfecto escrito para que alcancemos sanidad y libertad.

A los hermanos y hermanas que a lo largo de los años, y quizás en forma silenciosa, acompañan con sus oraciones intercesoras y palabras de aliento.

A Rubén, esposo y compañero de ruta, por ser generoso e incondicional.

A Dios, fuente de salud integral a partir de la obra redentora de Jesucristo, en quien es posible superar las diferencias entre ricos y pobres, fuertes y débiles, adultos y niños, sabios y sencillos, hombres y mujeres. Al que, al llegar a nuestra vida, restaura nuestro perdido sentido de dignidad y valor: *¡A Él sea toda la gloria!*

Buenos Aires, abril de 2017

Contenido

Prólogo a la tercera edición — 9

Prefacio — 13

Introducción — 17
¿Qué entendemos por violencia familiar?
Mitos y verdades sobre violencia familiar
Causas de la violencia familiar

1. La violencia en la pareja — 45
Tipos de maltrato
Ciclo de la violencia conyugal
¿Qué consecuencias tiene la violencia en la pareja?

2. Causas de la violencia en la pareja — 77
Un modelo para comprender el maltrato en la familia
Micromachismos
Por qué se queda una mujer en una relación abusiva

3. Camino hacia la libertad — 97
Qué puede hacer una víctima de violencia conyugal
Qué puede hacer la persona que maltrata
Qué pueden hacer los hijos adolescentes y jóvenes
Qué pueden hacer otros
Qué puede hacer el pastor o el líder de una iglesia
¿Cómo trabajan los grupos especializados
en la problemática de la violencia de pareja?
Intervención interdisciplinaria reeducativa

Evaluación de eficacia: Intervención grupal psico-socio-
reeducativa y espiritual
Algunas sugerencias finales

4. Prevención de la violencia en el noviazgo   133
¿Por qué es necesario hacer prevención de la violencia
durante el noviazgo?
¿Qué entendemos por noviazgo?
¿Qué características tienen los jóvenes más predispuestos
a tener noviazgos violentos?
¿Cuáles son las características de un novio que maltrata?
Recomendaciones prácticas para las chicas
¿Es posible la recuperación de un noviazgo violento?
¿Cómo reconocer un noviazgo saludable?
Algunas palabras para los muchachos
Una palabra para los líderes de adolescentes y jóvenes

5. La familia de Dios y la violencia en la familia   173
Formas en que la iglesia puede ayudar en el problema
de la violencia en la familia
Hombres y mujeres juntos sirviendo a Dios
Un párrafo final para pastores y líderes

6. Carta abierta a los profesionales de la salud   225
No a la violencia familiar: un reencuentro
con una vida digna

ANEXOS

Familia, iglesia, violencia...   241
por Jorge Galli

Familia, género y creencias religiosas   251
por Estela Somoza

Prólogo
a la tercera edición

Es innegable que los modelos de familia varían no solo según la cultura sino también con el tiempo. Lo que permanece constante, sin embargo, es que en todos los modelos la sociedad en general todavía espera que esta institución cumpla un papel preponderante en la integración social de las personas. Se da por sentado que las relaciones interpersonales en el seno de la familia hacen el aporte más importante a la formación multifacética de sus miembros especialmente en las etapas de la niñez y la adolescencia y contribuyen a su crecimiento de modo que alcancen la madurez física y psicológica que les permita encontrar su debido lugar en la sociedad de la cual forman parte.

Lamentablemente, entre los mayores problemas que hoy enfrenta la familia en América Latina y alrededor del mundo se destaca uno que atenta directamente contra la convivencia: la violencia en la familia. En las dos primeras ediciones de este libro la autora argumentó, basada en los estudios que se han hecho sobre el tema, que este es un problema del que no se exime ninguna clase social. En esta nueva edición, revisada y aumentada, ella muestra que actualmente, para mal de males, el problema está causando un creciente número de femicidios. Las cifras, tanto en la Argentina como alrededor del mundo, son alarmantes y demuestran la urgente necesidad de una toma de conciencia de la urgente necesidad de acción por parte de los cristianos a nivel personal y a nivel comunitario.

El principal cómplice de la violencia doméstica es el silencio. El silencio no sólo de las víctimas sino también de las personas que las rodean, sean familiares, amigos o vecinos. Por temor o por vergüenza, se prefiere callar respecto a este mal que destruye paulatinamente la convivencia. A cuenta de «no sacar los trapitos al aire» o de «no entremeterse», se trata de mantener en secreto un problema que a la corta o a la larga acarrea tristes consecuencias no solo para las víctimas directas sino también para las personas que las rodean, especialmente los niños y los adolescentes.

En la sociedad en general en los últimos años ha habido un avance significativo en lo que atañe a un cambio de actitud en cuanto a este tema. Uno de los logros de los movimientos feministas ha sido el reconocimiento de la violencia en la familia como un problema que no pertenece sólo al ámbito privado sino también al público –un problema que exige mecanismos legales para enfrentarlo institucionalmente–. Como resultado, en casi todos los países hoy existen medidas legislativas para sancionar a los victimarios. Poco o nada, sin embargo, se ha hecho todavía en el ámbito secular en relación con la prevención concreta de la violencia en la familia.

¿Qué sucede en las iglesias cristianas con respecto a este problema? Sería de esperarse que ellas se pusieran a la vanguardia de la lucha contra la violencia en la familia. Después de todo, a ellas les corresponde velar por el respeto a la dignidad que *todos* –hombres y mujeres, niños y niñas– tienen como portadores de la imagen de Dios, y proveer un contexto apropiado para la formación de personas capaces de establecer relaciones sanas, basadas en el amor, dentro y fuera de la familia.

Es triste decirlo, pero no es siempre así. Por el contrario, a menudo lo que más fomentan las iglesias cristianas frente a la violencia en la familia es el silencio. Y lo que es aún peor, muchas veces difunden conceptos de la relación entre el hombre y la mujer que sirven para encubrir la desigualdad de géneros y el abuso de poder que prevalecen en la sociedad pero son ajenos al propósito de Dios para esa relación según la enseñanza bíblica.

Para Ediciones Kairós es un honor publicar este libro escrito por una autora que conoce a fondo el tema y sabe por experiencia que las Escrituras ofrecen los recursos necesarios para que las iglesias formen personas dispuestas a romper el silencio frente a ese mal endémico y a permitir que el Espíritu de Dios las habilite para experimentar la realidad de *shalom* en sus relaciones interpersonales en general y familiares en particular.

C. René Padilla
Abril, 2017

Prefacio de la autora

Siempre experimenté, además de compasión y pena, una natural reacción de indignación ante las historias que adolescentes, jóvenes o adultos me relataban con mucho dolor sobre los abusos sufridos en el contexto de sus familias, cuando eran pequeños o aun en el presente. Sin embargo, no fui plenamente consciente de que mi indignación producía un efecto significativo sobre las personas que me relataban sus experiencias hasta que, leyendo un material bibliográfico de un curso de posgrado sobre violencia familiar dictado por la Universidad de Buenos Aires, me encontré con la siguiente propuesta: «Recuperar la dignidad a través de la indignación».

Esta frase me impactó, y de esto hace ya un buen tiempo. Fui comprendiendo muchas de las dimensiones de este concepto gracias a mi práctica ministerial y clínica en la temática de la violencia familiar. Comencé a notar que mi expresión de indignación producía en las personas que habían venido en busca de ayuda ciertos efectos tales como confianza, alivio, seguridad y, a veces, hasta sorpresa. Entendí entonces que es saludable indignarse frente a la violencia en cualquiera de sus formas, pero especialmente frente a la que se esconde y se silencia dentro del ámbito más íntimo, el hogar. El maltrato familiar rebaja al ser humano, sea en su rol de agresor o de víctima, a un nivel de indignidad tal que contrasta con la situación que Dios imaginó para él. *«¡Levanta la voz por los que no tienen voz! ¡Defiende los derechos de los desposeídos! ¡Levanta la voz, y hazles justicia! ¡Defiende a los pobres y a los necesitados!»* (Pr 31:8-9).

El primer propósito del libro, por lo tanto, apunta a romper el silencio, a levantar la voz, a poner una luz en la oscuridad de las relaciones violentas en la familia y promover así la esperanza de libertad y salud. En definitiva, a recuperar la dignidad perdida; esa dignidad con que Dios quiso dotarnos en su perfecta creación.

Un segundo propósito tiene que ver con mostrar un camino alternativo y más saludable para las relaciones familiares, sobre todo en lo que hace a la relación conyugal, objetivo central del libro. La persona o familia que ha experimentado interacciones abusivas por mucho tiempo suele «naturalizar» la violencia. Lo conocido y repetido tiende a resultar natural, normal («siempre fue así», «todas las mujeres de mi familia pasaron por esto», etc.). Pero cuando llega la luz y se proponen otras opciones, las víctimas pueden comenzar a cuestionarse lo que hasta ese momento era esperable y hasta seguro. Este libro intenta anunciar que podemos y debemos pretender relaciones familiares más equitativas y dignas, y abrir así el camino a un nuevo modelo de relación que nos haga más felices y saludables. ¡Hay otro modo de ser hombres y mujeres! ¡Hay otra forma de vivir en familia!

En este mismo sentido, esta nueva edición revisada y ampliada de *Rompamos el silencio* aspira, humildemente, a desafiar a la iglesia de Jesucristo, como familia de Dios, a conocer un poco más sobre la problemática de la violencia familiar y a comprometerse a vivir y enseñar a vivir las verdades divinas en cuanto a las relaciones familiares. La familia de Dios, sin ser perfecta ni estar exenta de conflictos, es el modelo de vida que Dios propone a sus hijos e hijas. Una comunidad espiritual saludable, libre de violencia, es uno de los espacios privilegiados en los que el Padre quiere que la familia humana encuentre alivio, consuelo, ánimo, tanto como la sana enseñanza que nos capacite para una mejor vida matrimonial y familiar en general. «*Hermanos, también les rogamos que amonesten a los holgazanes, estimulen a los desanimados, ayuden a los débiles y sean pacientes con todos*» (1 Ts 5:14).

Es difícil mirar al futuro con nueva esperanza si no hemos cerrado debidamente las heridas del pasado. Este libro también se propone ayudar a entender cómo han sido las relaciones familiares en la propia infancia y adolescencia, reconociendo los efectos que aún siguen vigentes y curando finalmente los dolores y heridas pendientes. Sólo así es posible disponerse a transitar con libertad un camino diferente en lo que hace a las relaciones con la familia de origen y la propia, especialmente en el ámbito del matrimonio.

Finalmente, esta publicación también quiere brindar herramientas de comprensión y acción concreta a las personas que están interesadas en ayudar a otras a liberarse de la violencia familiar pasada, presente y aun futura. A propósito de esto, cada vez me parece más urgente trabajar en la prevención del problema. Los niños y niñas, junto con los adolescentes y los jóvenes son una población vulnerable a sufrir violencia y también a reproducirla al llegar a la edad adulta, pero también están llenos de posibilidades. Trabajar con ellos desde el punto de vista de la prevención es altamente fructífero y, por ello, gratificante y esperanzador. Tomando esto en cuenta, en esta nueva edición hemos incluido más recursos para consultar e implementar.

Seguramente al recorrer este material el lector buscará cumplir con sus propios propósitos. Esperamos que este libro le resulte útil en tal sentido y vea satisfechas sus expectativas. No pretendemos dar todas las respuestas. Tampoco las tenemos. Pero aspiramos a que sea un punto de partida para nuevas investigaciones y acciones sobre el tema. *«Así que mi Dios les proveerá de todo lo que necesiten, conforme a las gloriosas riquezas que tiene en Cristo Jesús»* (Flp 4:19).

María Elena Mamarian de Partamian
Abril de 2017

Introducción

La violencia familiar no es un fenómeno nuevo. Ya en los primeros relatos bíblicos del libro de Génesis encontramos referencias al tema del maltrato en el ámbito del hogar, abarcándolo en sus distintas formas, incluyendo la del asesinato. Sin embargo, sólo en las últimas décadas del siglo veinte comienza a ser objeto de estudio por parte de las diversas ramas de las ciencias humanísticas; se comienza a visualizar que, dentro de un ámbito supuestamente amoroso, protegido, seguro, hasta idílico o sagrado, como se pretende concebir a la familia, pueden darse las formas de maltrato más terribles entre sus miembros, o hacia algunos de ellos.

La violencia familiar ha sido una especie de «oveja negra», algo secreto y soslayado, para las investigaciones y teorías psicológicas y sociológicas. Esto podría atribuirse a que, aun hoy, resulta difícil vencer la resistencia al tema que oponen las creencias sociales o culturales. Estas sostienen que la familia es como un santuario pleno de amor y cuidado para sus integrantes. Se ha preferido rodear de silencio y de prejuicios al sufrimiento y al abuso que pueden darse en el seno de una de nuestras más queridas instituciones. Esto ha impedido la toma de conciencia de que con tal actitud se ha fomentado y encubierto la comisión de delitos con total impunidad; todo ha quedado «en familia», ya que no está bien visto «secar los trapitos sucios al sol», como convenientemente indican algunos dichos vulgares.

Hace todavía menos de 20 años que se tipificó a la Violencia Doméstica como un fenómeno de estudio especializado, para que diversas disciplinas pudieran llegar a su investigación, explicación y tratamiento.[1]

Ya han pasado algunos años desde que la cita precedente fuera escrita. La violencia familiar, como fenómeno social irrefutable, se ha puesto sobre el tapete en nuestros países de América Latina y en el mundo occidental en general. En las agendas de las políticas públicas de algunos países[2], en los medios masivos de comunicación (prensa escrita, televisiva y radial), en los ámbitos educativos y académicos, en los espacios de las organizaciones no gubernamentales, y en menor proporción en las iglesias, comenzó a exponerse y discutirse el tema, con mayor o menor rigurosidad según el caso. Sin embargo, y a pesar de que es positivo que se haya comenzado a visibilizar la problemática ante la opinión pública, todavía estamos muy lejos de encontrarle solución en nuestra sociedad, manchada tristemente por las lágrimas y la sangre de las víctimas inocentes.

Más allá de ser una realidad muchas veces negada, minimizada o cuestionada en algunos sectores de la sociedad, por lo intolerable y siniestra que resulta, además de inquietante y apelativa, al fenómeno de violencia familiar se le continúa haciendo la vista gorda especialmente en nuestros ámbitos cristianos. A los prejuicios sociales en general, que nos llevan a creer que ésta no es una problemática frecuente o que sólo pasa en las poblaciones humildes, los cristianos solemos agregarle el prejuicio de pensar que esto no sucede entre el pueblo evangélico en particular. Sin embargo, estudios fidedignos revelan que el maltrato en la familia es una práctica muy extendida, y que no respeta clases sociales, nivel académico, geografía, ni tampoco religión.

En una encuesta realizada tanto en el Reino Unido como en los Estados Unidos, se dieron los siguientes resultados:

---

[1] Graciela Ferreira, *La mujer maltratada*, Sudamericana, Buenos Aires, 1989, p. 25.
[2] Por ejemplo, en la Argentina se han dictado buenas leyes sobre violencia de género y se han logrado avances significativos en este terreno durante los últimos años. Sin embargo, no siempre esto se traduce en correcta implementación en vastos sectores del país o en la asignación de fondos para cubrir la protección que las víctimas de maltrato deben recibir.

La Encuesta Metodista del año 2002, en el Reino Unido, señalaba que el 17% de los encuestados había experimentado violencia doméstica, el 13% la había experimentado varias veces, el 4% la sufría frecuentemente, el 54% dijo haber experimentado violencia doméstica en los últimos 5 años o más, el 21% dijo que por más de 10 años. Los principales perpetradores de violencia doméstica fueron los esposos y las parejas. Una reciente encuesta de la Alianza Evangélica en el año 2010 no vio cambio alguno en este nivel de abuso.[3]

En el contexto latinoamericano también existen estudios recientes realizados en Perú y en Argentina (provincia de Córdoba) que aportan luz a la realidad del maltrato familiar en el ámbito evangélico.

Los datos de las encuestas realizadas en Perú:

- 4 de cada 10 evangélicos adultos niega la posibilidad de violencia en los hogares.

- Sin embargo, 7 de cada 10 evangélicos adultos menciona que durante los últimos tres años por lo menos una vez sufrió algún tipo de violencia en el hogar.

- 4 de cada 10 varones y 6 de cada 10 mujeres sufrieron algún maltrato durante su niñez.

- 2 de cada 10 reconocen haber sido víctimas de abuso sexual.

Las cifras que aporta la Organización cristiana Comunidad y Cambio (Córdoba, Argentina), son similares:

- 1 de cada 5 personas reconoce la existencia de la violencia económica.

- 2 de cada 10 evangélicos adultos niega la posibilidad de violencia en los hogares.

---

3 Consulta Regional sobre relaciones de género, violencia hacia la mujer y Misión Integral, Red Miqueas, Agosto 2011, p. 74.

Pero

- 3 de cada 10 evangélicos adultos mencionan que en los últimos 3 años ha sufrido situaciones de violencia y/o abuso en el hogar.

Cuando eran niños:

- 4 de cada 10 encuestados fueron víctimas de violencia.
- 5 de cada 10 evangélicos presenciaron situaciones de violencia.
- 3 de cada 10 mujeres evangélicas y 2 de cada 10 hombres fueron víctimas de abuso sexual. [4]

Estos datos son compatibles con la experiencia de los profesionales especializados y agentes pastorales de otras instituciones cristianas de Buenos Aires -como Fortalecer, Asociación Pablo Besson, Eirene Argentina- que desde hace muchos años vienen trabajando en la problemática familiar en general y en los temas de violencia en particular. Tristemente cierto: en nuestros ámbitos cristianos también se sufre el maltrato en la familia.

Haciendo referencia al maltrato sobre la mujer en la pareja –más precisamente llamado violencia de género-, un informe especial de la revista del Banco Interamericano de Desarrollo, bajo el título «Una realidad que golpea», menciona lo siguiente sobre *distintos tipos de abuso:*

- En Chile, un estudio reciente revela que casi el 60 por ciento de las mujeres que viven en pareja sufren algún tipo de violencia doméstica y más del 10 por ciento agresión física grave.
- En Colombia, más del 20 por ciento de las mujeres han sido víctimas de abuso físico, un 10 por ciento víctimas de abusos sexuales y un 34 por ciento de abusos psicológicos.
- En el Ecuador, el 60 por ciento de las residentes en barrios pobres de Quito han sido golpeadas por sus parejas.

---

[4] *Dentro de las cuatro paredes.* Infografías. Paz y Esperanza, Comunidad y Cambio. Con el apoyo de Restored. Ending violence against women. (www.restoredrelationships.org)

- En Argentina, el 37 por ciento de las mujeres golpeadas por sus esposos lleva 20 años o más soportando abusos de este tipo.

Las estadísticas en los países así llamados del «primer mundo» no son muy diferentes. Del informe mundial de la OMS sobre la violencia y la salud, en 2002, se obtienen los siguientes datos referidos *sólo a la violencia física*:

- En un estudio realizado en Canadá, a nivel nacional, en el año 1993, sobre una población de 12.300 mujeres encuestadas, mayores de 18 años, 29% refirió haber sido agredida alguna vez por su pareja.

- En un estudio de similares características realizado en Estados Unidos, entre 1995 y 1996, sobre una población de 8.000 mujeres a nivel nacional, el 22% contestó afirmativamente al respecto.

- En el Reino Unido, un estudio efectuado en 1993 sobre una población de 430 mujeres, mayores de 16 años, del norte de Londres, también el 30% de las mujeres admitieron haber sido golpeadas por su pareja.

- En Suiza, en un estudio a nivel nacional sobre 1500 mujeres cuyas edades oscilaban entre 20 y 60 años de edad, encuestadas entre 1994 y 1996, reveló que el 21% de ellas había sido maltratada por su pareja.[5]

Citamos estos datos a título ilustrativo. Sólo hacen referencia al maltrato en la pareja; no incluyen el maltrato a los niños, niñas y adolescentes, ni a los ancianos y discapacitados en la familia. Si lo hiciéramos, el porcentaje de violencia en la familia aparecería significativamente más alto. Algunos datos sugieren que más del 50% de las familias están o estuvieron afectadas por algún tipo de maltrato entre sus miembros.

Sin embargo, el impacto de los números no debe ser una barrera para acercarnos a un tema difícil pero real y cotidiano. A

---

5 Organización Panamericana de la Salud, Oficina Regional para las Américas de la Organización Mundial de la Salud, *Informe mundial sobre la violencia y la salud*, Washington, D.C., 2003, pp. 98-99.

veces preferiríamos cerrar los ojos y los oídos para no ver ni escuchar tanto dolor; en definitiva, no hacernos cargo, aunque esté sucediendo en nuestra propia familia o en la de nuestro vecino. Pero tampoco queremos ser simplemente sensacionalistas, o que el desánimo nos invada y nos paralice, cayendo en la desesperanza de «no se puede hacer nada», «siempre fue así», «las cosas no van a cambiar». Detrás de cada número hay seres humanos que sufren padeciendo una realidad que puede detenerse, cambiarse o, mejor aún, ser evitada en las generaciones más jóvenes. Esta no es una propuesta utópica, sino un compromiso que podemos asumir, cada uno desde su espacio, sea grande o pequeño, importante o aparentemente insignificante. Todos podemos hacer algo para decir: ¡Basta de violencia en la familia!

El tema del maltrato familiar es muy vasto y complejo. No pretendemos, por ende, agotarlo en esta obra. Quizás un buen punto de partida sea definir algunos términos y el campo que abordaremos en los próximos capítulos.

¿Qué entendemos por violencia familiar?

«Familia» puede definirse de muchas maneras, más o menos abarcadoras y complejas. Una definición sencilla y práctica podría ser: «Ámbito afectivo y de convivencia diseñado por Dios, donde los individuos nacen, crecen y se desarrollan de manera integral, unidos por los vínculos más íntimos como los de esposo y esposa, padres e hijos, hermano-hermana, etc.». Todos nacimos en una familia y formamos parte de una familia, la de origen o la propia. Cuando hablamos de «familia» lo hacemos de un modo amplio y no sólo pensando en la llamada «familia tipo» (papá, mamá, hijos). Muchas veces en una familia falta alguno de los progenitores (por soltería, viudez, divorcio o abandono del cónyuge), o la familia puede estar constituida por abuelos y nietos. Hay familias ensambladas o reconstituidas (uno de los cónyuges o los dos tienen hijos de uniones anteriores que viven –en forma permanente o esporádica– con el nuevo matrimonio), o varios hermanos solteros o viudos viven juntos, o simplemente familias ampliadas. Las configuraciones familiares pueden variar también de acuerdo a la cultura, a factores socioeconómicos, al lugar donde vivan y a otras contingencias. Por ejemplo, es más común encontrar familias nucleares (mamá, papá e hijos) y monoparentales (hijos que viven con un solo progenitor) en las grandes ciudades, y familias ampliadas en las que conviven dos o más generaciones, en el interior del país o zonas rurales. También ocurre en nuestro medio con mucha frecuencia que, por dificultades económicas, los hijos ya casados vuelvan a vivir al hogar de origen con sus cónyuges e hijos; o que los jóvenes divorciados vuelvan con sus hijos, si los tienen, también al hogar de origen. En otras palabras, existe una gran diversidad familiar, de modo que debemos ampliar nuestro concepto de "familia" y, por ende, las formas de comprenderla y abordarla.

Los miembros de una familia, no importa qué configuración tenga ésta, sostienen entre sí diferentes tipos de vínculos:

- Vínculos biológicos, que funcionan perpetuando la especie, dando sustento y abrigo.

- Vínculos psicológicos, que cubren las necesidades afectivas de sus miembros (pertenencia, seguridad, autoestima, etc.), promueven el aprendizaje de los valores, mitos y creencias familiares, y de los roles sexuales.

- Vínculos sociales, que imparten y perpetúan normas, valores y mitos de la cultura.

- Vínculos económicos, que producen en cada familia la manera de intercambio de los valores y de los bienes.

Por otra parte, para definir mejor cuál es el campo de la *violencia en la familia,* resulta útil distinguir *violencia familiar* de *conflicto familiar.* Es normal que en la familia haya conflictos, dado que el conflicto es inherente a la naturaleza humana. Se produce un conflicto cuando existen partes en pugna, facciones que no se ponen de acuerdo. Muchas veces experimentamos *conflictos personales,* individuales, al encontrar dentro nuestro ideas o tendencias que se oponen entre sí. Puede ocurrir que a veces no nos pongamos de acuerdo con nosotros mismos, que haya contradicciones internas y nos cueste tomar una decisión o arribar a la solución de un problema que se nos presente. También hay *conflictos interpersonales* debidos a diferencias de opinión, de personalidad, de historia personal, de valores, de forma de encarar los problemas, de actitudes hacia la vida, de cultura, etc. Los conflictos interpersonales pueden generarse en cualquier interacción humana en distintos ámbitos: familiar, eclesial, vecinal, laboral, de amistad, etc.

Además, hay *conflictos familiares propiamente dichos*, que son parte de la evolución normal de una familia. Cada etapa que atraviesa una familia en su devenir normal puede generar conflictos entre sus miembros o en el funcionamiento del grupo en general. Tal es el caso, por ejemplo, de la adaptación a la vida matrimonial recientemente iniciada, la redefinición de la relación con la familia de origen en distintos momentos evolutivos, la llegada del primer hijo, el crecimiento de los hijos en sus distintas etapas, la manera de encarar la educación de los mismos, los conflictos propios de la adolescencia, el trato con un hijo ya adulto, la vejez y el retiro de la vida activa, etc. También la familia debe resolver otros problemas que aparecen en su horizonte: las llamadas *crisis accidentales*. No son esperadas ni se relacionan necesariamente con el crecimiento familiar, pero suceden y deben afrontarse. Algunas de estas crisis son el desempleo, las dificultades habitacionales, las pérdidas de todo tipo (humanas o materiales), las catástrofes sociales o naturales, las rupturas, los accidentes, las enfermedades, los sueños y proyectos incumplidos, etc. Éstas y otras dificultades, evolutivas o accidentales, pueden generar inestabilidades y conflictos de distintos tipos que la familia debe afrontar. El tema es *cómo* se resuelven los problemas que van surgiendo en la familia.

La resolución de conflictos requiere de estrategias y recursos que permiten finalmente el crecimiento personal y familiar. Es frecuente que no se cuente con tales recursos, pero es esperanzador que puedan aprenderse y desarrollarse. Por eso las crisis, tanto en el plano individual como en el familiar y el social, en general, representan un peligro, pero también una oportunidad para crecer y madurar. El instrumento más valioso que tenemos para resolver los conflictos humanos es la palabra, la posibilidad de comunicarnos y expresar lo que necesitamos y entender también lo que desea y necesita el otro.

Las crisis de ninguna manera representan enfermedad o patología. Son parte de la experiencia universal humana. Son más bien la forma normal en que las personas y las familias reaccionan ante las amenazas internas o externas que no pueden controlar. Las crisis representan, como dijimos, tanto una oportunidad como un peligro. Como oportunidad, pueden ayudar a personas, familias y comunidades a crecer incluso en medio del sufrimiento. Representan un peligro cuando no se procesa el dolor, cuando las personas pierden la confianza en sí mismas, cuando se aíslan y quedan paralizadas frente a la vida.[6]

El problema, entonces, no es que haya conflictos en la familia, sino que los mismos se hagan crónicos o no se encuentren maneras apropiadas de solucionarlos. Muchas veces la *violencia* o el *maltrato* aparecen como una forma equivocada de resolver los conflictos personales o familiares. Bien lejos de resolver los problemas, la violencia en sí misma es un problema que necesita de soluciones específicas.

Si bien no idealizamos la familia, es decir, tomamos en cuenta que está formada por seres humanos imperfectos y sujeta a todo tipo de presiones que no siempre resuelve de la mejor manera, resulta alarmante que el espacio físico y afectivo que configura la familia –el lugar donde se experimentan los más grandes sentimientos positivos– también sea el espacio donde se generen los sufrimientos más intensos y los dolores más amargos, resultado de la violencia ejercida entre sus miembros.

Pero ¿a qué llamamos violencia? La Organización Mundial de la Salud ha definido la *violencia*, en un sentido amplio, como sigue:

> El uso intencional de la fuerza o el poder físico, de hecho o como amenaza, contra uno mismo, otra persona o un grupo o comunidad, que cause o tenga muchas probabi-

---

6 Jorge E. Maldonado, *Crisis, pérdidas y consolación en la familia*, Libros Desafío, Michigan, Grand Rapids, Estados Unidos, 2002, p. 17.

lidades de causar lesiones, muerte, daños psicológicos, trastorno del desarrollo o privaciones.[7]

La palabra «violencia», en el contexto de la familia, refiere a las pautas abusivas de relación entre los miembros de esa familia. Describe el uso de la fuerza (física o emocional) usada con el fin de someter al otro. Los términos «violencia», «maltrato» y «abuso» serán utilizados como sinónimos en esta obra.

Puede llamar la atención que utilicemos los conceptos de *victimización* y *víctima*, tal vez más identificados con otro tipo de situaciones, como podrían ser la violencia callejera o la agresión sufrida por parte de un desconocido. Aunque algunos sectores, por diversos motivos, no están de acuerdo en utilizar esta terminología, a nosotros nos parece útil, por un lado, para facilitar la toma de conciencia de la responsabilidad de los hechos de violencia en la familia, y por otro, para la correspondiente sanción del delito que representa el maltrato familiar. Sólo recientemente, por ejemplo, la violación dentro del matrimonio es considerada un delito, lo mismo que otras formas de maltrato en la familia. Recordemos que en la Argentina, por citar un caso, la ley de violencia familiar fue dictada recién en 1994 y puesta en marcha en 1995.

En una definición sencilla, *víctima* es la persona que ha sido dañada injustamente. Si hay una víctima, ha ocurrido una *victimización*.

> La pertinencia de los estudios de victimización se reveló originalmente en conexión con delitos sobre los cuales no suele informarse, tales como las violaciones de niños o el maltrato de los cónyuges, cuyas víctimas constituyen una gran proporción de la «cifra oscura» de la delincuencia. Resultó obvio en esos estudios que hay razones que militan contra la comunicación de esos actos, y guardan relación con la expectativa de desaprobación social y los problemas de definición por la sociedad y por las propias víctimas. Esa escasa comuni-

---

[7] *Informe mundial sobre la violencia y la salud*, op. cit., p. 5.

cación ha tenido por efecto minimizar la conciencia de ciertas formas de victimización como problema social.[8]

Dentro de lo que llamamos *violencia familiar* encontramos distintas formas, dependiendo de quiénes sean los protagonistas y según cuál sea su papel en la familia. Hablamos de *maltrato conyugal* cuando la interacción violenta se da entre los miembros de la pareja, sea que esté conformada por esposos unidos legalmente en matrimonio o que se trate de una unión de concubinato o de hecho. También incluimos la violencia en el noviazgo. En la actualidad se prefiere hablar de «maltrato en la pareja», en vez de «maltrato conyugal», justamente para abarcar cualquier relación íntima de hombre y mujer que resulte abusiva. A punto tal que gran parte de los casos de femicidios (asesinatos de mujeres por el solo hecho de su género) son cometidos por ex parejas que las siguen considerando objetos de su pertenencia y uso.

De acuerdo con el tipo de fuerza que se emplee, el maltrato puede ser *físico, emocional, sexual, financiero* (o *patrimonial*) y *simbólico*. Generalmente estos tipos no se dan aislados, sino que se combinan, lo que da por resultado distintas formas de abuso en la misma relación. La forma más común es el *maltrato hacia la mujer* (70%). Luego le sigue la *violencia cruzada* (25% de los casos), donde ambos miembros de la pareja se agreden. Y en una ínfima proporción (3-5%), hay *maltrato hacia el hombre*. Estos porcentajes corresponden a las formas físicas de maltrato. Es posible que varíen en algún grado si hablamos de maltrato emocional, que es muy difícil de establecer estadísticamente por las variables que intervienen. En cuanto a la *violencia cruzada*, la experiencia indica que en muchos casos se trata de la reacción que tiene una mujer hacia las agresiones constantes o reiteradas en el tiempo, recibidas primero por parte del varón.

---

8 «Víctimas de delitos», Documento de Trabajo preparado por la Secretaría de las Naciones Unidas para el *Séptimo Congreso de las Naciones Unidas sobre Prevención del Delito y Tratamiento del Delincuente*, Milán, 26 de agosto a 6 de septiembre de 1985 (A/CONF.121/6), traducción española del original en inglés, parágrafo 18, p. 10.

Ante la violencia verbal, las mujeres intentan, la mayor parte de las veces, explicarse o tranquilizar a su compañero. Ante las agresiones físicas, intentan huir o refugiarse en otra habitación. Para ellas es una cuestión de supervivencia, puesto que saben que el enfrentamiento puede incrementar la violencia. Algunas responden a los golpes con más golpes, pero corren el peligro de que la violencia de su compañero se multiplique por dos o de que las tomen por violentas a ellas. No obstante, puede suceder que este tipo de reacción marque, en el otro, un límite que no debe superarse.[9]

En los siguientes capítulos se darán más precisiones sobre el maltrato en la pareja.

Otra forma de violencia familiar muy frecuente es el *maltrato contra niños, niñas y adolescentes*. Se trata del abuso que experimentan los niños/as y adolescentes por parte de sus mayores o de quienes están para cuidarlos en el hogar, fundamentalmente los padres y madres. El abuso puede ser físico, emocional o sexual, y también suele darse combinado. Se estima que el 85% de las niñas, niños y adolescentes abusados sexualmente lo son dentro del ámbito íntimo del hogar, por parte de familiares o conocidos muy cercanos. Estos no necesitan usar la fuerza física para cometerlo, ya que pueden lograrlo a través de la seducción y la confianza que el niño tiene en ellos. Si no son descubiertos o no se toman medidas eficaces para que se interrumpa la relación abusiva, este tipo de abuso suele prolongarse durante varios años. Sólo el 15% restante es cometido en otros ámbitos (la escuela, la calle, el club, etc.). En estos casos suele ser más violento y darse como episodio único. No sólo las niñas son abusadas sexualmente, sino también los niños, dato que es menos conocido porque culturalmente es más estigmatizante y por lo tanto menos confesado por los varones adultos. Tristemente, para muchos niños, niñas y adolescentes el ámbito más inseguro y siniestro se encuentra dentro de las cuatro paredes del hogar,

---

[9] *Mujeres maltratadas. Los mecanismos de la violencia en la pareja.* Hirigoyen, Marie-France. Paidos, 2006. Pág. 53

en lugar de ser el espacio de protección y cuidado amoroso que deberían encontrar.

Cada hora de cada día 228 niños y principalmente niñas son explotados sexualmente en América Latina y el Caribe... La información recopilada de distintos países de la región de América Latina y el Caribe muestra que entre el 70% y el 80% de las víctimas de abuso sexual son niñas, que en la mitad de los casos los agresores viven con las víctimas y en tres cuartas partes son familiares directos. Cuando el abusador tiene las llaves de casa, la sociedad no puede permanecer indiferente.

Cuando hablamos de abuso también tenemos que hablar del hombre que lo causa. El machismo sumado a la violencia de género, son a menudo antecedentes de la violencia contra los niños. Se necesita un movimiento de hombres que repudien esta mal llamada masculinidad y se conviertan en un factor de protección. Las niñas no son juguetes sexuales de los adultos.

Un niño explotado es el último eslabón de una serie previa de violaciones a sus derechos que no han sido garantizados. La violencia, la negligencia, y abuso conducen a la explotación sexual infantil.[10]

El abuso sexual sobre niños, niñas y adolescentes, lo cometen los hombres de la familia y sus allegados en una proporción abrumadora (95%), pero el maltrato físico y emocional es protagonizado tanto por los padres como por las madres. En ocasiones, los hermanos mayores también pueden tener conductas de maltrato hacia los hermanos más jóvenes, sean varones o mujeres; muchas veces con el conocimiento y aprobación de los padres. También se considera que el maltrato puede darse *por acción* o *por omisión*. Es decir, no sólo se cuentan como maltrato las acciones abusivas (golpear, insultar o abusar sexualmente de un niño/a), sino las omisiones que se cometen al no tomar en cuenta las

---

10 Unicef Argentina. Comunicación. Ante el abuso sexual infantil, la indiferencia es aceptación. https://www.unicef.org/argentina/spanish/media_13872.htm

necesidades de los chicos relativas a su salud, su educación, sus necesidades emocionales (de aceptación, de seguridad, de amor, etc.), o sus posibilidades evolutivas (por ejemplo, la excesiva exigencia de los padres en distintos aspectos). Constituye maltrato por negligencia.

También los *ancianos y los discapacitados* con frecuencia sufren violencia dentro del ámbito familiar. Nos indignamos cuando sabemos de geriátricos u otras instituciones donde se maltrata a los ancianos. No obstante, la mayor parte de las veces, por acción o por omisión, se abusa de ancianos y discapacitados en el seno familiar. Además del maltrato físico, emocional y sexual, el abuso financiero suele ser muy frecuente, al apropiarse o disponer discrecionalmente de los bienes de las personas ancianas o enfermas.

Como resulta evidente, y sin desconocer el maltrato que sufren a veces los hombres, los datos y estadísticas confiables –además de nuestra propia experiencia de campo- señalan que la *población vulnerable* dentro de la familia está formada por *mujeres, niños, ancianos y discapacitados*. Las mujeres por su género, los niños por su edad, y los ancianos y discapacitados por su situación; todos ellos están en posición de desventaja, es decir, tienen menos poder. Y para que haya maltrato, deben darse como condiciones el desequilibrio de poder y el abuso de poder. Llena de tensiones y conflictos, organizada jerárquicamente, en la familia interactúan personas de diferente género, de distintas edades y de diferente condición, dependientes unas de otras. Justamente por el distinto grado de poder que detentan sus miembros, la vida en familia resulta propicia para la aparición del abuso de poder, el cual supone una jerarquía en la cual alguien es más fuerte y alguien es más débil, alguien está por encima y alguien está por debajo. El poder no es un problema en sí mismo, ya que puede y debe usarse para ayudar a crecer al otro, protegerlo, cuidarlo, brindar condiciones de desarrollo, etc. El problema es cuando alguien abusa de su poder, amparado en condiciones de «más fuerza», sea física, emocional o financiera.

En el Informe de la Organización Mundial de la Salud citado más arriba se afirma que la inclusión de la palabra «poder», además de la frase «uso intencional de la fuerza física», amplía la naturaleza de un acto de violencia así como la comprensión convencional de la violencia para dar cabida a los actos que son el resultado de una relación de poder, incluidas las amenazas y la intimidación. Decir «uso del poder» también sirve para incluir el descuido o los actos por omisión, además de los actos de violencia por acción, más evidentes. Por lo tanto, debe entenderse que «el uso intencional de la fuerza o el poder físico» incluye el descuido y todos los tipos de maltrato físico, sexual y psíquico [...] Esta definición cubre una gama amplia de consecuencias, entre ellas los daños psíquicos, las privaciones y las deficiencias del desarrollo... Numerosas formas de violencia contra las mujeres, los niños y los ancianos, por ejemplo, pueden dar lugar a problemas físicos, psíquicos y sociales que no necesariamente desembocan en lesión, invalidez o muerte. Estas consecuencias pueden ser inmediatas, o bien latentes, y durar muchos años después del maltrato inicial. Por lo tanto, definir los resultados atendiendo en forma exclusiva a la lesión o la muerte limita la comprensión del efecto global de la violencia en las personas, las comunidades y la sociedad en general.[11]

Mitos y verdades sobre violencia familiar

Sabemos que nuestras actitudes y acciones están determinadas, en gran parte, por lo que creemos, y que la verdad nos hace libres para actuar como debemos. Una forma de conocer la verdad sobre el tema de la violencia en la familia es despejar las mentiras, los prejuicios, las distorsiones y la ignorancia que pueden estar cegando nuestro entendimiento y, consecuentemente, nuestro accionar responsable al respecto.

---

11 *Informe mundial sobre la violencia y la salud*, op. cit., p. 5.

En la obra *Violencia familiar, Una mirada interdisciplinaria sobre un grave problema social*[12], se enumeran algunos de los mitos y prejuicios más frecuentes sobre el tema que nos ocupa. Los citamos, ampliando cada uno de los mismos, a la par que incluimos otros.

1. *Los casos de violencia familiar son escasos; no representan un problema tan grave.* La verdad es que, como ya mencionamos al comienzo de esta introducción, se estima que alrededor del 50% de las familias sufre o ha sufrido -en algún momento de su historia- alguna forma de violencia entre sus miembros.

2. *La violencia familiar es producto de algún tipo de enfermedad mental.* Esta es una forma de justificación bastante frecuente, tendiente a minimizar la responsabilidad del agresor. Por el contrario, son a menudo las víctimas las que terminan padeciendo algún trastorno psiquiátrico –por ejemplo depresión, angustia, trastornos del sueño, etc.– como efecto del estrés crónico que padece una persona que recibe maltrato en forma persistente y continua. Sólo una proporción menor de patologías psiquiátricas cursan con agresión. En estos casos, la violencia es indiscriminada. No está dirigida intencionalmente a una sola persona ni se oculta a la mirada externa, como ocurre en la violencia familiar.

3. *La violencia familiar es un fenómeno que sólo ocurre en las clases sociales carecientes.* De acuerdo con el modelo ecológico de causalidad que se mencionará más adelante, es verdad que las condiciones socioeconómicas desfavorables aumentan el riesgo del surgimiento de la violencia en la familia porque operan como factores estresantes adicionales. Sin embargo, los estudios serios sobre el tema muestran que este fenómeno se da en todas las clases sociales y en todos los niveles educativos. Lo que a veces varía son los métodos más refinados del ejercicio de la violencia en las clases sociales más favorecidas económicamente, que además cuentan con mayores recursos para mantener oculto el problema. Las personas que pertenecen a sectores populares son las que concurren comúnmente a los servicios públicos, razón

---

12 Autores varios, Paidós, Buenos Aires, 1994, pp. 36-39.

por la cual los casos quedan asentados en las estadísticas y registros, y el problema resulta entonces más visible.

La fantasía y los mecanismos de defensa llevan a muchas personas a asociar el crimen y la violencia con las clases más bajas, sin educación, y con los segmentos antisociales de la población. Los estereotipos dominan las creencias que muchos tienen sobre la violencia y sobre aquellos que la practican. El hecho de que muchos actos de violencia se llevan a cabo en los hogares de ciudadanos profesionales respetables es algo que es negado firmemente por la mayoría de las personas.[13]

4. *El consumo de alcohol es la causa de las conductas violentas.* Es verdad que el consumo de alcohol y otras drogas puede favorecer la emergencia de la violencia, pero no son su causa. Muchos alcohólicos no son violentos en el hogar; una gran parte de los violentos no consumen alcohol ni drogas; los alcohólicos violentos en el hogar no lo son en el ámbito social; por lo tanto, es clara la «elección» deliberada de sus víctimas.

5. *Si hay violencia, no puede haber amor en una familia.* Es cierto que resulta muy difícil compatibilizar el amor con la violencia. Y de hecho, el verdadero amor no provoca daño al otro. Sin embargo, por un lado, hay que comprender el carácter cíclico que suele adoptar la violencia en la familia, por lo cual deja espacios libres para el intercambio afectuoso; por el otro, muchas veces el amor que se profesan los cónyuges no es tan saludable como debiera ser y, por efecto de la inseguridad de las personas, se torna adictivo, dependiente, posesivo, y consecuentemente proclive a la agresión.

6. *A las mujeres que son maltratadas por sus compañeros les debe gustar; de lo contrario no permanecerían en la relación.* Esta es una de las creencias que más lastiman a las mujeres que padecen violencia, y muestra un alto grado de incomprensión de la problemática. Las relaciones sadomasoquistas (placer sexual que se obtiene al agredir a un miembro de la pareja y/o ser agredido

---

13 Emilio Viano, *Violencia, victimización y cambio social*, Editora Córdoba, Córdoba, 1987, p. 18.

por el otro) no están incluidas dentro de la definición de violencia de género ya que, en todo caso, serían un tipo de relación sexual consentida mutuamente. No habría abuso de poder de una persona sobre otra, sino una relación de paridad donde ambos eligen libremente. En cambio, la mujer que permanece en una relación abusiva por muchos años o de manera crónica, lo hace por múltiples motivos de índole emocional, social, económica, etc. Si diera a conocer su situación, seguramente experimentaría culpa y vergüenza, al mismo tiempo que miedo, impotencia y debilidad. En mujeres cristianas se suma, además, la convicción de que deben permanecer en el matrimonio a cualquier costo, además de no contar –en muchos casos- con el apoyo del entorno para cortar con la relación de maltrato.

7. *Las víctimas de maltrato a veces se lo buscan; «algo hacen para provocarlo».* Las conductas de otros pueden causarnos enojo, pero de ninguna manera justifican la respuesta violenta. Esta creencia es sostenida por muchísimas personas por ignorancia y es la justificación predilecta de los victimarios. Incluso se atribuye intención de «provocación» a las víctimas de abuso sexual infantil o violación. De esta manera se echa la culpa a la víctima de la violencia y se exime de culpa al agresor. No sólo la población general se hace eco de este mito, sino también las personas encargadas de trabajar en el tema: psicólogos, policías, médicos, abogados, jueces, y hasta religiosos. Al transformar a las víctimas en «sospechosas» sólo logran aumentar su dolor y disminuir su esperanza de recibir ayuda.

8. *El abuso sexual y las violaciones ocurren en lugares peligrosos y oscuros, y el atacante es un desconocido.* Este prejuicio seguramente intenta alejar el fantasma de que dentro de las familias ocurran estos hechos aberrantes e intolerables, y está al servicio de evitar que se rompa el mito de la familia como paraíso seguro. El Profesor Dr. Emilio Viano, especialista en Victimología citado más arriba, menciona que la familia, lejos de ser un santuario, un asilo o un refugio que brinde seguridad y ayuda, muchas veces puede llegar a ser una experiencia aterradora para mujeres y niños.[14] Sin embargo, preferimos negar esta

---

14 *Ibid.*, pp. 34-35.

realidad porque no queremos que nada empañe la ilusión de la familia como espacio idílico de amor y armonía. De este modo, como sociedad, no hacemos más que cerrar los ojos y los oídos al sufrimiento de las víctimas de violencia en la familia.

Veamos algunos datos con respecto al abuso sobre las mujeres, a modo de ilustración:

- Se estima que el 35 por ciento de las mujeres de todo el mundo ha sufrido violencia física y/o sexual por parte de su compañero sentimental o violencia por parte de una persona distinta a su compañero sentimental en algún momento de su vida. Sin embargo, algunos estudios nacionales demuestran que hasta el 70 por ciento de las mujeres ha experimentado violencia física y/o sexual por parte de un compañero sentimental durante su vida.

- Las mujeres que han sufrido maltrato físico o sexual por parte de sus compañeros tienen más del doble de posibilidades de tener un aborto, casi el doble de posibilidades de sufrir depresión y, en algunas regiones, 1,5 veces más posibilidades de contraer el VIH, en comparación con las mujeres que no han sufrido violencia por parte de su compañero sentimental.

- Pese a que la disponibilidad de datos es limitada, y existe una gran diversidad en la manera en la que se cuantifica la violencia psicológica según países y culturas, las pruebas existentes reflejan índices de prevalencia altos. El 43 por ciento de mujeres de los 28 Estados Miembros de la Unión Europea ha sufrido algún tipo de violencia psicológica por parte de un compañero sentimental a lo largo de su vida.

- Se estima que en prácticamente la mitad de los casos de mujeres asesinadas en 2012, el autor de la agresión fue un familiar o un compañero sentimental, frente a menos del 6 por ciento de hombres asesinados ese mismo año.

- En 2012, un estudio realizado en Nueva Delhi reflejó que el 92 por ciento de las mujeres comunicó haber sufrido algún tipo de violencia sexual en espacios públicos a lo largo de su vida, y el 88 por ciento de mujeres comunicó haber sufrido algún tipo de acoso sexual verbal (incluidos comentarios no deseados de carácter sexual, silbidos, miradas o gestos obscenos) a lo largo de su vida.

- Unos 120 millones de niñas de todo el mundo (algo más de 1 de cada 10) han sufrido el coito forzado u otro tipo de relaciones sexuales forzadas en algún momento de sus vidas. Con diferencia, los agresores más habituales de la violencia sexual contra niñas y muchachas son sus maridos o ex maridos, compañeros o novios.

- Se estima que 200 millones de niñas y mujeres han sufrido algún tipo de mutilación/ablación genital femenina en 30 países, según nuevas estimaciones publicadas en el Día Internacional de las Naciones Unidas de Tolerancia Cero para La Mutilación Genital Femenina en 2016. En gran parte de estos países, la mayoría fueron cortadas antes de los 5 años de edad.

- Las mujeres adultas representan prácticamente la mitad de las víctimas de trata de seres humanos detectada a nivel mundial. En conjunto, las mujeres y las niñas representan cerca del 70 por ciento, siendo las niñas dos de cada tres víctimas infantiles de la trata.

- Una de cada 10 mujeres de la Unión Europea declara haber sufrido ciberacoso desde la edad de los 15 años, lo que incluye haber recibido correos electrónicos o mensajes SMS no deseados, sexualmente explícitos y ofensivos, o bien intentos inapropiados y ofensivos en las redes sociales. El mayor riesgo afecta a las mujeres jóvenes de entre 18 y 29 años de edad.

- Se estima que 246 millones de niñas y niños sufren violencia relacionada con el entorno escolar cada año y una de cada cuatro niñas afirma que nunca se ha sentido segura utilizando los aseos escolares, según indica una encuesta sobre jóvenes realizada en cuatro regiones. El alcance y las formas de la violencia relacionada con el entorno escolar que sufren niñas y niños varían, pero las pruebas señalan que las niñas están en situación de mayor riesgo de sufrir violencia sexual, acoso y explotación. Además de las consecuencias adversas psicológicas y para la salud sexual y reproductiva que conlleva, la violencia de género relacionada con el entorno escolar es un impedimento de envergadura para lograr la escolarización universal y el derecho a la educación de las niñas. [15]

9. *El maltrato emocional no es tan grave como la violencia física*. Muchas mujeres preferirían ser golpeadas físicamente para dar a conocer en forma visible su situación de maltrato intrafamiliar. La violencia emocional es más difícil de detectar y probar, tanto para la víctima como para el entorno. El abuso emocional continuado tiene consecuencias nefastas sobre la salud física y emocional de la víctima tanto o más graves que las provocadas por el maltrato físico.

10. *La conducta violenta es algo innato, que pertenece a la «esencia» del ser humano*. Este mito permite legitimar la violencia, concibiéndola como algo ineludible o inevitable. Pero, más allá de que ciertas características de la personalidad hagan más difícil el control de los impulsos en algunas personas, hay consenso en aceptar que la violencia es una conducta aprendida a partir de modelos familiares y sociales que la admiten como un recurso válido para resolver conflictos interpersonales o, peor aún, como el derecho que algunos miembros de la familia (hombres o adultos) ejercen sobre otros (mujeres o niños). Pensar correctamente en este aspecto es promover la esperanza cierta de

---

15 ONU. MUJERES. *Hechos y cifras. Acabar con la violencia contra mujeres y niñas*. http://www.unwomen.org/es/what-we-do/ending-violence-against-women/facts-and-figures#sthash.yp1bSSVm.dpuf

un cambio. Si la violencia es una conducta aprendida, entonces puede ser reemplazada a través del aprendizaje de un nuevo modelo de respuestas no violentas. Para que esto sea posible, también deberá revisarse el sistema de creencias, sobre todo las referidas a aquellas que sostienen la superioridad de los varones sobre las mujeres (machismo), o de los adultos sobre los niños y niñas (adultocentrismo), además de otros tipos de supremacía de algunos seres humanos sobre otros.

Los estudios en diversos entornos han documentado muchas normas y creencias sociales que apoyan la violencia contra la mujer, como las siguientes:

- el hombre tiene derecho a imponer su dominio sobre una mujer y es considerado socialmente superior;
- el hombre tiene derecho a castigar físicamente a una mujer por su comportamiento "incorrecto"; la violencia física es una manera aceptable de resolver el conflicto en una relación;
- las relaciones sexuales son un derecho del hombre en el matrimonio;
- la mujer debe tolerar la violencia para mantener unida a su familia;
- hay veces en las que una mujer merece ser golpeada;
- la actividad sexual –incluida la violación- es un indicador de masculinidad;
- las niñas son responsables de controlar los deseos sexuales de un hombre.[16]

A estos mitos que circulan entre la población en general, podemos agregar algunos mitos propios de los círculos religiosos, como por ejemplo:

11. *La violencia familiar ocurre solamente en hogares en los que las personas no conocen a Cristo.* ¡Cuánto desearíamos que

---

[16] OMS, OPS. *Comprender y abordar la violencia contra las mujeres*. Hoja informativa, 2013, p. 3. Versión electrónica: http://www.paho.org/hq/index.php?option=com_docman&task=doc_view&Itemid=270&gid=23944&lang=es

los hogares cristianos fueran una excepción! Sin embargo, debemos decir con tristeza que no es así. Este mito en nuestros ámbitos cristianos produce la invisibilidad del tema, es decir, induce a creer erróneamente que el problema no existe. Los servicios especializados en violencia familiar, los hospitales y otros medios donde se presta atención a la salud, física y psíquica, encuentran esta problemática en todo tipo de personas, incluyendo en personas religiosas de distintas confesiones. El abuso en la familia no reconoce fronteras económicas, sociales, étnicas, ni tampoco religiosas.

Es cierto que los cristianos y las cristianas disponemos de recursos extraordinarios que muchas veces ignoramos o nos rehusamos a utilizar: cambios en la forma de pensar sobre el uso del poder a partir del mensaje explícito e implícito de Jesús al respecto, el valor de varones y mujeres por igual, la protección hacia los más débiles, por ejemplo, y que incidirían en nuestras prácticas cotidianas. Entonces, resulta doblemente triste que en nuestros ámbitos se practique el mal trato en la familia y también en nuestras comunidades de fe.

> La violencia doméstica es una triste realidad en Brasil y una encuesta reveló una información aún más alarmante: el 40% de las mujeres que dicen ser víctimas de abuso físico y verbal por parte de sus maridos son evangélicas.
>
> El descubrimiento es el resultado de una encuesta de la Universidad Presbiteriana Mackenzie sobre informes recogidos por organizaciones no gubernamentales (ONG) que trabajan para apoyar a las víctimas de violencia.
>
> "No esperábamos encontrar, en nuestro campo de investigación, casi el 40% de mujeres declarando ser evangélica", dice un extracto del informe publicado.
>
> La sorpresa no es mayor que la preocupación que existe sobre el contexto de la agresión: muchas de las víctimas

dicen que se sintieron coaccionadas por sus líderes religiosos a no denunciar a sus maridos.[17]

Lastimosamente, esta realidad no corresponde sólo al país referido. Ya hemos mencionado qué pasa en nuestro contexto latinoamericano y también es una práctica habitual en comunidades cristianas de todo el mundo.

12. Es de cristianos soportar toda clase de malos tratos. Este mito nace de una equivocada interpretación teológica que hace del sufrimiento una virtud. Además suele combinarse con la creencia de que la mujer debe ser sumisa a su marido bajo cualquier circunstancia y condición. En las mujeres religiosas, estas creencias favorecen el sometimiento al maltrato en el hogar; en los hombres, ayuda a minimizar su comportamiento violento; y en los pastores y líderes, induce a consejos que tienden a que el abuso se justifique y se perpetúe.

> Algunos aspectos de la teología tradicional tienden a condicionar a la mujer a una vida de sufrimiento, sacrificio y servidumbre. Ello ha dado lugar a que el sufrimiento se considere bendición de Dios para edificación personal y expiación de los pecados de los demás…
>
> El incremento de movimientos fundamentalistas acentúa de muchas maneras la violencia que soportan las mujeres. A muchas de ellas les resulta difícil admitir que sufren violencia doméstica en su hogar porque tales movimientos les hacen sentir que hacer público el maltrato físico equivale a negar la presencia de Dios en sus vidas… Se hace hincapié en que hay que perdonar al marido porque se lo ve violento únicamente bajo influencia de un espíritu de violencia. Entonces, tratan de ocultar el problema porque es un mal testimonio y temen al pastor o a las críticas de los demás.
>
> Su teología crea sentimientos de vergüenza e inhibición mientras sufren. Se trata de una espiritualidad sufrida,

---

17 Agencia Latinoamericana y Caribeña de Comunicación (ALC) http://alc-noticias.net/es/2016/11/18/40-de-las-mujeres-que-su sufren-violencia-domestica-son-evangelicas-dice-reciente-investigacion/

fundada en una teología de resignación... Entre los sentimientos de culpa, la tentación demoníaca y el sacrificio, la violencia doméstica encuentra una complicidad sufrida en las mujeres que temen la condena de la congregación o la sociedad".[18]

13. *Si hay arrepentimiento del agresor, la víctima de maltrato debe perdonar y olvidar.* Justamente debido al carácter cíclico de la violencia familiar, muchas veces ocurrirá que la persona violenta se arrepienta, quizás hasta sinceramente. Sin embargo, esto no equivale a la posibilidad de un cambio real de la conducta violenta. Las buenas intenciones no bastan: es necesario, además del reconocimiento y del arrepentimiento, el trabajo deliberado, prolongado y a fondo sobre cada uno de los miembros de la pareja, a cargo de alguien que sepa del tema.

Aunque sabemos que es posible que los perpetradores cambien y sean transformados por el poder redentor de Dios, desafortunadamente el abusador usa el "arrepentimiento" falso o hasta el "convertirse" en cristiano, como forma de ganar terreno y hacer que el abuso continúe. Si aparenta tener una súbita fe en Jesús y/o un inesperado "real" arrepentimiento, por seguridad de la víctima ninguna de estas decisiones deben tomarse a la ligera. Para comprobar si el arrepentimiento o conversión es genuina, esta actitud debe ser evaluada y puesta a prueba por un período largo de tiempo, consultando regularmente con la víctima, ya que ella es quien está en mejor posición de evidenciar si ha habido un cambio o no.[19]

Justamente no se trata de un problema de perdón, sino de no olvidar y, más aún, de recordar lo repetitivo de las pautas de la conducta violenta. Sólo así será posible encarar un verdadero trabajo de restauración profundo y duradero.

---

18 Priscila Singh, *Las iglesias dicen "no" a la violencia contra la mujer. Plan de acción para las iglesias.* Iglesia Evangélica Luterana Unida, 2005, pp. 39, 45.
19 Restaura. *Poniendo fin a la violencia doméstica. Manual para las iglesias*, p. 6 http://www.restoredrelationships.org

La concepción correcta de todos los aspectos que hacen a la violencia familiar se irá desarrollando con más amplitud a lo largo de los capítulos siguientes.

Causas de la violencia familiar

Dado que es un fenómeno complejo, la violencia familiar no es algo que se explique fácilmente. Desde distintas líneas teóricas se pueden alegar diferentes causas o dar más peso a unas que a otras (biológicas, psiquiátricas, sociales, familiares, etc.). Cada vez existe mayor consenso en utilizar un «modelo ecológico», que nos ayuda a comprender un poco mejor las múltiples variables que intervienen en este fenómeno y también a integrarlas.

El modelo ecológico fue propuesto por un psicólogo estadounidense, Urie Bronfenbrenner.[20] Se utilizó originalmente para explicar las diversas causas que confluyen en el maltrato infantil, luego se aplicó a la comprensión de la violencia juvenil, y más recientemente a la violencia en la pareja y otras formas de maltrato.

Aunque en capítulos más adelante se retomará el modelo ecológico, especialmente en relación con el maltrato en la pareja, adelantamos ahora sintéticamente que se trata de una mirada integradora a los distintos contextos de los que participa un ser humano en su desarrollo. Comprende, entonces, una *dimensión individual*, donde se examinan los factores biológicos y la historia personal, una *dimensión relacional*, que incluye las relaciones cercanas de un individuo (familia, amigos), una *dimensión comunitaria* (la escuela, el lugar de trabajo, el barrio, la iglesia) y una *dimensión social*, que toma en cuenta factores sociales más generales (normas, actitudes, legislación, políticas, etc.). Cada uno de estos ámbitos puede propiciar o desalentar, potenciar o neutralizar, según el caso, la aparición y perpetuación de las conductas violentas en general y en la familia en particular.

---

20 Urie Bronfenbrenner, *La ecología del desarrollo humano*, Paidos, Barcelona, 1979.

Al pensar en la violencia, tenemos que ponderar el «efecto cascada» de la misma. Esto significa que nunca la violencia se detiene en quien la recibe. De alguna forma, se descarga o se reproduce sobre otros. Se va armando así una larga cadena que empieza en los más fuertes y se perpetúa en los más débiles. Esto se puede verificar en cada uno de los niveles si los tomamos por separado, como también «bajando» de un nivel a otro en la cascada. Así, por ejemplo, si tomamos las relaciones en la familia, veremos que la violencia baja desde un adulto hacia un menor, y éste puede descargar la agresión recibida maltratando a las mascotas o a hermanos o compañeros más débiles. Si tomamos las relaciones laborales en su dimensión comunitaria, también es claro quiénes detentan mayor poder y cómo pueden abusar de él. A su vez, los que sufren algún tipo de abuso pueden reproducirlo, en algún momento, sobre otros. Incluso desde el nivel macrosocial se violenta a los individuos y a las familias a través de políticas socioeconómicas injustas y abusivas, que obviamente producen su mayor impacto nocivo sobre los más vulnerables de una sociedad.

En este sentido, también hay que tomar en cuenta el fenómeno de la «naturalización de la violencia», es decir, la aceptación, como natural o normal, de algo que no lo es. Desde el nivel individual y relacional, la persona que ha vivido desde su familia de origen hasta su familia actual dentro de interacciones violentas puede llegar a no registrar las conductas abusivas como algo disfuncional o éticamente incorrecto. La persona incorpora el maltrato a su repertorio de respuestas habituales, tanto en el caso de quien lo ejerce (victimario) como de quien lo de recibe (víctima).

El nivel comunitario también aporta a la naturalización de la violencia al tolerar pautas abusivas en sus múltiples expresiones (violencia en el colegio, violencia en los medios masivos de comunicación, violencia en la iglesia, violencia en el deporte y en el arte, etc.).

En el nivel más amplio –el social–, la tolerancia a la violencia se expresa en asuntos tales como las concepciones distorsionadas sobre qué es un hombre y qué es una mujer, que terminan avalando la violencia masculina, la impunidad de los agresores, la precaria legislación para proteger a las víctimas, las profundas desigualdades sociales debido a políticas perversas, que son una violencia en sí mismas, etc. Todo esto da por resultado que todos, aun los cristianos, seamos cada vez más tolerantes y más pasivos frente al maltrato, en nuestros hogares, en nuestras iglesias, en nuestra sociedad en general.

¿Cómo despertar de este letargo de conciencia y hacer algo al respecto, no admitiendo ninguna forma de violencia, sutil o abierta, en nuestras interrelaciones? Al respecto, en esta obra quisiéramos proponer *pautas de prevención* aplicables en los distintos ámbitos, en particular en el nivel relacional, tanto individual como comunitario. Al hacerlo, en especial quisiéramos referirnos a la iglesia de Jesucristo, no sólo porque consideramos que Dios tiene mucho que decir sobre este ser humano –creado a su imagen y semejanza, hombre y mujer–, acerca de su interrelación en la pareja y su vida en familia, sea la familia humana o la familia de la fe; sino también porque la familia de la fe tiene mucho para aportar a una familia que experimenta violencia entre sus miembros, sobre todo porque es mucho lo que se puede hacer desde un enfoque preventivo dirigido a los niños, adolescentes, jóvenes y matrimonios.

1

La violencia en la pareja

No es mi cumpleaños o ningún otro día especial; tuvimos nuestro primer disgusto anoche y él me dijo muchas cosas crueles que en verdad me ofendieron. Pero sé que está arrepentido y no las dijo en serio, porque él me mandó flores hoy.

No es nuestro aniversario o ningún otro día especial; anoche me lanzó contra la pared y comenzó a ahorcarme. Parecía una pesadilla, pero de las pesadillas despiertas y sabes que no es real; me levanté esta mañana adolorida y con golpes en todos lados, pero yo sé que está arrepentido; porque él me mandó flores hoy.

Y no es el Día de San Valentín o ningún otro día especial; anoche me golpeó y amenazó con matarme; ni el maquillaje o las mangas largas podían esconder las cortadas y golpes que me ocasionó esta vez.

No pude ir al trabajo hoy, porque no quería que se dieran cuenta. Pero sé que está arrepentido, porque él me mandó flores hoy. Y no era el Día de la Madre o ningún otro día. Anoche, él me volvió a golpear, pero esta vez fue mucho peor.

Si logro dejarlo, ¿qué voy a hacer? ¿Cómo podría yo sola sacar adelante a los niños? ¿Qué pasará si nos falta el dinero? ¡Le tengo tanto miedo! Pero dependo tanto de él que temo dejarlo. Pero sé que está arrepentido, porque él me mandó flores hoy.

Hoy es un día muy especial. Es el día de mi funeral. Anoche por fin logró matarme. Me golpeó hasta morir. Si por lo menos *hubiera tenido el valor y la fortaleza de dejarlo... Si hubiera aceptado la ayuda profesional... hoy no habría recibido flores.*

Relato anónimo

«¡Crimen pasional!». Cada día, y desde hace muchos años, recibimos noticias tituladas de este modo a través de los medios masivos de comunicación. Pero sólo en los últimos tiempos comenzó a asociarse el mal llamado «crimen pasional» con casos graves de la violencia familiar que llegan al homicidio de la pareja y en algunos casos al posterior suicidio del agresor, además de las víctimas colaterales: femicidios vinculados, es decir, muerte de familiares, hijos que se quedan sin madre, o que también son muertos en la masacre. En esta misma semana fuimos sacudidos, en nuestro país con la noticia de un hombre que mató a sus cuatro pequeños hijos para luego suicidarse. ¿El motivo de tamaño horror? Castigar a la esposa que había abandonado recientemente la relación debido a los constantes malos tratos recibidos de su esposo. Estos hechos tienen una frecuencia alarmante. Se estima que en la Argentina cada treinta horas muere una mujer asesinada por su pareja, su ex pareja, o alguien muy próximo de su entorno. La mayoría de las veces se trata del hombre que, llevado por celos enfermizos y una ira incontrolable mata a su compañera, en muchas ocasiones cuando ésta se ha separado de él, haya o no formado otra pareja. También suceden casos muy aislados en que es la mujer la que mata a su pareja en defensa propia o empujada por el miedo y la desesperación al verse acorralada en una relación de maltrato de la que no puede ni sabe salir de otra manera. Y es cierto: el maltrato en la familia o en una pareja puede llevar a estos extremos.

Algunos datos estadísticos para ilustrar:

En Argentina

La Organización Civil Casa del Encuentro se dedica desde hace varios años a relevar los datos relativos a femicidios que llegan a las primeras planas de los medios de comunicación. Se descuenta que estas cifras sólo son una proporción menor respecto de las cifras reales difíciles de conocer. Un periódico local refiere:

Mientras se discute la efectividad de las medidas para proteger a las víctimas de la violencia de género, los femicidios siguen ocurriendo.

Durante 2015, 286 mujeres murieron en todo el país a manos de hombres que, en el 71% de los casos, tenían algún vínculo cercano con ellas. Los asesinatos, la mayoría cometidos con armas, dejaron a 214 chicos sin su madre.

Tal como ocurrió en otros relevamientos, la gran mayoría de los hechos de violencia de género se cometieron dentro del hogar. Setenta y seis de los crímenes sucedieron en la vivienda de las mujeres. En tanto, 72 de los homicidios ocurrieron en el inmueble que la víctima compartía con su pareja.[1]

Pese al esfuerzo de muchos sectores sociales que se movilizan para visibilizar y alertar sobre esta realidad, a la par que reclamar por los derechos humanos de las mujeres y su protección por parte del Estado, como las marchas promovidas por el colectivo "Ni una menos", los femicidios en el país lamentablemente no han disminuido. Por el contrario, en 2016 se registraron 290 femicidios en el país y, como consecuencia, 401 hijos perdieron a sus madres (242 de ellos menores de edad). La mayoría de esas mujeres tenía entre 19 y 30 años (102 casos), y entre 31 y 50 años (103). Cada 30 horas en promedio, una mujer es asesinada en Argentina por su género. En lo que va del presente año -2017- incluso estas cifras han ido en aumento.

En el mundo

Los datos de una gama amplia de países indican que la violencia en la pareja es la causa de un número significativo de muertes por asesinato entre las mujeres. Estudios efectuados en Australia, Canadá, los Estados Unidos, Israel y Sudáfrica revelan que en 40% a 70% de los asesinatos de mujeres las víctimas fueron muertas

---

1 http://www.lanacion.com.ar/1885053-no-cede-la-violencia-contra-las-mujeres-en-2015-hubo-286-asesinatos?utm_source=n_tip_nota2&utm_medium=titularP&utm_campaign=NLSoc

por su esposo o novio, a menudo en el contexto de una relación de maltrato constante. Esto contrasta notablemente con la situación de las víctimas masculinas de asesinato. En los Estados Unidos, por ejemplo, sólo 4% de los hombres asesinados entre 1976 y 1996 fueron muertos por su esposa, ex esposa o novia. [...]

Los factores culturales y la disponibilidad de armas definen los perfiles de asesinatos cometidos por la pareja en diferentes países. En los Estados Unidos, el número de asesinatos de mujeres con armas de fuego es mayor que el cometido con todos los otros tipos de armas combinados. En la India, el uso de armas de fuego es raro, pero las golpizas y la muerte por fuego son comunes. Una treta habitual consiste en rociar a una mujer con queroseno, prenderle fuego y luego afirmar que murió en un «accidente de cocina». Los funcionarios indios de salud pública sospechan que muchos asesinatos de mujeres quedan ocultos por las estadísticas oficiales como «quemaduras accidentales».[2]

El concepto de femicidio permite visibilizar las muertes violentas de mujeres por razones de género y, de esta manera, alcanzar una comprensión más acabada del fenómeno y sus causas. En el marco de la "Declaración sobre el Femicidio" del año 2008, se definió este término como: la muerte violenta de mujeres por razones de género, ya sea que tenga lugar dentro de la familia, unidad doméstica o en cualquier otra relación interpersonal; en la comunidad, por parte de cualquier persona o que sea perpetrada o tolerada por el Estado y sus agentes, por acción u omisión.[3]

Estos no son hechos aislados, sino cotidianos y recurrentes, a los cuales tenemos que prestar mucha atención. Cerca nuestro puede que la vida de una mujer esté corriendo riesgo.

---

2 Informe mundial sobre la violencia y la salud.
3 Corte Suprema de la Nación Argentina. Registro Nacional de Femicidios de la Justicia Argentina. 2015

La opinión pública se conmociona ante estos casos límite y los supone extraordinarios. Sin embargo, por cada crimen conocido, hay millones de «crímenes ocultos» que no llegan a la muerte, al menos de esta forma, y que están silenciados e invisibilizados dentro de las cuatro paredes del hogar. Es que la violencia en la pareja, como los otros tipos de violencia en la familia, suele ser escondida, por distintos motivos, tanto por parte del agresor como de la víctima. Y no sólo por ellos; también la sociedad ayuda a negar la existencia de esta problemática. Hasta en las iglesias hemos intentado ignorarla, sobre todo a través de prejuicios tales como: «esto no sucede en las familias cristianas», «los cristianos soportan toda clase de malos tratos», etc., que hemos comentado en nuestra introducción.

Para tomar conciencia de la magnitud del problema, veamos algunos párrafos del Informe mundial sobre la violencia y la salud, publicado en inglés en octubre del año 2002 por la Organización Mundial de la Salud:

> En 48 encuestas basadas en la población efectuadas en todo el mundo, entre 10% y 69% de las mujeres mencionaron haber sido agredidas físicamente por su pareja en algún momento de sus vidas [...] Para muchas de estas mujeres, la agresión física no era un suceso aislado sino parte de una pauta continua de comportamiento abusivo.
>
> La investigación indica que la violencia física en las relaciones de pareja se acompaña a menudo de maltrato psíquico, y en una tercera parte a más de la mitad de los casos también hay abuso sexual. En el Japón, por ejemplo, entre 613 mujeres que en un momento dado habían sido maltratadas, 57% habían sufrido los tres tipos de abuso: físico, psíquico y sexual. Menos de 10% de estas mujeres habían experimentado sólo maltrato físico. [...]
>
> La mayoría de las mujeres que son víctimas de agresión física por lo general se ven sometidas a muchos actos de violencia con el transcurso del tiempo. En el estudio de León (Nicaragua), por ejemplo, 60% de las mujeres

maltratadas durante el año precedente habían sido agredidas más de una vez, y 20% habían experimentado violencia grave más de seis veces. Entre las mujeres que notificaron una agresión física, 70% denunciaron maltrato grave. El número promedio de agresiones físicas durante el año precedente entre las mujeres que actualmente sufrían maltrato, según una encuesta efectuada en Londres, Inglaterra, fue de siete, mientras que en los Estados Unidos, según un estudio nacional realizado en 1996, fue de tres.[4]

Una nota periodística de nuestro país sintetiza:

- En Brasil, cada 4 minutos una mujer es agredida en su hogar o por una persona de su entorno afectivo.

- En México, el 70 por ciento sufrió algún tipo de violencia por parte de su pareja.

- En Estados Unidos, cada 15 segundos una mujer es golpeada, por lo general, por su compañero íntimo.

- En Francia, cada mes mueren entre 10 y 15 mujeres por agresiones de su pareja.

- En Inglaterra, una de cada 10 sufre algún tipo de violencia física en una relación de pareja y una de cada ocho fue violada por su compañero.

- En España las estadísticas arrojan cifras de altísimo riesgo en las mujeres que se separan o en las etapas posteriores a la ruptura. En 2003, 68 mujeres perdieron la vida. Siete de cada 10 asesinadas estaban en trámite de divorcio.[5]

El maltrato familiar puede ser protagonizado, como víctima, victimario o testigo, por cualquier miembro de la familia, en cualquiera de sus roles. Sin embargo, debemos subrayar nuevamente que los miembros más vulnerables dentro de una familia por su género, edad o condición, son las mujeres, los niños, los discapacitados y los ancianos.

---

4 *Ibíd., op. cit.*, pp. 97, 99.
5 «Violencia familiar», *La Nación Revista*, 21 de mayo de 2006, p. 40.

En este capítulo nos referiremos al maltrato que sucede dentro de la relación de pareja. En el concepto «pareja» incluimos noviazgos, matrimonios, uniones de hecho, concubinatos, y toda forma de convivencia en pareja más o menos estable.

Como ya se mencionó, el maltrato hacia la mujer es histórico, atravesó todos los tiempos y todas las culturas. Sólo en los últimos años se lo ha puesto de relieve como violación a los derechos humanos. La Organización de las Naciones Unidas (ONU) ha subrayado que a pesar de que cualquier mujer –de distintos rangos etarios, sociales, económicos, raciales– puede ser objeto de maltrato, reconoce que hay sectores como "las mujeres indígenas, las refugiadas, las mujeres migrantes, las mujeres que habitan en comunidades rurales o remotas, las mujeres indigentes, las mujeres recluidas en instituciones o detenidas, las niñas, las mujeres con discapacidades, las ancianas y las mujeres en situaciones de conflicto son particularmente vulnerables a la violencia"[6]

En la sesión plenaria de diciembre de 1993, la ONU dictó la Declaración sobre la eliminación de la violencia contra la mujer, entendiéndola como:

> Todo acto de violencia basado en el género que tiene como resultado posible o real, un daño físico, sexual o psicológico, incluidas las amenazas, la coerción o la privación arbitraria de la libertad, ya sea que ocurra en la vida pública o en la vida privada.[7]

Nuevamente nos conmueve que una relación tan íntima, tan comprometida, destinada a ser una fuente de placer y de crecimiento para ambos miembros, se convierta en un espacio destructivo y de tanto sufrimiento.

> *Porque no me afrentó un enemigo, lo cual habría soportado; ni se alzó contra mí el que me aborrecía, porque*

---

[6] Naciones Unidas. Derechos Humanos. *Declaración sobre la eliminación de la violencia contra la mujer*. Versión electrónica: http://www.ohchr.org/SP/ProfessionalInterest/Pages/ViolenceAgainstWomen.aspx

[7] *Ibíd.*

> me hubiera ocultado de él; sino tú, hombre, al parecer íntimo mío, mi guía, y mi familiar; que juntos comunicábamos dulcemente los secretos, y andábamos en amistad en la casa de Dios.
>
> Salmo 55.12-14 (RV60)

Estos textos son una alusión profética a la traición que Jesús experimentaría de parte de Judas, que nos muestra que el efecto del dolor es mayor cuando es causado por alguien en quien se ha confiado, del ámbito íntimo, o en quien se han puesto expectativas de cuidado, seguridad y bienestar.

Asimismo, porque sabemos que en nuestra sociedad la violencia en la pareja se subsume, en su mayor parte, bajo la violencia de género, en este capítulo usaremos deliberadamente el masculino para el agresor y el femenino para la víctima. Ser mujer, en este caso, constituye el primer factor de riesgo para ser víctima de violencia en la familia, en una sociedad en la que todavía el machismo está vigente en sus formas más crueles.

> Ésta es una violencia con un componente específico que nunca se debe perder de vista. El factor riesgo es ser mujer y el mensaje que envía es de dominación o sumisión: es una estrategia necesaria para el sostenimiento de las relaciones patriarcales, tanto en el espacio público como en el privado.[8]

Para advertir sobre factores sociales que favorecen este tipo de violencia, la Organización Panamericana de la Salud expresa:

Los estudios en diversos entornos han documentado muchas normas y creencias sociales que apoyan la violencia contra la mujer, como las siguientes:

El hombre tiene derecho a imponer su dominio sobre una mujer y es considerado socialmente superior.

---

8 Ángeles Álvarez, «La violencia contra nosotros», versión electrónica en http://www.mujeresenred.net/iberoamericanas/article.php3?id_article=13

- El hombre tiene derecho a castigar físicamente a una mujer por su comportamiento "incorrecto".
- La violencia física es una manera aceptable de resolver el conflicto en una relación.
- Las relaciones sexuales son un derecho del hombre en el matrimonio.
- La mujer debe tolerar la violencia para mantener unida a su familia.
- Hay veces en las que una mujer merece ser golpeada.
- La actividad sexual –incluida la violación– es un indicador de la masculinidad.
- Las niñas son responsables de controlar los deseos sexuales de un hombre.[9]

No desconocemos que en una ínfima proporción son los hombres las víctimas de la violencia femenina (se considera en un 3% a 5% para la violencia física). Por razones de fuerza física, es más probable que, sobre sus parejas, ellas ejerzan maltrato emocional y verbal antes que maltrato físico. Recordemos que la violencia es propiciada por el abuso de poder de los más fuertes sobre los más débiles. En ocasiones, el «débil» es el hombre, en especial en estos tiempos de tanta desocupación que causa desvalorización y depresión en el varón. A esto se suma el avance de la mujer en el mercado laboral, lo que la pone a veces en situación de mayor poder que su marido.

En los casos de «violencia cruzada», ambos miembros de la pareja tienen conductas de maltrato, protagonizando episodios recurrentes y cíclicos para volver más tarde a etapas de mayor tranquilidad y calma. Cabe destacar que en la así llamada «violencia cruzada», ocasionalmente uno de ellos –generalmente la mujer– aprende a defenderse usando las mismas armas con las que fue atacada reiteradas veces. En lugar de salir del círculo

---

9 *Organización Panamericana de la Salud*. Normas sociales y culturales que apoyan la violencia contra la mujer. (recuadro 3, pp. 18-20). Comprender y abordar la violencia contra las mujeres. Panorama general. Washington, DC: OPS, 2013. Hoja informativa.

abusivo, ahora ella también responde con violencia como respuesta al maltrato recibido por parte de su compañero y como modo de defensa frente al mismo.

Una de las formas más comunes de violencia contra la mujer es la infligida por su marido o pareja masculina. Esto contrasta sobremanera con la situación de los hombres, mucho más expuestos a sufrir agresiones de extraños o de conocidos que de personas de su círculo íntimo. El hecho de que las mujeres a menudo tengan vínculos afectivos con el hombre que las maltrata y dependan económicamente de él, ejerce gran influencia sobre la dinámica del maltrato y las estrategias para hacerle frente.

La violencia en la pareja se produce en todos los países, independientemente del grupo social, económico, religioso o cultural. Aunque las mujeres pueden agredir a sus parejas masculinas, y la violencia también se da a veces en las parejas del mismo sexo, la violencia en la pareja es soportada en proporción abrumadora por las mujeres e infligida por los hombres. Por este motivo, en el presente capítulo se abordará el tema de la violencia infligida por los hombres a sus parejas.

Desde hace mucho tiempo, las organizaciones de mujeres en todo el mundo han venido denunciando la violencia contra la mujer, en particular la infligida por su pareja. Gracias a sus esfuerzos, la violencia contra la mujer en la relación de pareja se ha convertido en un motivo de preocupación internacional. Considerada inicialmente como un tema sobre todo de derechos humanos, la violencia masculina en la pareja se ve cada vez más como un problema importante de salud pública.[10]

---

10 Ibíd., op. cit., p. 97.

Tipos de maltrato

De acuerdo al tipo de fuerza que se emplee, la violencia puede ser:

- física;
- emocional o psicológica;
- sexual;
- patrimonial o financiera;
- simbólica.

Independientemente de la intencionalidad consciente del agresor, siempre que hay maltrato se produce un daño a la persona agredida. Por lo general, la relación abusiva incluye distintos tipos de maltrato, los que se superponen, refuerzan o complementan. El maltrato puede ser físico, psicológico o patrimonial, pero el daño común a todas las formas de maltrato es el emocional, el que deja en la víctima huellas a largo plazo, muchas veces invisibles pero no por eso menos reales.

Por lo común, la violencia comienza ya desde el noviazgo[11], y se perpetúa y agrava en el matrimonio o en la convivencia.

Incluimos a continuación una lista descriptiva de variadas expresiones de maltrato, a fin de identificar con claridad los comportamientos violentos. De todos modos, la lista no agota todas las posibilidades de maltrato que encontramos frecuentemente al trabajar con personas que padecen violencia conyugal:

Violencia física: darle a la víctima golpes, pellizcos, cachetadas, empujones; producirle quemaduras con combustible o con objetos calientes; intentar estrangularla; tironearla o arrastrarla del pelo; escupir o ensuciar el cuerpo de la mujer; hacerle comer o tragar por la fuerza la comida u otros elementos; provocarle cortes y heridas con objetos útiles a tal fin; arrojarle objetos o pegarle con ellos; aprisionarla contra la pared o los muebles; encerrarla en el baño o en el dormitorio; mantenerla a oscuras; perseguirla por toda la casa; arrojarla del auto; abandonarla en lugares desconocidos o peligrosos; patearle el vientre durante el

---

11 Ver capítulo 4: «Prevención de la violencia en el noviazgo».

embarazo; despertarla a cada rato para no permitirle descansar; atormentarla físicamente con todo tipo de torturas; matarla.

Violencia emocional, psicológica y verbal: insultar y usar adjetivos degradantes; proferir amenazas (de muerte, de llevarse los chicos, de echarla); criticarla por todo cuanto ella dice o hace; gritarle y darle órdenes (frente a los hijos, y a veces frente a otros); humillarla, burlarse de ella y hacerle bromas que la hieren; culparla por todo lo que sucede en el hogar; no tomar en cuenta sus gustos, sus opiniones y sentimientos; mostrarse cínico, prepotente o insolente con ella; acusarla de traidora o desleal si ella cuenta lo que sucede a otros; manifestarle desprecio por ser mujer; humillarla y denigrarla de múltiples maneras; compararla con otras mujeres; confundirla con argumentos contradictorios y doble mensajes; hacerle creer que es ella la que está loca o trastornada; ignorar su presencia; no hablarle; mirarla con desprecio; reírse de ella; agraviarla al sospechar de ella continuamente; acusarla de infidelidad; querer tener la última palabra en todo; no admitir ser contrariado en nada; no permitir explicaciones ni reproches; ser negligente con respecto a las necesidades de ella; amenazarla con suicidarse o con matarla; mentirle; no cumplir las promesas o acuerdos matrimoniales; no responsabilizarse de sus errores; tomar a los hijos como aliados frente a la madre; desautorizarla frente a ellos; elogiarla y humillarla alternativamente, confundiéndola; exigirle sometimiento y obediencia; hacer que tema el futuro si no está con él; intimidarla de múltiples maneras (con amenazas, rompiendo objetos de valor para ella, etc.); criticar a su familia y demás relaciones todo el tiempo; expresar una moralidad religiosa rígida, perfeccionista, haciéndole sentir culpa y estar en falta; etc.

Violencia sexual (incluye todo tipo de contactos sexuales en contra de la voluntad del cónyuge, con o sin penetración): exponerla involuntariamente a pornografía; nunca aceptar un «no» como respuesta, tratarla de manera grosera e insultante durante el coito; burlarse de ella y descalificarla por su rendimiento sexual; obligarla a tener relaciones sexuales delante de los hijos o de otras personas; violarla cuando está dormida; pedirle que realice gestos o actitudes que la humillan o incomodan; acusarla de frígida; obligarla a hacer el amor cuando está deprimida, cansada o enferma, o incluso luego de golpearla; no mostrarse cariñoso con ella ni respetar su tiempo diferente; obligarla a tener relaciones sexuales amenazándola con armas; compararla con otras mujeres o hablarle de otras mujeres con las que se acuesta; etc.

Violencia financiera o económica: no proveer para las necesidades de la familia; no darle dinero o hacerlo bajo mucho control; acusarla de gastar mucho; tomar decisiones unilaterales con respecto al dinero; poner en riesgo el patrimonio de la familia; apropiarse fraudulentamente de los bienes del otro; destruir objetos valiosos para ella (diplomas, agendas, etc.); quitarle las alhajas; revisarle la billetera y cartera con frecuencia; jugar el dinero de la familia; ocultar el patrimonio familiar; dejar que ella se haga cargo de los gastos mientras él guarda lo que gana; tener cuentas en los bancos a su nombre; obligarla a vender bienes de ella y a entregar el dinero; no permitirle gastar en recreación ni regalos para la familia; apropiarse de la herencia que le corresponde a ella; no cumplir con la cuota alimentaria en caso de divorcio; etc.

A causa del abuso financiero muchas mujeres, al separarse o divorciarse, quedan desprotegidas junto con sus niños, y esto porque se vacían empresas, se traspasan los bienes a nombre de otras personas, y se realizan otras tantas maniobras fraudulentas tendientes a dejar desprovista de recursos materiales a la víctima. Este tipo de abuso complementa las otras formas de maltrato.

Violencia social: impedir que la mujer acompañe a su esposo a actividades sociales; prohibirle salidas laborales o amistosas; sabotear los cumpleaños y los encuentros familiares; impedirle trabajar o estudiar; abrirle su correspondencia postal o electrónica; controlar sus llamadas; revisar sus pertenencias; no hacerse responsable de los hijos; controlar todas sus salidas; impedirle tener contacto con otras personas (familia, iglesia, etc.); impedirle practicar su religión; decidir sin consultarla cuándo irse, o no, de los encuentros sociales de los que participan juntos; prohibirle hablar de ciertos temas; hablar mal de ella a otros y buscar aliados en su contra; secuestrar a los hijos; llamarla por teléfono continuamente; vigilarla; hostigarla; hacerse pasar como la víctima en público; criticarla frente a otros o, por el contrario, mostrarse solícito y amoroso con ella, dando una imagen pública que no corresponde con la privada; etc.

Violencia simbólica: Se trata de una forma sutil de maltrato de género presente en la cultura y en la idiosincrasia de los pueblos. Se vehiculiza, en forma imperceptible las más de las veces, a través la publicidad –por medios gráficos, televisivos, internet–, dichos populares, chistes, novelas, letras de canciones, y otros productos culturales. La violencia simbólica contiene y transmite mensajes descalificatorios hacia la mujer, estereotipos que de algún modo avalan o refuerzan la subestimación y la subordinación de la mujer, amén de justificativos para ejercer discriminación y maltrato por parte de los varones. No es muy fácil identificarla y mucho menos, erradicarla. En algunos países se han dictado normativas para prevenir y penar este tipo de violencia, pero hay dificultad para que se sancionen los actos que la exponen.

En ámbitos religiosos también podríamos hablar de *abuso espiritual*, lo que refuerza las otras formas de abuso. Se trata de la manipulación operada a través de argumentos supuestamente «espirituales» o «religiosos», con los cuales se induce a la víctima a sentirse culpable y merecedora del castigo divino, porque no ha actuado con «sujeción» o con la obediencia debida al marido, etc. Utilizando discursos cargados de condena que distorsionan la verdad bíblica, la víctima es sumida en mayor temor y angustia, dado que el agresor suele hablar «en nombre de Dios» o de la iglesia, que es su representación aquí en la tierra. Justamente, la iglesia muchas veces refuerza esta pauta abusiva a través de mensajes o consejos en tal dirección. En vez de ayudar a las personas a ser libres y disfrutar de la gracia, las atan y condenan como una forma más de castigo arbitrario e injusto. En el capítulo 5, «La familia de Dios y la violencia en la familia», y en el Anexo 1 de esta obra ampliaremos estos conceptos.

Ciclo de la violencia conyugal

Una de las claves para comprender algunas especificidades de la violencia en la pareja es saber que la misma cumple un ciclo:

no se da todo el tiempo de la misma forma. Esta manera de entender la problemática tiene muchas implicancias prácticas que iremos mencionando.

Fue muy útil que en 1979 Leonore Walker[12] describiera el ciclo en que la violencia conyugal se desarrolla. Ella habla de tres fases, que se suceden unas a otras con distintos intervalos y frecuencias:

- Fase de acumulación de la tensión.
- Fase de agresión o descarga.
- Fase de arrepentimiento y luna de miel.

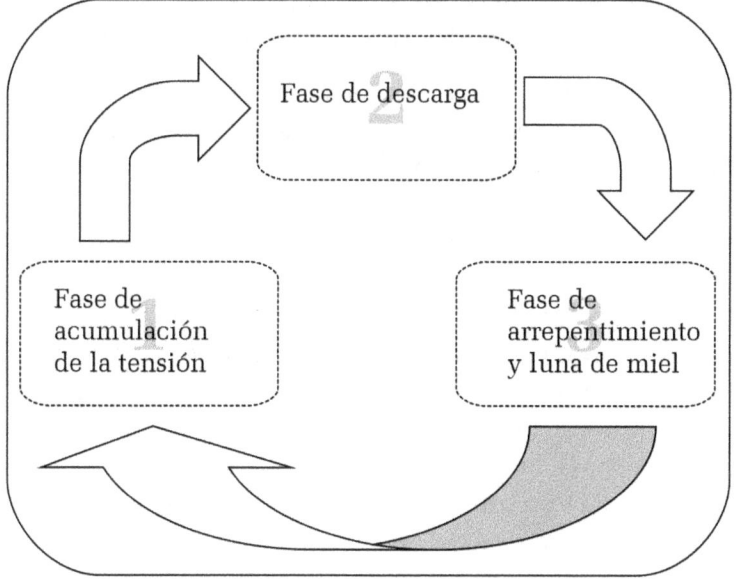

Fase de acumulación de la tensión: Es una etapa caracterizada por irritabilidad fácil del varón, agresiones verbales (desvalorizaciones, menosprecio, insultos) y también por un control excesivo sobre la mujer (sobre el tiempo, las actividades, las amistades, el dinero, etc.). El hombre suele reforzar esta conducta con otras expresiones de abuso emocional: no hablar, irse intempestivamente de la casa, etc. En esta etapa la mujer tiene una actitud

---

12 Leonore Walker, *The battered women,* Harper and Row, New York, 1979.

sumisa y temerosa; se siente culpable y trata de complacer lo máximo posible al hombre, quien se enoja fácilmente, se aísla y no pide ayuda. Experimenta una especie de parálisis compatible con el terrible miedo que siente y que a veces la hace torpe, insegura, vacilante, ansiosa o deprimida. Teme que cualquiera de sus movimientos, actitudes, palabras o miradas desencadene la violencia tan temida. Suele transmitir esto también a los hijos, que viven en el mismo clima de tensión y expectativa ansiosa. A veces, el carácter impredecible del próximo suceso violento se vuelve tan intolerable que madre o hijos pueden llegar a hacer algo que provoque, al fin, la violencia del hombre, para sentirse aliviados una vez pasada la tormenta. Esto refuerza, por otra parte, la hipótesis de la provocación y la culpa consecuente. ¡Algo se hizo para que el hombre actúe abusivamente!

Fase de agresión o descarga violenta: La tensión que se vino acumulando en la fase previa se descarga ahora en forma de insultos groseros, humillaciones, destrucción de objetos valiosos para la víctima (agendas, regalos recibidos, pertenencias, fotos, documentos), golpes, empujones, violación sexual, o cualquier otra forma de violencia. El desencadenante es intrascendente y no tiene una razón justificada, aunque el agresor aludirá a una «causa justa» (una demora en llegar a casa por parte de ella, el que la comida no estuviera a tiempo, la manera en la que ella lo miró, algo que ella haya pedido, etc.). Generalmente la verdadera causa está en que el agresor no puede manejar la frustración que experimenta en otros terrenos –por ejemplo, una dificultad laboral o el sentirse mal consigo mismo–, por lo que intenta obtener su «equilibrio» a través de la humillación y el sometimiento de la pareja. Desplaza sus tensiones de una manera inapropiada, descontrolada y violenta. Muchas veces la frustración del hombre proviene de sus celos enfermizos, a partir de «armar una película en su cabeza» donde ella supuestamente no lo ama lo suficiente o no lo considera de la manera que él supone ella debe hacerlo. Son sus propios celos, basados en su inseguridad y desconfianza, el motor de lo que siente como si proviniera de ella. Además, imagina que tiene toda la razón del mundo para castigarla porque ella lo ha provocado. El justificativo «provocación» termina siendo aceptado también por la víctima, que tratará de amoldar sus palabras, actitudes y conducta para evitar la próxima agresión. De hecho, personas ajenas al problema, que incluso no conozcan la problemática de la violencia familiar, probablemente le pregunten: «¿Qué hiciste para que él se ponga así?». Con ello refuerzan el sometimiento que lleva a un mayor maltrato. Con el tiempo, resulta claro que nada de lo que haga –o no– evitará el maltrato, con lo cual la hipótesis de la provocación queda descartada. En esta etapa muchas mujeres golpeadas deciden pedir ayuda si es que la vergüenza a admitir lo que les sucede, la culpa falsa que sienten por haber provocado la situación, o la depresión y la falta de fuerzas que sobrevienen a consecuencia del maltrato no les impide concretarlo. Si finalmente deciden pedir ayuda (hacer la denuncia policial, contarle al pastor lo sucedido, consultar en un centro especializado, a un psicólogo o a un abogado, etc.), muchas veces desmienten lo sucedido al pasar a la próxima etapa.

Fase de arrepentimiento y luna de miel: Una vez conseguida la descarga necesaria y la humillación de la víctima, el agresor suele «arrepentirse» de lo que hizo. A veces, en vista de los daños ocasionados, pide perdón por lo que sucedió alegando que no pudo controlarse, pero deslizando que no hubiera actuado así si la víctima se hubiera comportado de tal o cual manera. Nuevamente, vuelve a justificar su conducta. Asimismo, el agresor promete que no lo hará nunca más, que pedirá ayuda, que accederá a lo que ella pide, etc. El «arrepentimiento» del agresor en esta fase tiene más que ver con evitar las consecuencias no deseadas por él –por ejemplo: que la víctima decida contar lo sucedido, se vaya de la casa, amenace con romper el vínculo, etc.– que con una real toma de conciencia y un real arrepentimiento del daño producido por su conducta. El agresor suele usar todo tipo de armas (regalos, buenos tratos, mostrarse protector, arrepentido o seductor, etc.) como maniobras manipuladoras. El objetivo final es retener a la compañera, lo cual no deja de llamar la atención.

¿Por qué quiere quedarse con ella si es tan mala, ineficiente, desconsiderada, de tan poco valor, etc.? Hay hombres que pueden decir a otros cosas maravillosas de su mujer, pero por otro lado la denigran y no soportan que ella no actúe exactamente como ellos quieren. Estos hombres viven las diferencias normales entre las personas como amenazas a su propia autoestima e identidad masculina. No es amor lo que al victimario lo une a su pareja sino la necesidad de tener a alguien sobre quien «depositar» los aspectos no deseados de sí mismo y a quien someter a su poder. El vínculo se construye sobre una dependencia enfermiza, y no motivado por el amor y el respeto. Por su parte, la víctima también tiene una profunda necesidad de ser amada y de disfrutar de un tiempo de tranquilidad. Por eso suele aferrarse a las promesas de cambio, a pesar de que con anterioridad muchas veces haya experimentado alivio en esta etapa para luego pasar, con frecuencia variable, nuevamente a la fase de acumulación de tensión y posterior descarga violenta. Es como si olvidara lo que sucedió otras veces, pensando que esta vez sí, el arrepentimiento es sincero. Entonces, se atribuye nuevamente la culpa por haber provocado malestar en su pareja, soliendo arrepentirse de los cambios que había decidido hacer (denuncia policial, recurrir a centros especializados o al psicólogo, etc.). Es posible que el intento de salir del circuito de la violencia se produzca varias veces hasta que la ruptura sea definitiva. Cuando la violencia es grave y estas etapas se recorren cada vez en menos tiempo –o incluso la tercera ya no se produce– es posible que la mujer pida ayuda y se mantenga finalmente en esa posición. Esto último también puede suceder cuando la violencia llega a los hijos.

Es muy importante señalar que, de no mediar intervenciones específicas y adecuadas para interrumpir su curso, la violencia en la familia continuará en aumento progresivo. Es así como, por ejemplo, si en una relación se producen agresiones verbales en el noviazgo y no se limitan, es previsible que las agresiones se vayan incrementando, pasando por el maltrato emocional, agresiones físicas leves, luego más graves, hasta llegar incluso al homicidio:

> *Desde novios me ponía nervioso y la lastimaba verbalmente diciéndole barbaridades. Sólo después de un tiempo de casados volcaba mi frustración físicamente. Empecé a golpear y romper objetos hasta que empecé a golpearla a ella. La violencia física al principio era muy espaciada; rara vez la agredía físicamente. Pero después cada vez se hizo más fre-*

cuente. En el último tiempo, esto sucedía cada mes. (José, 47 años).

Por eso es tan importante romper el círculo violento, haciendo saber lo que sucede en la intimidad del hogar a personas que puedan ayudar efectivamente en este sentido.

Queremos resaltar, además, lo que ya hemos mencionado en la introducción, en el párrafo sobre mitos y verdades acerca de la violencia familiar. Nada justifica la conducta violenta. Caso contrario, todos podríamos dirimir nuestros conflictos y nuestras diferencias con otros de la misma manera.

Desde que dejé de ir a verte, nada ha mejorado ni nada ha empeorado... o sí... Estoy mucho más controlado en mis reacciones, pienso mucho antes de contestar. Y también es cierto que en estos últimos 6 meses, reaccioné mal por lo menos 3 veces: una en mayo, a nuestro regreso de Brasil, la anterior, en Brasil precisamente, y la otra ya ni recuerdo, habrá sido en enero. Antes nuestros «desencuentros» se producían dos veces por semana. Ahora, bimestralmente. El último fue así... Yo volví del trabajo. Llegué a casa para estar un rato con Betty. Ella estaba tirada en la cama leyendo, con cara de traste (pero de traste feo, feo, feo). Traté de entablar conversación con ella. Me cuenta que estaba mal por lo que le había sucedido en su trabajo con su jefa. Pero yo también necesitaba que ella me recibiera bien, me contuviera, quisiera estar conmigo. Pero claro, yo no le importo lo suficiente. Ni sé cómo, empezamos a discutir. Ella se quiso ir, bajó las escaleras en este estado de calentura de los dos, y lo que simplemente hice fue tomarla con una mano de su mandíbula inferior y taparle la boca. Ella se exasperó, reaccionó para defenderse de mi agresión, me empujó y se puso a gritar e insultarme. Entonces se me «escaparon» dos o tres cachetadas, que según ella habían sido «trompadas». No recuerdo haberle pegado trompadas, y si lo hice fue en raras circunstancias. No tengo derecho a trompear a mi mujer ni tampoco de cachetearla. Totalmente claro. Tampoco ella tiene el derecho de transferir sus problemas laborales a nuestra casa. Me di cuenta que ahora ella reacciona de la misma manera en que reaccionaba yo. Me la agarraba con ella, la trataba mal, la ignoraba, la insultaba, y de última, la golpeaba. (Joaquín, 45 años).

¿Qué consecuencias tiene la violencia en la pareja?

Sobre la salud de la persona maltratada se producen efectos indeseados de todo tipo. Recordemos que, en general, podemos decir que maltrato conyugal es cualquier forma de menoscabo a la integridad física, emocional, sexual, moral o patrimonial, que una persona sufre por parte de su pareja, y que le causa un deterioro más o menos grave, a corto, mediano y largo plazo.

A medida que el abuso se repite y se prolonga en el tiempo, se va produciendo un gradual descenso de las defensas psíquicas y físicas. A nivel físico, se experimenta toda clase de disfuncionalidades: dolores de cabeza, cansancio, trastornos gástricos, estrés, trastornos del sueño y de la alimentación, enfermedades recurrentes y variadas de mayor o menor gravedad. Muchas veces la persona consulta en diferentes servicios médicos por sus dolencias, pero no cuenta que sufre violencia en el hogar porque probablemente no asocie el maltrato a sus problemas de salud. Incluso, al ser interrogada específicamente al respecto por algún profesional de la salud que presume la verdadera causa, es posible que la víctima niegue lo que sucede en la intimidad. También es posible que cambie de profesional si siente que la violencia familiar está a punto de ser descubierta. Temores, vergüenza, desconfianza, etc., son la causa más frecuente de esta actitud. No obstante, y debido a la creciente discusión abierta de estos temas en los medios de comunicación, algunas mujeres estarían dispuestas a admitir que sufren maltrato –y hasta se sentirían aliviadas de poder hacerlo– si se les preguntara en forma directa pero no acusatoria ni intimidatoria.

Los efectos emocionales están siempre presentes, en cualquier forma de maltrato: baja autoestima, miedo, depresión y ansiedad suelen ser los más comunes. Las mujeres que viven maltrato conyugal se perciben a sí mismas como muy débiles frente a un poder del marido que sobreestiman; hasta pueden llegar a sentirse tontas o locas, confirmando lo que ellos mismos les dicen. Es muy frecuente que en la consulta expresen que no tienen claridad sobre lo que viven. Dudan de sí mismas y de sus percepciones, lo que las puede llevar a la idea de que están perdiendo la razón. También presentan irritabilidad, inestabilidad emocional, pérdida de la confianza en sí mismas, impotencia, desesperación, inquietud, profunda tristeza, culpa, vergüenza, desesperanza, sentimientos de desamparo, y hasta deseos intensos de morir, por suicidio o por algo externo a ellas. Este deseo de muerte aparece aun en las mujeres cristianas. Y no es porque les falte fe en Dios ni por fallas en su vida espiritual, sino por la pérdida de la esperanza de hallar una solución al sufrimiento, aumentado también por el aislamiento y la soledad en que viven la situación.

Para muchas mujeres, sin embargo, los efectos psicológicos del abuso son más debilitantes que los efectos físicos. Miedo, ansiedad, fatiga, desórdenes de estrés postraumático y desórdenes del sueño y la alimentación constituyen reacciones comunes a largo plazo ante la violencia. Las mujeres abusadas pueden tornarse dependientes y sugestionables y encontrar dificultades para tomar decisiones por sí mismas. La relación con el abusador agrava las consecuencias psicológicas que las mujeres sufren por el abuso. Los vínculos legales, financieros y afectivos que las víctimas de la violencia conyugal tienen a menudo con el abusador, acentúan sus sentimientos de vulnerabilidad, pérdida, engaño y desesperanza. Las mujeres abusadas frecuentemente se aíslan y se recluyen tratando de esconder la evidencia del abuso. No es sorprendente que dichos efectos hacen del abuso de la esposa un contexto elemental para muchos otros problemas de salud. En los Estados Unidos, las mujeres golpeadas tienen una posibilidad de cuatro a cinco veces mayor de necesitar tratamiento psiquiátrico que las mujeres no golpeadas, y una posibilidad cinco veces mayor de intentar suicidarse (Stark y Flitcraft, 1991) [...] La relación entre el maltrato y la disfunción psicológica tiene importantes implicaciones con respecto a la mortalidad femenina debido al riesgo aumentado de suicidio. Luego de revisar la evidencia de los Estados Unidos, Stark y Flitcraft llegaron a la conclusión de que el abuso puede ser el precipitante único más importante identificado hasta ahora relacionado con los intentos de suicidio femeninos (1991, p.141). Una cuarta parte de los intentos de suicidio de parte de mujeres estadounidenses y la mitad de los intentos de parte de mujeres afronorteamericanas están precedidos por abuso (Stark, 1984).[13]

El reciente informe de la OMS confirma estos datos:

> La violencia de pareja y la violencia sexual producen a las víctimas sobrevivientes y a sus hijos graves problemas físicos, psicológicos, sexuales y reproductivos a corto y a largo plazo, y tienen un elevado costo económico y social. La violencia contra la mujer puede tener consecuencias mortales, como el homicidio o el suicidio.
>
> Asimismo, puede producir lesiones, y el 42% de las mujeres víctimas de violencia de pareja refieren alguna lesión a consecuencia de dicha violencia.
>
> La violencia de pareja y la violencia sexual pueden ocasionar embarazos no deseados, abortos provocados, problemas ginecológicos, e infecciones de transmisión sexual, entre ellas la infección por VIH...
>
> La violencia en la pareja durante el embarazo también aumenta la probabilidad de aborto involuntario, muerte fetal, parto prematuro y bebés con bajo peso al nacer.
>
> La violencia contra la mujer puede ser causa de depresión, trastorno de estrés postraumático, insomnio, trastornos alimentarios, sufrimiento emocional e intento de suicidio. Las mujeres que han sufrido violencia de pareja tienen casi el doble de probabilidades de padecer depresión y problemas con la bebida. El riesgo es aún mayor en las que han sufrido violencia sexual por terceros.
>
> Entre los efectos en la salud física se encuentran las cefaleas, lumbalgias, dolores abdominales, fibromialgia,

---

13 Lori Heise, *op. cit.*, pp. 25-26.

trastornos gastrointestinales, limitaciones de la movilidad y mala salud general.[14]

El daño moral tampoco es menor. La decepción, el sentimiento de haber sido traicionado, la pérdida del sentido de dignidad y valor inherentes a todo ser humano, entre otras cosas, caracterizan la vivencia de la víctima.

> Aquellos que trabajan con víctimas de la violencia doméstica informan que, con frecuencia, las mujeres consideran que el abuso psicológico y la humillación son más devastadores que la agresión física. Un minucioso estudio realizado en Irlanda con 127 mujeres golpeadas que preguntaba: «¿Cuál fue el peor aspecto de la golpiza?», recibió las cinco respuestas principales siguientes: la tortura mental (30), vivir con miedo y terror (27), la violencia física (27), la depresión o la pérdida de toda confianza (18), los efectos sobre los hijos (17); (Casey, 1988).[15]

Como es lógico suponer, todo esto repercute en la vida total de la persona. Respecto de lo social, el aislamiento, el temor y la desconfianza son característicos. La vida social, aun en la comunidad religiosa, se empobrece o se anula directamente.

En cuanto a lo laboral, son bien conocidos los perjuicios económicos, tal que hoy en día se reconoce la violencia familiar como un problema de salud pública, ya que sus efectos trascienden con creces el ámbito puramente privado. Si una persona tiene un trabajo, el ausentismo y la falta de productividad son los síntomas. Si una persona no trabaja, su miedo a enfrentar la realidad y la baja autoestima, además del aislamiento a la que puede estar sometida, impiden que pueda acceder a la autonomía y al sentido de valor personal que le daría un empleo. Incluso muchas mujeres profesionales que padecen violencia en el hogar

---

14 OMS. Violencia contra la mujer. Nota descriptiva. Setiembre de 2016. Versión electrónica en: http://www.who.int/mediacentre/factsheets/fs239/es/
15 *Ibíd.*, p. 21.

nunca ejercen sus profesiones. Todo esto, además, tiende a incrementar la dependencia con respecto al agresor.

Dejemos hablar a las cifras. Los devastadores efectos de la violencia doméstica en las economías impactan cuando se empiezan a conocer los millones de dólares consumidos por los gastos que demanda en salud, policía, justicia y merma de la productividad. Según un estudio del Banco Mundial, uno de cada cinco días activos que pierden las mujeres por problemas de salud se debe a manifestaciones de la violencia doméstica. En Canadá, un informe revela que este tipo de violencia causa un gasto de unos $1.600 millones de dólares anuales, incluyendo la atención médica de las víctimas y las pérdidas de productividad. En Estados Unidos, diversos estudios determinaron pérdidas anuales de entre $10.000 millones y $67.000 millones de dólares por las mismas razones. Para América Latina y el Caribe casi no hay cifras disponibles, ya que recién comienzan a realizarse estudios sobre el impacto económico de la violencia doméstica en la región. Los efectos en la propia mujer víctima de la violencia son los más inmediatamente visibles, gastos en salud, ausentismo laboral, disminución de ingresos para el grupo familiar. Pero ellos constituyen apenas la punta del «iceberg» frente a los costos que el problema tiene para la sociedad, como su impacto global en los sistemas de salud, aparatos policiales y régimen judicial. «Los costos indirectos pueden superar ampliamente a los costos directos», estima Mayra Buvinic, jefa de la División de Desarrollo Social del BID.[16]

Entre las mujeres cristianas que sufren distintos tipos de violencia también se producen efectos a nivel espiritual. Es posible que experimenten dudas sobre el carácter amoroso y misericor-

---

16 Christina MacCulloch, «El costo de la violencia, Una sangría para las economías de la región», en *BIDAmérica*, Revista del Banco Interamericano de Desarrollo, Washington, D.C. (enero de 2001): versión electrónica en http://www.iadb.org/idbamerica/index.cfm?&thisid=1982&articlepreview=0&

dioso de Dios, desconfianza de Él, resentimiento, temor, distorsión de la imagen de Dios, sentimiento de encontrarse abandonada por Él, culpable, indigna de su amor y de la comunión con los hermanos. También se pueden sentir desamparadas por los pastores y líderes que no cuidan o que no ejercitan la justicia de Dios, abruman con mayores cargas a las víctimas y defienden a los maltratadores. En definitiva, también ejercen violencia sobre ellas.

> Además de afectar a la mujer física y psicológicamente, también afecta su espiritualidad. Cuando la mujer vejada busca soluciones alternativas, asesoramiento o consuelo en dirigentes e instituciones espirituales, el trato inadecuado e ineficaz que se le reserva la hace sentir sola, traicionada y enojada. Entonces, en medio de su dolor se pregunta: "¿Dónde está Dios y para qué sirve la iglesia?"[17]

Me parece útil subrayar, en este apartado sobre los efectos de la violencia, qué se considera «grave» en violencia. Tendemos a pensar la gravedad de los hechos según las marcas visibles que producen. Si una mujer aparece con claros indicios de haber sido golpeada físicamente, entonces nos inclinamos a evaluar que el tema es grave y probablemente le prestemos más atención. Hasta podríamos considerar, desde los ámbitos religiosos, la posibilidad del divorcio o la separación. Lo mismo sucede al realizar denuncias. Pareciera que alguien tiene que «exhibir» marcas suficientemente claras para el observador, para que se le crea que es víctima de maltrato y se tenga compasión de ella, o se avale que se tomen medidas para terminar con la violencia. Sin embargo, está cabalmente demostrado que las consecuencias de orden emocional son gravísimas y a largo plazo en todo tipo de maltrato, y en especial en el de abuso sexual y psicológico, que no es fácilmente verificable a menos que el observador sea un experto en el tema o esté debidamente entrenado para «ver» más allá de lo evidente.

---

17 Priscila Singh, *Las iglesias dicen "No" a la violencia contra la mujer. Plan de acción para las iglesias*. Iglesia Evangélica Luterana Unida, 2005, p. 16.

Centrarse exclusivamente en los actos también puede ocultar la atmósfera de terror que a veces impregna las relaciones violentas. En una encuesta nacional de la violencia contra la mujer realizada en el Canadá, por ejemplo, una tercera parte de las mujeres que habían sido agredidas físicamente por su pareja declararon que habían temido por su vida en algún momento de la relación. Aunque los estudios internacionales se han concentrado en la violencia física porque se conceptualiza y se mide más fácilmente, los estudios cualitativos indican que para algunas mujeres el maltrato y la degradación psicológicos resultan aún más intolerables que la violencia física.[18]

Nadie queda a salvo cuando hay maltrato en el hogar. También los hijos sufren cuando hay violencia en la pareja. Por un lado, la violencia en la pareja también suele ir acompañada de maltrato hacia los niños y hacia los ancianos, es decir, hacia los más vulnerables en la familia. A veces, una mujer maltratada por su esposo descarga su frustración y su impotencia sobre los hijos. Otras veces, el esposo puede castigar emocionalmente a la mujer golpeando a sus hijos o a alguno de ellos. Por otro lado, aunque no haya maltrato físico hacia los hijos por parte de los padres, el ser testigo de violencia es también una forma de abuso emocional que tiene consecuencias de efectos duraderos sobre ellos.

Es así que se producen efectos destructivos a largo plazo en relación al modelo de pareja que los niños y adolescentes van incorporando en su mente. Además de sufrir ellos mismos maltrato emocional al ser testigos de la violencia entre sus padres, o hacia la madre más frecuentemente, es muy probable que ellos «copien», involuntariamente, el modelo para sus futuras relaciones de pareja, ya sea que adopten luego el papel de víctima o de victimario. Así es como la violencia se perpetúa de generación en generación a través del aprendizaje cotidiano en el hogar de origen.

---

18 Informe mundial sobre la violencia y la salud, *op. cit.*, p. 101.

Los niños suelen ser utilizados como medio e instrumento para ejercer control y hacer daño a la madre y necesitan apoyo y ayuda específica para superar los miedos, inseguridades y traumas que les causa la situación. Para acabar con la violencia de género es necesario romper la cadena generacional que supone el que los niños repitan de mayores las conductas y modos que aprendieron de niños en un hogar en el que el padre trata con desprecio y violencia a su mujer.[19]

La nota descriptiva de la OMS citada en los párrafos precedentes expresa al respecto que "los niños que crecen en familias en las que hay violencia pueden sufrir diversos trastornos conductuales y emocionales. Estos trastornos pueden asociarse también a la comisión o el padecimiento de actos de violencia en fases posteriores de su vida". El siguiente testimonio ilustra los efectos de la violencia doméstica en los niños:

Mi papá era un inmigrante eslavo; era muy joven cuando vino a la Argentina, solo y pobre. Se casó con mi mamá que era de Misiones. El tenía muchos miedos y seguramente se evadía de ellos tomando grandes cantidades de alcohol; pasaron muchos años antes de que pudiera dejar la bebida. Se preocupaba por nosotros, los hijos; no quería que nos pasara nada y por eso nos sobreprotegía. Nos encerraba para que no nos relacionáramos con otros porque tenía una gran desconfianza del entorno, que en realidad no conocía bien. Él decía que los amigos no eran confiables, que los amigos verdaderos sólo estaban en la casa, es decir, en el ámbito de la familia. Es así que nadie entraba a casa y nosotros tampoco íbamos a ningún lado. Nadie sabía lo que vivíamos allí dentro. A mí me trataba bien, pero yo le tenía terror. Tengo todavía nítido el recuerdo de esconderme muchas veces detrás de un mueble grande y viejo que había en el comedor de la casa. Nunca sabía cuándo llegaría bien o cuándo llegaría mal a casa. Así que, cuando lo oía llegar, yo corría detrás del mueble. Casi no respiraba para que no notara

---

19 Alianza evangélica española. *Guía de acción pastoral contra la violencia de género*, p. 27.

mi presencia. Él les pegaba mucho a tres de mis hermanos y a mi mamá también. No la dejaba relacionarse con su familia, la aisló de todos. Ella nunca lo contradecía ni reclamaba nada, quizás por miedo a desencadenar con más fuerza su furia. Yo trataba de cubrir a mi hermana para que no le pegara, porque eso me hacía sufrir mucho. Y mi mamá no la defendía porque si no le pegaba a ella también. Mi mamá era muy sumisa. Se aguantaba todo y no le decía nada, supongo que para que no fuera peor el castigo. La palabra que describe todo eso era «terror», no miedo simplemente, sino terror. Me doy cuenta que cuando me casé yo también impuse ese rigor en mi casa. No les pegué a mis hijos, pero todos actuaban por miedo a mis arranques de ira. Me doy cuenta que para no ser como mi mamá, sumisa y castigada, me volví agresiva e intolerante. Pero esto no fue bueno para mi matrimonio y tampoco para mis hijos. ¿Podré cambiar? ¿Estoy a tiempo todavía? (Francisca, 48 años).

También los niños padecen consecuencias en lo inmediato, a causa del estrés al que están expuestos: enfermedades crónicas que no tienen una causa lógica, trastornos del sueño, cualquier detención o perturbación en el desarrollo de las pautas evolutivas normales, dificultades de aprendizaje, trastornos de conducta, agresividad hacia los compañeros y hermanos, maltrato hacia las mascotas, irritabilidad, retracción social, soledad, tristeza, depresión, ansiedad, desconfianza del medio, desilusión con respecto a Dios, etc. A veces la violencia en el hogar puede ser detectada por los médicos o los docentes o los docentes, seculares y religiosos, que atienden a los niños y como profesionales perciben «disfuncionalidades» en el desarrollo de un chico. Si el médico o el docente conoce la problemática de la violencia familiar, es más factible que detecte sus síntomas y que entonces pueda iniciar acciones útiles de ayuda a esta familia de la cual el niño es el emergente.

> Un estudio sobre Nicaragua recién realizado por el BID muestra que los hijos de familias con violencia intrafamiliar contra la mujer son tres veces más propensos a asistir a consultas médicas y también son hospitalizados con mayor frecuencia. El 63 por ciento de estos

niños repite años escolares y abandona la escuela en promedio a los nueve años de edad, frente a una escolaridad hasta los 12 años en los hijos de mujeres que no sufren castigos graves. La violencia se convierte también en gran medida en una escuela que prolonga y perpetúa el mal: cuando los niños son víctimas o testigos de abusos tienden a repetir esas conductas.[20]

Muchos niños y adolescentes huyen del maltrato en la familia, y lo hacen de diferentes maneras. Algunos pasan muchas horas en la casa de sus vecinos y amigos y les cuesta volver a su casa; cualquier lugar es mejor y más seguro que el hogar. Otros deambulan solos por las calles durante el día (niños en la calle), o se instalan definitivamente en ellas (niños de la calle), haciendo comunidad con otros chicos en situaciones similares. Muchos de ellos finalmente también resultan abusados por otros mayores que ellos o adultos que los explotan de diversas formas. Niños y adolescentes víctimas de violencia familiar, que además carecen de sostén social, entran más fácilmente en los circuitos de prostitución, droga y delincuencia. Se perpetúa así un círculo de violencia del cual es difícil salir, de no mediar ayuda adecuada.

Hoy se reconoce que la violencia intrafamiliar es un problema de salud pública, por sus efectos devastadores sobre la salud de la población y por cómo revierte nuevamente en la sociedad lo que pasa en el interior del hogar. Obviamente, la violencia en la sociedad también impacta en la familia de distintas formas, produciendo una realimentación circular y repetitiva. La familia también está «golpeada» por factores económicos y ambientales, como la profunda desigualdad social que no permite un acceso equitativo a los recursos disponibles, lo cual genera un estrés adicional a los conflictos que toda familia debe resolver. Todo esto puede entenderse desde un modelo ecológico de causalidad, tal como veremos más adelante.

Más allá de los efectos inmediatos y directos de la violencia están sus consecuencias secundarias que son aun más difíciles de medir. Por ejemplo, los expertos

---

20 Christina MacCulloch, «El costo de la violencia», *op. cit.*

en violencia hacia las mujeres sostienen que sus peores consecuencias son las indirectas y no las directas. «Las consecuencias psicológicas de la violencia hacia las mujeres suelen ser más devastadoras y más duraderas que las físicas –subraya Elsa Gómez, jefa de la Unidad de Género y Salud en la Organización Panamericana de la Salud (OPS)–. Está demostrado que la violencia es, en parte, la causa de las tasas elevadas de depresión en mujeres, y es evidente que afecta su salud reproductiva. Los niños también sufren las consecuencias en el vientre de la madre o durante la niñez. El efecto principal es sobre la salud mental». [...] La investigación también muestra que el vivir en una comunidad con altos niveles de pobreza, desempleo y tráfico de drogas es un factor de riesgo, así como el vivir en una sociedad con altos niveles de desigualdad de género y de ingresos, o en una sociedad con normas sociales que apoyan o toleran la violencia.[21]

Veamos el testimonio de una mujer que ha vivido en una situación abusiva por varios años:

> *Me llamo Graciela. Cuando me casé con Hernán, hace veinte años, no imaginé lo que tenía por delante. Ya al año de casarnos empecé a darme cuenta de la soledad en la que vivía e inicié mis reclamos a mi esposo. A los tres años de casados, tuvimos a nuestro primer hijo y ya entonces tomaba pastillas «para los nervios», ya que esto a mi esposo le parecía la solución a «mi» problema. Así fueron pasando los años. Mis reclamos a mi esposo de que no nos cuidaba como familia nunca fueron escuchados. Nuestras relaciones íntimas fueron desgastándose hasta desaparecer. Tuve que escuchar de él los peores insultos que se le pueden decir a una mujer. A veces accedía a tener relaciones íntimas sin desearlo para que él no se enojara.*

---

21 Donna Eberwine, «Pandemia de violencia», en Perspectivas de Salud, revista de la Organización Panamericana de la Salud, volumen 8, Número 3 (2003). Versión electrónica enhttp://www.paho.org/spanish/DD/PIN/Numero18_article1.htm (accedida el 20 de febrero de 2007).

Nació mi segundo hijo. Mi autoestima se iba deteriorando y mi agotamiento psicofísico aumentaba más y más. Sólo la intervención de Dios en mi mente hizo que no me suicidara. No encontraba salida. Tuve trastornos neurovegetativos múltiples por más de diez años. El neurólogo que me atendía le envió una carta a mi esposo sobre mi estado, pero nunca quiso leerla. Con el correr de los años pasé por distintos consultorios médicos manifestando problemas de estómago, cardiológicos, lipotimias frecuentes, trastornos emocionales, etc. Sin mencionar el dinero que tuve y tengo que gastar en medicamentos y consultas. El diagnóstico es siempre el mismo: consecuencias del problema nervioso.

¿Quién puede entender el dolor que he vivido durante todos estos años? Nadie fuera de casa sospecharía el abandono que estamos sufriendo como familia por parte de mi esposo. Lo peor que le pasa a una mujer en esta situación de abuso emocional y psicológico es que nadie le cree, ni siquiera los familiares. Hernán se cuida mucho de no dejar traslucir delante de otros las conductas que adopta en casa cuando estamos a solas. Se muestra amable y pondera las cualidades de su familia, cosa que nunca hace dentro del hogar.

Me preocupa que también mis hijos estén siendo afectados por esta situación. Mi hijo mayor, adolescente de 17 años, repite algunas conductas desconsideradas de su padre, y el menor de 11 años expresa de distintas formas su dolor. Siempre tuve miedo de enfrentarme con la verdad. Hemos pasado por diferentes tipos de consultorios para matrimonios; el último fue un tratamiento psicológico hace 4 años. Pero él nunca tomó la iniciativa de encontrar una solución a nuestro problema. Según Hernán, el fracaso matrimonial es por mi culpa porque dice que cada día yo estoy más loca. He trabajado y trabajo muchas horas al día para mantener a mis hijos, ya que no recibo dinero de su parte para alimentarlos, educarlos, vestirlos o darles atención médica. El dinero que él obtiene de su trabajo lo emplea en parte para los impuestos de la casa y el resto como mejor le plazca, sin atender a las prioridades de la familia. Inútilmente he tratado de hablar con él repetidas veces. El maltrato verbal y emocional comenzó a hacerse cada vez más frecuente e intenso. Aprendí a convivir con la indiferencia, la mentira, la incoherencia, el desamor, la incomunicación, la agresividad. Todo esto me produjo culpa, pérdida de identidad, sensación de fracaso, dificultades para relacionarme con los demás, etc. Mi casa se convirtió en una prisión con barreras invisibles imposibles de cruzar. Una vez me dijo que él nunca me iba a liberar: «Vos, casada, viuda o muerta; separada jamás». La manipulación ha sido y es algo que Hernán utiliza para manejar la situación. El año pasado, para el cumpleaños de mi hijo mayor, dijo que si hacíamos alguna reunión para festejar él iba a romper la parrilla a martillazos. Tuvimos miedo y no hicimos nada. Algunas veces me amenazó con que si hacía algo (como denunciar lo que pasaba), que me cuidara, que no me iba a salir bien porque me iba a matar. Nunca me agredió físicamente. Dijo una vez con ironía que eso era lo que yo quería que él hiciera para tener pruebas, pero que no lo iba a hacer. Pero las palabras y los gestos dejan huellas internas mucho más profundas que los golpes. Las autoridades no lo consideran un delito. Así me dijeron en la comisaría cuando fui a hacer dos exposiciones civiles. El dolor emocional no se ve, no se puede probar. Y me pregunto: ¿Debo seguir viviendo o durando así? ¿Hay alguna salida para mí?

No quiero llorar más. Se me acaban las fuerzas para contener a mis hijos, para seguir luchando, trabajando. Mis hijos me han reclamado en distintas oportunidades que por qué no hago algo, que por qué el padre hace lo que quiere. Cada vez mi deterioro físico y emocional es más evidente. En estos momentos estoy bajo tratamiento psicológico y psiquiátrico, debido a la depresión y a la ansiedad. Tengo miedo de perder mi trabajo si sigo enfermando. Hay muchas circunstancias que no están escritas aquí, pero que han marcado en mí una vida de dolor y alienación.

Tengo 45 años y siento que he perdido 20 años de mi vida. Mi anhelo es poder vivir en paz, sin sobresaltos, junto a mis hijos el tiempo que me reste de vida.

2

Causas de la violencia en la pareja

La violencia familiar, de la cual la violencia hacia la mujer en la pareja es uno de los tipos, es un fenómeno complejo y, como tal, obedece a causas combinadas e intrincadas. De su complejidad se deriva el hecho de que no haya soluciones fáciles ni simplistas. Pero veamos primero las causas.

Un modelo para comprender el maltrato en la familia

Como fue mencionado en la introducción, el modelo ecológico es el más aceptado actualmente para dar cuenta de las múltiples variables que intervienen en el fenómeno de la violencia. El individuo no se desarrolla aislado de su entorno, sino que a lo largo de su vida participa simultáneamente de diferentes contextos. Para comprender mejor el maltrato en la familia, el modelo ecológico de Urie Bonfenbrenner propone considerar factores sociales, comunitarios, relacionales e individuales simultáneamente. A su vez, y retomando este modelo, otros denominan a estos mismos contextos: el macrosistema, el exosistema, el microsistema y el nivel individual.[1] El análisis de cada uno de estos contextos nos puede ayudar a comprender un poco mejor los mecanismos que hacen posible la emergencia de la violencia en la familia.

---

1 Autores varios, *op. cit.*, pp. 49-61.

En el *macrosistema*, o en el *nivel social*, entre otras encontramos las creencias que una determinada sociedad sostiene sobre la familia: cómo se conforma, cómo y quién imparte autoridad, y también una determinada forma de ser hombre o mujer, además del valor diferente que se les asigna a las personas según su género y edad (clara superioridad del varón adulto). Los sociólogos y antropólogos han definido a este entorno más amplio como «sociedad patriarcal». Se define como una organización familiar fuertemente vertical, con un «jefe» encarnado casi siempre por el padre o por otro hombre adulto de la casa que detenta el poder, al cual se someten las mujeres y los niños, concebidos como inferiores. La rigidez y el mal uso del poder en la familia, donde se promueven las fuertes asimetrías jerárquicas, propician la aparición de formas violentas de relación. También la concepción que una determinada cultura tenga sobre cómo es un hombre, o cómo es una mujer —estereotipos de género—, influye en la manera en que los miembros de la familia pensarán, sentirán y actuarán, y cómo se relacionarán entre ellos. Por ejemplo, en vastos sectores de nuestra sociedad, todavía el estereotipo de la masculinidad está asociado con la fuerza física, además de otras características emocionales y relacionales. Es así que los varones, desde pequeños, son estimulados a dirimir sus conflictos a través de la fuerza. No está mal visto que así suceda, al revés que con las nenas, de quien se espera un comportamiento suave y sumiso. Al mismo tiempo, se inhibe en los varones el desarrollo de las emociones. No se alienta la expresión de las mismas; por el contrario, se las reprime. «Los varones no lloran», «no seas maricón», «pareces una niña», son frases que todavía escuchamos respecto de los varoncitos que expresan sus emociones. Esto deja a los varones, niños y hombres, sin la posibilidad de identificar, expresar y canalizar de modo adecuado sus sentimientos, promoviendo entonces un lenguaje de acción, generalmente cargado de violencia. Aunque parte de este panorama está comenzando a cambiar al incluirse, tanto para los niños como para las niñas, la *educación para los sentimientos* en la currícula escolar, aún es frecuente ver a hombres con grandes dificultades para expresar la tristeza o la pena, por ejemplo. En su lugar, suelen aparecer el enojo y la ira. Por su parte, las niñas son concebidas desde el imaginario popular como débiles y aun tontas. Hasta hoy se sigue cuestionando si las mujeres son tan inteligentes como los hombres, y se aventuran toda clase de argumentos para probarlo. Estas concepciones, lejos de ayudar a la convivencia armónica y complementaria entre hombres y mujeres, los ubican en estereotipos que no facilitan el desarrollo pleno de su humanidad. Promueven la competencia, el sometimiento, el abuso. Ambos pierden.

En el *exosistema* o el *nivel comunitario*, tenemos las instituciones o grupos a los que pertenecen los individuos. Por ejemplo, la escuela, el trabajo, la iglesia, el club, el barrio, etc. Los medios masivos de comunicación también forman parte de este exosistema. La sociedad en su forma más general, se expresa en forma más visible en estos espacios o contextos intermedios que hacen a la vida cotidiana de las personas. Cómo se maneje el poder y cómo se resuelvan los conflictos en cada una de esas instancias de algún modo impacta sobre el individuo, modelando también su comportamiento individual.

En el capítulo 5 de esta obra analizaremos más específicamente de qué manera la iglesia de Jesucristo, como parte de este nivel comunitario, puede aportar positiva o negativamente al tema que nos ocupa.

A partir de la generación de un espacio para la reflexión sobre la violencia en la familia en un colegio secundario público de una ciudad del interior de nuestro país, un grupo de adolescentes se mostró preocupado por las conductas claramente autoritarias de algunos docentes –que iban desde el maltrato verbal hasta el físico– y de otras autoridades comunales (la policía concretamente). En la misma ciudad, escuché el relato de una mujer sobre su padecimiento como mujer golpeada, y su dolor al comprobar que las autoridades religiosas encubrieron al agresor con argumentos carentes de comprensión y de gracia hacia ella. Esta es una forma más de «doble victimización», a la que nos referiremos luego. Los ejemplos citados son sólo dos de las múltiples maneras que hay de legitimar socialmente alguna forma de violencia. Si los docentes lo hacen... si los religiosos lo avalan... si los medios de comunicación lo promueven... si la organización comunal lo permite... si la iglesia hace silencio... entonces el maltrato queda enraizado y legitimado en los comportamientos sociales e individuales. Se naturaliza así, nuevamente, la violencia como forma aceptable de relación entre los seres humanos.

El contexto económico y laboral no puede dejar de ser tenido en cuenta a la hora de analizar la influencia de los factores exosistémicos. Las investigaciones en el área de la violencia familiar han demostrado que existen factores de riesgo fuertemente asociados con el problema, tales como el estrés económico y el desempleo [...] Pero es necesario subrayar que ninguno de estos factores es, por sí mismo, causa de la violencia intrafamiliar. Del mismo modo que el alcoholismo, son componentes que aumentan el riesgo cuando se combinan con otros determinantes macro y microsistémicos.[2]

A esto se suma, además, que en muchas comunidades en la Argentina y seguramente en muchas de toda Latinoamérica- no se cuenta con los recursos mínimos necesarios para dar respuestas efectivas a los que padecen violencia en el hogar: No se destinan recursos para capacitar a profesionales y entrenar a otros agentes de salud, no hay legislación adecuada o no se propone el modo viable de ponerla en marcha, y abunda la indiferencia de quienes pueden y deben hacer algo al respecto, dejando impunes a los agresores y sin esperanza a las víctimas.

De este modo y desde diferentes lugares de la comunidad, se está apoyando la violencia.

El *microsistema* o *nivel individual* abarca al individuo y su entorno más próximo, la familia. Cada persona tiene una historia propia, entrelazada con su familia de origen. Es muy frecuente encontrar en las personas que protagonizan violencia conyugal, como víctimas o victimarios, historias de maltrato en su hogar de origen. No es inexorable repetir la violencia del hogar de origen, pero la violencia es una conducta aprendida a través de un modelo repetido a través del tiempo. Y no sólo repetido sino le-

---

2 *Ibid.*

gitimado. Se termina viendo como «normal» algo que no debe ser normal, y por eso también es difícil que los que viven este modelo puedan reconocerlo como abusivo y dañino. Es el fenómeno de la «naturalización de la violencia», como ya hemos mencionado anteriormente. Se asume que la violencia es una forma más, y generalmente la más usada, para resolver conflictos entre los seres humanos.

El niño también internaliza un cierto modo de ser varón –y la niña de ser mujer– viendo cómo actúan y se tratan los hombres y mujeres de su casa. Aunque la mayoría de las mujeres terminan siendo sumisas y pasivas frente a la violencia masculina, algunas de ellas se identifican con el agresor de tal modo que son ellas las que luego ejercen el papel del violento, sea con su pareja, sea con los hijos en el ámbito familiar. Del mismo modo, a veces el varón queda inhibido frente a un padre abusador, y no ejerce la violencia sino que queda condicionado para recibirla, muchas veces en el ámbito escolar o laboral. Como sea, se desarrolla para ambos sexos una tolerancia al maltrato en cualquiera de sus formas.

Queremos repetir aquí lo que ampliaremos en el capítulo sobre prevención de la violencia en el noviazgo.[3] Muchas mujeres también son proclives a tolerar algunas formas de maltrato de parte de sus parejas porque han sido «programadas», en su hogar de origen, para cuidar y «salvar» a otros, sin medir consecuencias o sin el debido equilibrio respecto de sus propias necesidades. A veces ciertas pautas religiosas malinterpretadas refuerzan esta actitud («poner la otra mejilla», «llevar las cargas de los otros», «el servicio», «el renunciamiento», etc.). Si bien este modelo puede ser también encarnado por los hombres, culturalmente suelen ser las mujeres las que lo asumen con mucha mayor frecuencia, propiciado además por las relaciones jerárquicas entre varones y mujeres y el abuso de poder que se genera a partir de las mismas. Es muy común encontrar chicas dispuestas a «rescatar» a sus amigos, novios o maridos, de sus conductas erróneas y aun abusivas. Les despierta compasión su trasfondo penoso, los sufrimientos que han padecido en su pasado, y piensan que

---

3   Ver capítulo 4 de esta obra.

el amor y el cuidado que ellas brinden harán que él cambie. Estas mujeres, entonces, se responsabilizan de modo excesivo y equivocado por ellos. Es así que desconocen sus propias necesidades emocionales y su propio derecho a ser bien tratadas, y «se sacrifican» en pos de ayudar al otro. Se constituyen, sin saberlo, en un terreno propicio para el abuso por parte de otros.

También es importante entender por qué el hombre suele ser el agresor en la relación de pareja. Por un lado, lo es por la apropiación del modelo masculino violento que pudo haber adquirido en su hogar de origen. Refuerza esto el estereotipo de varón, típico de una cultura machista. Este hombre suele tener dificultades para reconocer sus necesidades emocionales (de dependencia, de cariño, de seguridad, de compañía, etc.); suele mostrarse «fuerte», «duro», apariencia que muchas veces esconde a un niño asustado y necesitado de cariño. Debido a su misma inseguridad, suele tener actitudes posesivas y de celos extremos hacia su pareja; por eso no tolera que ella se relacione con otros, desarrolle con normalidad sus actividades y tenga sus propios intereses. En realidad, tiene miedo de perderla o de que ella prefiera a otros. Entonces imagina toda clase de «películas», y siente que es ella quien lo provoca y que él puede resultar finalmente traicionado y abandonado. También cree que ser varón es dominar y someter, especialmente en relación a la mujer. Puede ser que hacia fuera muestre una actitud segura, seductora, servicial, y a veces hasta sumisa, pero que dentro de las paredes de su hogar sea agresivo, intemperante y hasta cruel. Es el conocido fenómeno de «doble fachada». Por eso no es fácil descubrirlo. Tanto el entorno social, en general, como los profesionales de la salud, en particular, pueden resultar engañados y no darse cuenta de la realidad vivida puertas adentro.

Estos hombres también sufren, pero no pueden pedir ayuda. Hacerlo significaría para ellos admitir su debilidad y, con ello, ser menos hombres. En nuestra sociedad, suele esperarse de los varones que sean activos, resolutivos, y no sentimentales o emotivos. Por eso muchos de ellos no conocen su interioridad y no saben qué hacer para aliviar sus tensiones. Cuando finalmente las alivian lo hacen a través de la violencia, que aparece como método rápido y efectivo para la descarga emocional y la recuperación del control perdido. Su repertorio de recursos para solucionar conflictos es limitado. A veces son parcos para expresarse; otras, usan muchas palabras, pero estas carecen de profundidad porque se encuentran desconectadas de los sentimientos. Parecen no necesitar de nada ni de nadie, cuando en realidad son menesterosos en muchos aspectos. También son víctimas, en otro sentido, y necesitan ayuda. En realidad, deberían suscitar compasión, lo cual no está reñido con la sanción de sus conductas violentas.

El hecho de aproximarnos a la comprensión de la violencia masculina no elude de ningún modo la responsabilidad de la persona violenta sobre sus acciones. Nada justifica el maltrato entre los seres humanos. Es facultad de las personas autodeterminarse; suya es la capacidad de elegir cómo actuar. Sólo a partir de reconocer y responsabilizarse de su conducta un ser humano está en condiciones de producir un cambio verdadero. A menos que partamos de esta base, será imposible cualquier intento genuino de cambio.

De todos modos, los cambios que se propongan para la disminución y erradicación de la violencia no son sólo individuales sino también comunitarios, ya que todos somos responsables en alguna medida de cuestionar el discurso social que nos atraviesa y que permea nuestros pensamientos, actitudes y conductas.

Cómo se entrelazan los diversos factores, incluidos los conflictos sociales y la migración, se expresa claramente en la Nota de la OMS, de setiembre de 2016:

> Entre los factores asociados a un mayor riesgo de cometer actos violentos cabe citar un bajo nivel de instrucción, el maltrato infantil o haber estado expuesto a escenas de violencia en la familia, el uso nocivo de alcohol, actitudes de aceptación de la violencia y las desigualdades de género.
>
> Entre los factores asociados a un mayor riesgo de ser víctima de la pareja o de violencia sexual figuran un bajo nivel de instrucción, el hecho de haber estado expuesto a escenas de violencia entre los progenitores, el

maltrato durante la infancia, actitudes de aceptación de la violencia y desigualdades de género...

Las situaciones de conflicto, posconflicto y desplazamiento pueden agravar la violencia, como la violencia por parte de la pareja, y dar lugar a formas adicionales de violencia contra las mujeres. [4]

Micromachismos

Sería importante hacer aquí mención de este fenómeno, a fin de ampliar y complementar lo dicho en párrafos anteriores.

El concepto "micromachismos" (mM) fue acuñado por el psiquiatra argentino Dr. Luis Bonino Méndez, radicado en España, de amplia experiencia en el campo que nos ocupa. Con su permiso reproducimos algunos párrafos de sus textos que pueden encontrarse disponibles en internet:

> Los mM son actitudes de dominación "suave" o de "bajísima intensidad", formas y modos larvados y negados de abuso e imposición en la vida cotidiana. Son, específicamente, artes de dominio, comportamientos sutiles o insidiosos, reiterativos y casi invisibles que los varones ejecutan permanentemente. Son del tipo "micro" –tomando un término de Foucault– del orden de lo capilar, lo casi imperceptible, lo que está en los límites de la evidencia.
>
> Ahora que las "grandes" violencias y dominaciones masculinas se están deslegitimando socialmente cada vez más, probablemente sean las armas, trucos, tretas y trampas más frecuentes que los varones utilizan actualmente para ejercer su "autoridad" sobre las mujeres, ocupando gran parte del repertorio de comportamientos masculinos "normales" hacia ellas.

---

4 OMS. Violencia contra la mujer. Nota descriptiva. Setiembre de 2016. Versión electrónica en http://www.who.int/mediacentre/factsheets/fs239/es/

Muchos de estos comportamientos no suponen intencionalidad, mala voluntad ni planificación deliberada, sino que son dispositivos mentales y corporales incorporados y automatizados en el proceso de "hacerse hombres", como hábitos de funcionamiento frente a las mujeres. Otros en cambio sí son conscientes, pero de una u otra forma los varones son expertos en su ejercicio por efecto de su socialización de género. Aun los mejor intencionados y con la autopercepción de ser poco dominantes los realizamos, ya que son parte del repertorio masculino de modos de estar y afirmarse en el mundo, cumpliendo los designios del proyecto existencial propuesto por el predominante modelo social de masculinidad hegemónica.

Es indudable que para favorecer el desarrollo de vínculos igualitarios y saludables es necesario erradicar del funcionamiento masculino estos comportamientos... Nombrarlos y hacerlos visibles es un primer paso en este camino.[5]

Luego, Bonino se referirá a cuatro tipos de micromachismos: *utilitarios, encubiertos, de crisis y coercitivos*. Alude, por ejemplo, al aprovechamiento de los diversos "aspectos domésticos y cuidadores" del comportamiento femenino tradicional, realizados especialmente en el ámbito de las responsabilidades domésticas; al abuso de la confianza y credibilidad femenina; al forzamiento del status quo cuando éste se desequilibra, ya sea por aumento del poder de la mujer o disminución del poder del varón; hasta las maniobras destinadas a retener poder a través de utilizar la fuerza psicológica o moral masculina.

Por razones de espacio no podemos referirnos puntualmente a cada uno de ellos, pero sugerimos la lectura de los trabajos de Bonino, profundos en el análisis pero accesibles al lector. Ayudan a develar estas formas más sutiles del machismo, la mayoría de ellas consensuadas socialmente y por eso inadvertidas, pero no por eso menos dañinas, a corto, mediano y largo plazo.

---

5 Puede leerse el trabajo completo en: http://www.luisbonino.com/pdf/Los%20Micromachismos%202004.pdf.

Sólo tomaremos de la *Guía de Acción pastoral contra la violencia de género,* de la Alianza Evangélica Española, una somera enumeración de los micromachismos de los que escribe Luis Bonino Méndez:

> Algunos de estos micromachismos son: anular o no tener en cuenta las decisiones de la mujer, la insistencia abusiva para conseguir lo que se desea, chantaje emocional, intentar dar pena apelando a la supuesta predisposición femenina para el cuidado de los otros, culpar a la mujer de pasarlo bien con otras personas o situaciones donde él no está, mostrarse celoso, descalificaciones por la supuesta falta de conocimiento, por el aspecto físico o por la falta de cualidades, cortarle la palabra, actuar de forma paternalista haciendo que la mujer se sienta como si fuese una niña, invadir los espacios de la mujer, las amistades, actividades, engaños permanentes, invadir la mayoría del espacio físico que ocupa la pareja (ocupar el mejor sillón, desordenar sus cosas, ropas, libros, limitando el espacio de ella), etc. Estos abusos pueden darse por acción pero también por omisión. Ejemplos de esto serían: no mostrar interés por las cosas de la mujer, no apoyarla en nada, no compartir el trabajo doméstico, encerrarse en sí mismo sin hablar o responder, etc.[6]

Por qué se queda una mujer en una relación abusiva

Esta es una pregunta que muchos se formulan al no comprender la compleja trama de la violencia en la familia. Por otra parte, es peligrosa porque puede significar –aun sin proponérselo– el desplazar sobre la mujer la responsabilidad del maltrato que sufre. Las respuestas más comunes que se dan a sí mismas las personas que –de buena o mala fe– hacen esta pregunta suelen ser: algo le gusta de todo eso, lo ama, es cómoda, no quiere tra-

---

6 Esta guía puede descargarse del siguiente sitio: http://www.iglesiaevangelicaamara.com/public/GuiaAccionPastoralContraVG.pdf, pp. 43,44

bajar, etc. Todas estas respuestas, lejos de ayudar en algo a la víctima, la someten y la rebajan aún más. Estas respuestas son injustas y revelan la ignorancia que hay sobre el tema. La realidad es mucho más compleja y penosa.

Enumeramos a continuación algunas cuestiones que pueden aclarar este punto que para muchos es oscuro.

1. *Naturalización de la violencia.* Si la mujer que es maltratada en la actualidad por su pareja ha sido víctima de violencia familiar en su hogar de origen, es probable que haya «naturalizado» la violencia, es decir, que crea que es una pauta normal de comportamiento masculino. Es posible que estas mujeres soporten con mucha pasividad los malos tratos, y que los asuman casi como un destino de ser mujer. Sin embargo, para ser justos, aun en su indefensión muchas mujeres desarrollan estrategias de verdadera supervivencia –para ellas mismas y para sus hijos– dentro de situaciones complejas y peligrosas, evaluando riesgos y posibilidades, no siempre evidentes al observador externo.

2. *Miedo a las amenazas.* En la mayoría de los casos la mujer también está asustada y amenazada. Recordemos que la violencia siempre se acompaña de argumentos intimidatorios, los cuales son parte del maltrato emocional. «Si me dejas, me mato o te mato», «me voy a volver loco», «no vas a poder sola», «te voy a sacar a los chicos», «nadie te va a creer», «no vas a conseguir trabajo», etc., son los más comunes. Cuando estas amenazas se complementan con la ausencia de un entorno familiar y social que contenga, que comprenda y ayude efectivamente, entonces la mujer no se anima a tomar la decisión que va postergando día a día.

3. *Culpa.* Parte de la manipulación a la que es sometida incluye argumentos que inducen culpa: «una buena mujer no abandona al marido», «Dios no quiere que nos separemos», «la iglesia no va a apoyarte», «vos también tenés la culpa de lo que sucede», «vos no fuiste una buena mujer», «si perseverás y seguís orando, él puede cambiar», etc. Estos argumentos también se refuerzan con las comparaciones con otras mujeres, supuestamente más dóciles, más afectivas o más espirituales. Ven que otras mujeres han sido «exitosas» en su vida familiar, y se atribuyen el fracaso

a sí mismas. Para colmo, mucha de la ayuda bien o mal intencionada de familiares, amigos y hasta religiosos, refuerza este sentimiento. Es frecuente escuchar la sentencia «Algo habrá hecho para que él reaccione así», incluso por parte de las personas más allegadas o supuestamente más comprometidas con la víctima.

4. *Vergüenza y humillación.* Son sentimientos casi universales en las mujeres maltratadas. También los experimentan las personas que en la niñez o adolescencia han sido víctimas de abuso sexual. No quieren exhibir ante otros lo que sienten como un fracaso propio. No evalúan correctamente que la vergüenza es para el agresor y no para la víctima de violencia. Piensan que ellas mismas tienen la culpa de lo que les sucede y no quieren exponerse ante los demás. Tapan sus marcas físicas y ocultan sus verdaderos sentimientos heridos. Se sienten humilladas y avasalladas. Creen que el mismo tratamiento que les da su pareja será el que reciban del entorno (familia, iglesia, profesionales). Si la familia o los amigos advirtieron en el noviazgo que no veían adecuadas esas relaciones de parejas y les aconsejaron la ruptura de esa relación, con mayor razón ellas intentarán ocultar lo que les sucede, cubrirán al agresor intentando minimizar lo que comience a ser evidente para otros. Recordemos que estas mujeres sienten que han perdido la dignidad y sus derechos –o nunca sintieron que los tenían–, y por lo tanto también piensan que no merecen "molestar" a otros para pedir su ayuda.

5. *Razones económicas.* Muchas mujeres temen que si se separan del hombre que las maltrata quedarán desamparadas ellas y sus hijos, máxime si este es el proveedor. La realidad es que un buen número de mujeres maltratadas tienen muchos hijos (lo que a veces es una forma más de sometimiento), por lo que les resulta difícil salir a trabajar para obtener su propio sostén y el de los hijos. Además, por efecto del abuso reiterado en el tiempo estas mujeres tienen baja autoestima, no confían en sí mismas, no se sienten capaces de enfrentar solas la vida, y terminan prefiriendo la violencia dentro del hogar antes que el desamparo fuera de él. Otras veces, los esposos manipuladores les hacen creer que no tienen derecho a percibir ningún resarcimiento económico o patrimonial en caso de divorciarse. En otros casos, el maltrato físico, emocional y sexual se acompaña de abuso financiero, por

lo que las mujeres realmente quedan despojadas de sus bienes, incluso de los obtenidos por herencia de su familia de origen. Contribuye a todo esto el desconocimiento de sus derechos, el aislamiento al que están sometidas, y el miedo a no ser capaces de sostenerse solas. Incluso las mujeres profesionales están paralizadas por este temor. A pesar de tener una herramienta en sus manos, se sienten tan poca cosa que no pueden ejercer su profesión u oficio para conseguir su propio sustento. Este cuadro se complementa y refuerza con inadecuadas leyes sociales que no protegen a las mujeres en estas condiciones, o lo hacen parcialmente, y también con una sociedad indiferente y egoísta.

6. *Responsabilidad con los hijos.* La mayoría de las mujeres que padecen diferentes formas de maltrato por parte de sus parejas no se separan por los hijos. No quieren ser las causantes de dejar sin padre a los niños –sin ver que, en realidad, es el mismo hombre el que los deja sin padre–. Incluso los hijos varones, adolescentes o jóvenes, tienden a repetir la violencia que ven en el papá, maltratando a su madre física o emocionalmente. Las mujeres que padecen violencia temen que en el futuro los hijos les reprochen el haberse separado. Dudan que puedan sostenerlos económicamente. Minimizan los efectos perniciosos de la violencia conyugal sobre los hijos. Es más, muchas mujeres soportan toda clase de castigos sobre sí mismas con tal de que no haya violencia física sobre los hijos, ignorando que, de todos modos, los hijos testigos de violencia entre sus padres son fuertemente afectados. A veces el límite hasta el cual una mujer está dispuesta a tolerar el maltrato es justamente el castigo sobre los hijos. Cuando esto ocurre la víctima de violencia se encuentra más dispuesta a poner un punto final al maltrato. A veces sucede que, después de muchos años de abuso, es alguno de los hijos (generalmente el hijo o la hija mayor) el que asume la responsabilidad de la separación: *«Harta de que maltratara a mi mamá toda la vida, fui yo la que le dije a mi papá que se tenía que ir de la casa, si no quería que le hiciera una denuncia»* (Fernanda, a los diecisiete años). Aunque en apariencia puede resultar efectivo, asumir esta posición, que no le corresponde, tiene consecuencias negativas para el hijo que lo hace: culpa, hostilidad del padre, entrampamiento en la relación de pareja, etc.

7. *Efecto de la «luna de miel»*. Comprender el ciclo de la violencia que mencionamos antes es importante en este punto. Como la violencia no suele producirse todo el tiempo ni de forma ininterrumpida, sino que se da cíclicamente, durante la fase de luna de miel que sigue a la descarga violenta la mujer renueva su esperanza: piensa que esta vez sí el arrepentimiento es genuino, que esta vez sí se producirá el cambio anhelado, que esta vez sí ella encontrará el modo de no «provocar» al marido, y que él entonces responderá pacíficamente como en este momento. Hasta es capaz, en este punto, de retirar la denuncia si es que la hizo, o de negar lo que le pudo haber confesado al profesional, a la amiga o al pastor. La mujer actúa como si «olvidara» lo que vez tras vez sucede, y prefiere quedarse con la imagen de este marido amable y cariñoso que percibe ahora. Obviamente, esto dura un tiempo, hasta que la nueva carga de tensiones produce, en un lapso variable, un nuevo episodio violento, con la consecuente desilusión y desesperanza.

8. *Indefensión aprendida.* Este concepto, introducido por el psicólogo norteamericano Martin Seligman en la década de los sesenta, y retomado luego por Leonore Walker en sus estudios sobre la mujer golpeada, es fundamental para comprender la aparente «pasividad» de la víctima que lleva a que el observador se pregunte: «¿Por qué lo tolera?», «¿cómo es que no hace nada por terminar con la situación de maltrato?», etc. Seligman y sus colaboradores estudiaron la conducta de perros que, expuestos repetidamente a estímulos de carácter desagradable, impredecible y azaroso, finalmente perdían la capacidad normal de reaccionar frente a los mismos, huyendo o protegiéndose como hubiese sido esperable de ellos; caían en una especie de letargo, incapaces de defenderse o hacer algo para alejarse del sufrimiento. También sucedía que esos mismos perros, si se les posibilitaba la libertad, no hacían uso de ella, sino que quedaban paralizados y carentes de reacción. La comprensión de la mecánica de esta conducta adquirida por condicionamiento –llamada también *desamparo aprendido*– permitió luego comprender cómo un ser humano (o también un grupo o pueblo entero) puede terminar acostumbrándose a recibir repetidas expresiones de violencia, perdiendo la natural capacidad de justa indignación y protesta,

y generando sometimiento pasivo, sentimientos de impotencia y silencio. Aceptar que no se puede evitar la violencia es otra forma de «naturalizar» la misma.

Al aplicar el concepto de *desamparo aprendido* al caso de la violencia en la pareja también debemos tener en cuenta que ésta se produce de manera imprevisible, ineludible e incontrolable. Estas características, a las que se añaden la reiteración en el tiempo de los malos tratos, la impotencia frente a los mismos, las fuerzas físicas y emocionales reducidas, la desvalorización constante a la que ha sido sometida la víctima, la cantidad de nuevos empeños intentados y sucesivamente frustrados, y la percepción de un entorno comunitario y social que no la acompaña dan por resultado el sentir que ya nada tiene sentido: nada puede hacerse, nada puede cambiar, nada queda por esperar. Esta mujer maltratada acaba paralizada porque está convencida de que nada de lo que haga –o no– podrá cambiar la situación; aprendió a no defenderse de la violencia del esposo, a sentirse desamparada sin esperanza de cambio alguno. Es más, hasta pierde algo vital: la noción de que tiene el derecho humano básico a ser tratada con dignidad y respeto. Las únicas salidas que visualiza radican en seguir soportando, en que ella misma enferme o muera, o en que él se canse y la abandone.

9. *Doble victimización y efecto doble fachada.* Para complicar más la situación, algunas mujeres que en alguna oportunidad se atrevieron a contarle a alguien su padecer, encontraron condena en vez de comprensión, sanción en vez de liberación, carga en vez de ayuda. Cuando esto sucede, la víctima recibe un nuevo maltrato, esta vez más doloroso y difícil de asimilar. Los que supuestamente están para ayudar y por eso tienen más responsabilidad (profesionales, clérigos, docentes, personas encargadas de la ley, etc.) ahora son los que maltratan. Entre otras actitudes, lo hacen al dudar del relato, al poner más carga sobre la víctima, al «espiritualizar» la cuestión alegando por ejemplo que Jesús también padeció por nosotros, al minimizar y hasta justificar la violencia recibida por la víctima, etc. A veces se debe a la ignorancia de quien recibe el relato, otras a la violencia propia no resuelta en él mismo, y también debido a la tolerancia social respecto del abuso dentro de las relaciones familiares o de pa-

reja. De cualquier forma, la doble victimización es muy grave y tiene consecuencias nefastas: puede reforzar la indefensión de la víctima y su profunda desilusión respecto de algún tipo de ayuda a la que pueda recurrir y aumenta la desesperanza y la desesperación.

Esto se complementa con el fenómeno llamado «doble fachada». Se trata de una característica muy común en los abusadores de cualquier tipo, y consiste en tener una *doble imagen*: una *pública* y otra *privada*. En público pueden mostrarse como personas seguras de sí mismas, controladas, respetuosas, espirituales, éticas, amables, equilibradas, hasta seductoras y carismáticas, o incluso sumisas. Pero en privado muestran su verdadera cara: son violentos, agresivos, sarcásticos, arbitrarios, se descontrolan, manipulan, ignoran, aíslan a la víctima, y la someten a toda clase de torturas físicas y emocionales. Esto tiene diferentes consecuencias. Por un lado, incrementa el desamparo de la víctima que supone, y lamentablemente con razón, que no le van a creer. Por el otro, y debido al maltrato al que es sometida, la víctima generalmente puede estar asustada y ansiosa, mostrarse incoherente e insegura, tener una mala apariencia, etc.

10. *Ideas religiosas*. Nuestra enumeración requiere un ítem especial para las mujeres cristianas. Paradójicamente, estas mujeres enfrentan una dificultad adicional para salir del maltrato conyugal. Por un lado, temen que al afrontar cualquier acción (denuncia ante la justicia, contar la verdad al pastor o a un líder de la iglesia, separarse o divorciarse, aun defenderse) estén desobedeciendo a Dios: Interpretan que, dado que él es la «cabeza» del hogar y que soportar maltrato es agradable a Dios, deben someterse al esposo cualquiera sea el trato que reciban. Esto se ve reforzado por los mensajes a cargo de *ciertos* líderes y pastores que escuchan en el ámbito de la iglesia. Por el otro, incluso cuando sus vidas corren peligro físico o emocional, estas mujeres no ven que el pacto matrimonial ya ha sido roto por el esposo abusador, y al no sentirse autorizadas a romper el vínculo conyugal, muchas de ellas terminan por resentirse con Dios y con la iglesia, por lo que finalmente se descubren solas y lejos de das, y los que terminan culpando a Dios o a la iglesia son sus hijos ya que creen que sus madres son obligadas –por Dios o por

la iglesia– a permanecer junto a quien la maltrata. Es realmente muy penoso que el evangelio, que vino a traer luz y liberación, sea mal interpretado o usado tendenciosamente para conducir a mayor castigo y dolor.

> Cuando la mujer sabe que será excluida de la comunión de la iglesia y será motivo de reproche y habladurías por su comunidad espiritual, es muy difícil que pueda escapar de un hogar violento, abusivo y enfermo. Como hacían los fariseos de antaño, muchas iglesias están dispuestas a sacrificar a las personas en aras de un principio. La iglesia que obliga a una mujer y a sus hijas a convivir con un abusador se hace cómplice de su perversión.[7]

Creemos que estos argumentos son suficientes para clarificar por qué una mujer se queda con un hombre que la maltrata. Se trata de obstáculos que hay que ir salvando para que la liberación se produzca finalmente.

> A pesar de los obstáculos, muchas mujeres maltratadas acaban por dejar al compañero violento, a veces al cabo de muchos años, una vez que han crecido los hijos. [...] La duración media de tales relaciones fue de seis años, aunque las más jóvenes tendieron a liberarse antes. Algunos estudios indican que hay un conjunto uniforme de factores que llevan a las mujeres a separarse en forma permanente de la pareja que las maltrata. Por lo general, esto ocurre cuando la violencia llega a ser lo bastante grave como para que exista el convencimiento de que el compañero no va a cambiar, o cuando la situación comienza a afectar notablemente a los hijos. Las mujeres también han mencionado que el apoyo emocional y logístico de la familia o los amigos desempeña una función crucial en su decisión de dar por terminada la relación.

---

7 Dionisio Byler, *Patriarcado y feminismo en perspectiva cristiana*. Apuntes de clases. 2003 Versión electrónica: www.menonitas.org

Según las investigaciones, dejar una relación de maltrato es un proceso, no un acto aislado. La mayoría de las mujeres se separan y regresan varias veces, antes de tomar la decisión de concluir definitivamente la relación. El proceso incluye períodos de negación, culpa y sufrimiento antes de que terminen por reconocer la situación de maltrato y se identifiquen con otras mujeres en situaciones similares. A estas alturas, sobreviene la ruptura y empieza la recuperación con respecto a la relación de maltrato. Reconocer que este proceso existe puede ayudar a las personas a ser más comprensivas y criticar menos a las mujeres que regresan a una situación de maltrato.

Lamentablemente, dejar una relación de maltrato no siempre garantiza la seguridad de la mujer. La violencia a veces puede seguir, e incluso aumentar mucho, después de que la mujer deja a su pareja. De hecho, en Australia, Canadá y Estados Unidos, una proporción significativa de los asesinatos de mujeres se cometen cuando la mujer está tratando de dejar al hombre que la maltrata.[8]

Cortar con la violencia en la pareja no necesariamente se soluciona con el divorcio, pero tampoco es fácil restaurar el matrimonio ya que requiere de la decisión de la víctima tanto como de la del maltratador. Ambos deben recibir ayuda por parte de personas capacitadas en el tema, y los cambios deben ser supervisados durante bastante tiempo. Como cristianos, apuntamos a la recuperación matrimonial, y debemos poner todos nuestros esfuerzos en ello. Pero también tenemos que ser consecuentes con el resto del consejo bíblico en lo que hace a las relaciones y al trato dentro de la familia, denunciando el maltrato en cualquiera de sus formas y poniendo un límite claro al mismo.

A pesar de que en los últimos años hemos notado un avance en la iglesia evangélica de nuestro país y de América Latina respecto a los intentos por proveer instancias de capacitación y pro-

---

[8] *Informe mundial sobre la violencia y la salud*, op. cit., p. 105.

mover la concientización sobre el maltrato en la familia, aun hay mucho camino por recorrer. Todavía sabemos que muchas mujeres víctimas de violencia conyugal no son bien acompañadas por los líderes y pastores de sus iglesias, por acción u omisión. Continúan siendo manipuladas y maltratadas de un modo inconcebible para quienes se arrogan el lugar de "pastores de la grey". Todavía la carga del machismo y de la opresión es muy fuerte. Esto nos motiva a redoblar nuestros esfuerzos en lo que creemos que es la voluntad de Dios: promover la libertad a los cautivos de toda forma de cautividad. En este caso, de la violencia en la familia.

Aspiro a que en la iglesia de Jesucristo no seamos cómplices del abuso sobre las víctimas –mujeres, hombres, niños y niñas, ancianos y minusválidos- y que tengamos un rol protagónico en la defensa de las mismas. ¡No formemos parte de los factores que contribuyen a sostener la violencia en la familia!

> Hoy la iglesia se levanta para tomar acción. Ya no permaneceremos en silencio. Ya no nos haremos la vista gorda. Ya no justificaremos la violencia contra la mujer con nuestros pensamientos ni con las Escrituras. Ya no pensaremos que no es de nuestra incumbencia. Hoy nosotros, como una iglesia mundial y como cristianos, adoptamos una posición y decimos que el problema de la violencia hacia la mujer es de nuestra incumbencia, que esta es nuestra iglesia. Todo acto de violencia en contra de la mujer es negativo y debe dársele fin. [9]

---

9 Consulta Regional sobre relaciones de género, *Violencia hacia la mujer y misión integral*, Red Miqueas, Agosto de 2011, p. 75.

3

Camino hacia la libertad

> *Jesús [...] les dijo: Si se mantienen fieles a mis enseñanzas [...] conocerán la verdad, y la verdad los hará libres.*
>
> Jn 8:31-32

En un mundo posmoderno que postula que no hay una verdad absoluta, sino que cada uno tiene su propia verdad, podemos decir con certeza que sí hay una verdad con respecto al tema que nos ocupa, y que se fundamenta en las Sagradas Escrituras.

En este sentido, afirmamos que Dios creó al ser humano, varón y mujer, a su imagen y semejanza (Gn 1:26-27), y que como tal puso dignidad y valor en ellos. También reconocemos que la entrada del pecado en el mundo tergiversó la creación perfecta de Dios: el ser humano se corrompió y con ello toda la experiencia humana, incluidas sus relaciones familiares.

El modelo ecológico con el que se intenta explicar la multicausalidad de la violencia, y al que hicimos referencia en distintos lugares en esta obra, no comprende la naturaleza pecaminosa del ser humano ya que no considera la espiritualidad como un aspecto a ser tenido en cuenta, al menos entre los factores causales del fenómeno que aquí analizamos. Sin embargo, como cristianos sostenemos la existencia de una dimensión espiritual en la persona, y por lo tanto es nuestro deber incluirla a la hora de comprender la violencia en la pareja, y mucho más al momento de pensar en sus soluciones.

Si bien mencionamos que muchas mujeres cristianas, a partir de erróneas interpretaciones bíblicas y atravesadas por una cultura patriarcal y machista, se someten aun más al maltrato por parte de sus esposos, también es cierto que muchas mujeres y muchos hombres, al conocer y aceptar las enseñanzas de Jesucristo, comienzan a tener una nueva luz sobre el tema. El mandato a los hombres: *«Esposos, amen a sus esposas, así como Cristo amó a la iglesia y se entregó por ella»* (Ef 5:25) resulta impactante para muchos de ellos, que comienzan a intuir un nuevo modelo de relación con sus esposas.

Nunca entendí tan claramente mi comportamiento equivocado hacia mi esposa como cuando me confronté con este texto. ¡Me di cuenta qué lejos estaba de tratarla como Cristo me trató a mí! Aunque todavía no sé cómo controlar mis desbordes de ira, sé hacia dónde tengo que caminar. (Héctor, 46 años).

Del mismo modo, cuando las mujeres comprenden la posibilidad esperanzadora de retornar al plan original de Dios a partir de Jesucristo –quien tuvo una actitud revolucionaria hacia las mujeres de su época, valorándolas y restaurando su dignidad al punto de resultar confiables como para ser discípulas y testigos de su resurrección–, entre otras cosas comienzan a sentir que hay un nuevo lugar para ellas en vez del lugar del agravio y el maltrato. *«Ya no importa el ser judío o griego, esclavo o libre, hombre o mujer; porque unidos a Cristo Jesús, todos ustedes son uno solo... y herederos de las promesas»* (Gl 3:28-29; DHH).

De qué manera Dios quiere recomponer una nueva humanidad a partir de Jesucristo será tratado más ampliamente en el capítulo 5. Pero vayamos por partes.

Qué puede hacer una víctima de violencia conyugal

El camino de regreso de la violencia de género es largo y difícil, pero no imposible. A punto tal, que se denominan *sobrevivientes* a aquellas mujeres que salieron de semejantes experiencias. Requiere de determinación y paciencia por parte de las víctimas, de apoyo por parte del entorno y de compromiso por parte de las autoridades intervinientes. Los altibajos y los sentimientos de impotencia y desorientación son comunes. Pero muchas personas lo han intentado y perseveran en el intento cada día. ¡Vale la pena!

Los principales escalones a recorrer podrían ser los siguientes:

1. *Reconocer su situación.* No siempre es fácil para la víctima reconocer la situación de violencia a la que está sometida. Recordemos la tendencia a «naturalizar» la violencia, particularmente cuando es una pauta no cuestionada e incorporada a la cultura. El Dr. Norman Wright, en el capítulo «El hombre abusador» de su libro *Preguntas que las mujeres hacen en privado*, refiere lo siguiente:

> Muchas mujeres comprometidas creen que se están casando con un hombre cuidadoso y cariñoso porque actuó de esa forma durante el noviazgo, pero pronto descubren que se han casado verdaderamente con un misógino. La autora Dra. Susan Forward, sugiere que la siguiente lista sea chequeada en relación con el hombre de su vida.

- ¿Reclama el derecho a controlarla en cómo usted vive y se comporta?
- ¿Ha renunciado usted a actividades y personas importantes en su vida con el fin de tenerlo contento?
- ¿Menosprecia sus opiniones, sus sentimientos y sus logros?
- ¿Le grita, amenaza o se ensimisma enojado en silencio cuando está disgustado?
- ¿Ensaya usted previamente lo que va a decir para que él no estalle?
- ¿La desconcierta cambiando de «agradable» a «furioso» sin motivo aparente?
- Cuando está con él, ¿se siente a menudo confusa, sin equilibrio o incapaz?
- ¿Es extremadamente celoso y posesivo?

- ¿La culpa a usted por todo lo que va mal en su relación?[1]

Si la persona ha padecido violencia en cualquiera de sus formas en su hogar de origen, debe saber que es especialmente vulnerable y que se encuentra predispuesta a repetir pautas abusivas en su propia relación de pareja, sea en el papel de agresora eventualmente, víctima la mayor parte de las veces, o ambas cosas a la vez. Durante la etapa de noviazgo es necesario atender a las primeras señales de maltrato.[2] No se deberían pasar por alto los síntomas de abuso de cualquier tipo, pensando que el paso del tiempo o el amor que se profesan los novios alcanzará para solucionar el problema en el futuro. Es más fácil poner límites adecuados, corregir y encauzar las conductas inaceptables cuando recién comienzan a presentarse. Si el maltrato se ha instalado como forma de relación, ya sea en el noviazgo o en el matrimonio, la víctima debe dejar de lado las excusas, la justificación y la minimización de la situación, y disponerse a ver su realidad tal cual es, aunque resulte doloroso o vergonzoso para ella. Resulta muy útil llevar un registro con anotaciones, donde consten las agresiones recibidas, sean físicas o emocionales, y cuáles hayan sido los argumentos que ella misma se dio anteriormente para no hacer nada al respecto. Muchas mujeres se sorprenden cuando leen sus propias notas de otro tiempo. A veces, porque ven que nada ha cambiado con el paso del tiempo sino el aumento del maltrato. Otras veces, cuando ya están fuera de la situación, porque no pueden creer que hayan soportado tantas cosas. El registro también es una forma de percibir claramente el ciclo de violencia, repetitivo y sostenido en el tiempo, tal como se describió en otros capítulos. Sea como fuere, escribir ayuda a mantener la memoria de sucesos que no deben ser olvidados ni negados. Nos ayuda a no caer repetidamente en cosas que hicimos mal o que nos han hecho daño. Reiteradas veces Dios nos

---

1 Norman Wright, *Preguntas que las mujeres hacen en privado*, Unilit, Miami, 1994, p. 269. El texto de Susan Forward citado por el Dr. Wright es: *Men Who Hate Women and the Women Who Love Them*, Bantam Books, New York, 1986.
2 Este tema se ampliará en el capítulo 4, «Prevención de la violencia en el noviazgo».

insta a «recordar» las bendiciones recibidas; otras veces, el pecado en que hemos caído en otro tiempo; otras veces, la forma maravillosa en que Dios ha obrado en nuestro favor. El nos ha diseñado con la capacidad de recordar porque la memoria bien utilizada es un mecanismo protector con que el Creador nos ha provisto. En estos casos, hasta podría ser considerado un mecanismo de supervivencia.

2. *Disponerse a salir del aislamiento y pedir ayuda.* Es bueno recordar, una vez más, que el silencio y el aislamiento favorecen el maltrato intrafamiliar en cualquiera de sus formas. Por lo tanto, disponerse a romper el perverso pacto de silencio es de vital importancia para comenzar el camino de salida. Es útil también volver a subrayar que la responsabilidad del maltrato no es de la víctima sino del agresor. Tener en claro esto ayudará a tratar con la vergüenza, la culpa y el sentimiento de deslealtad que suelen sentir las víctimas al descubrir ante otros la tragedia familiar. Empezar a contar a otros lo que está sucediendo dentro de las cuatro paredes del hogar es de enorme beneficio, en principio para las víctimas, pero también para quien comete maltrato, que así tendrá la oportunidad de recibir ayuda. Por otra parte, al lograr que el agresor se sienta vigilado por otros, la exposición del problema redundará en una mayor protección para la víctima, controlando o incluso frenando la violencia. De todos modos es necesario ser prudente, acudiendo a personas que resulten confiables y capaces de comprender y ayudar en estos temas.

Y hablando de confiabilidad, al pedir ayuda en el contexto religioso, es necesario tener en cuenta lo siguiente:

Una mujer que acude a un agente pastoral, estará en buenas manos con aquellas terapias que:

- La hacen sentir cómoda y segura.
- Le escuchan.
- Empatizan con ella.
- Son sensibles a lo que siente y necesita.
- Activan sistemas para protegerle.
- Ofrecen credibilidad a sus narraciones de maltrato y agresiones.

- No son paternalistas y tienen un trato igualitario.

Por el contrario, no está en buenas manos con aquellas intervenciones y consejeros que

- Emiten juicios sobre su conducta.
- No creen sus relatos.
- Le hacen sentir como su pareja (abuso de poder, manipulación emocional).
- Le culpan de lo que sucede o de provocarlo.
- No estimulan su independencia.
- No comprenden el miedo y el terror de la maltratada.
- Le piden que sea paciente con el maltratador.
- Subestiman las consecuencias del maltrato.
- No le ofrecen información.
- Creen en los roles tradicionales impuestos a las mujeres.
- Le aconsejan que no denuncie al maltratador.
- Le aconsejan terapia de pareja o mediaciones (porque no están indicados para estos casos).[3]

Es importante recurrir a ayuda profesional especializada. También la víctima puede pedir o permitir que familiares o amigos ayuden en la búsqueda de los recursos apropiados para cada situación. Recordemos que la problemática de la violencia familiar es compleja y debe ser abordada en forma integral. No es prudente que alguien que no esté debidamente protegido y respaldado formule una denuncia policial. Esta acción, muy útil en determinados momentos, puede ser peligrosa si no se han tomado los recaudos necesarios. Los centros especializados en violencia familiar que puedan existir en la comunidad brindan orientación gratuita sobre aspectos psicológicos, legales y prácticos, que son de mucha utilidad. Asimismo es importante que, si lo consiente, el hombre que ejerce maltrato también sea tratado por personal idóneo y ayudado en su recuperación.

---

3 *Guía de Acción Pastoral contra la violencia de género*, Alianza Evangélica Española, p. 53. http://www.iglesiaevangelicaamara.com/public/GuiaAccionPastoralContraVG.pdf

3. *Buscar protección.* En los casos de violencia física grave, tanto la mujer que está expuesta a ella como sus hijos deben buscar un lugar seguro adonde irse en caso de ser necesario hacerlo. Tener una copia de la documentación más importante (escritura de la vivienda, documentos de identidad, direcciones y teléfonos importantes, etc.), llaves y algo de dinero en efectivo, son necesarios a la hora de escapar de una situación peligrosa. En estos casos no se debe temer ser acusada de abandono de hogar, argumento con el que muchos hombres «atan» a sus mujeres. El abandono de hogar no es una figura aplicable a personas que huyen para poner a salvo sus vidas y las de sus hijos.

4. *Redefinir la identidad y tratar con las consecuencias del abuso sufrido.* Hemos mencionado la cantidad de efectos nocivos que la violencia familiar provoca en sus protagonistas. Ahora es tiempo de curar heridas, aprender nuevos modos de relación y una nueva manera de verse a sí mismo. Sobre todo, hay que trabajar sobre la dignidad perdida y la autoestima dañada. Esto no es algo automático, sino un proceso largo y trabajoso, pero no imposible.

Recuerdo el paciente trabajo de recuperación que hizo Graciela, cuyo testimonio incluimos al final del capítulo 1 de este libro, a quien su esposo maltrató psicológicamente durante más de veinte años. Llegó a estar muy enferma de diferentes dolencias debido al estrés crónico al que estuvo sometida y sin saber exactamente qué es lo que sucedía. A dos años de haberse separado, Graciela había logrado recuperarse físicamente, pero todavía seguía luchando con su baja valoración y sentido de indignidad, a pesar de ser una mujer hermosa e inteligente. Venían a su mente las constantes afirmaciones denigrantes y descalificatorias que el esposo había pronunciado sobre ella, que por momentos parecían vencerla. Fue largo el proceso de "desintoxicación" emocional y psicológico, mientras iba desmintiendo y desestimando –una a una- las mentiras sobre su persona que había escuchado casi diariamente durante todo el tiempo que duró el matrimonio. A cambio de cada mentira pronunciada sobre su persona, había que conocer y creer una verdad que la reemplazara. Las verdades sobre su correcta identidad las fue encontrando en los parámetros sanadores de Dios. El grupo de apoyo que proveyó la iglesia más su sana espiritualidad le permitió emerger. Hoy Graciela es una mujer libre, feliz, sana. El proceso fue largo y sinuoso, pero la salida fue posible.

En este sentido, la iglesia local, como instancia restauradora, puede cumplir una función vital. Ampliaremos este aspecto en el capítulo 5.

5. *Mantenerse bajo ayuda especializada*, tanto en caso de ruptura matrimonial definitiva como si se decide sostener el vínculo conyugal. Decidir cortar con el ciclo de violencia no es el final; es sólo el principio de la salida del problema. Será necesario recorrer un camino de reconstrucción de la personalidad que puede requerir acompañamiento profesional.

6. *Salir del lugar de víctima*. Si bien diferenciamos a la víctima del victimario para tener claridad sobre la responsabilidad de la violencia, en algún momento del proceso de salida hacia la libertad es necesario ubicarse en otro rol. Quedarse en el lugar de víctima indefinidamente lleva a la paralización de la voluntad, a no asumir responsabilidades en la relación, a no hacerse cargo de la propia recuperación. En este sentido es que se necesita asumir un rol más activo de autodefensa. La ayuda externa efectiva hará posible que pueda, en forma gradual, volver a apropiarse –o también a adquirir como algo nuevo en la vida– de la capacidad de defensa y protagonismo perdida con el aprendizaje del desamparo. No se logra ni fácil ni rápidamente, pero sí se puede con la ayuda y el adecuado sostén del entorno. El correcto proceder de las personas que forman la red de contención (familia, amigos, iglesia, profesionales, autoridades) debe contribuir a empoderar a la víctima, es decir, a que pueda fortalecerse, desarrollar herramientas y confiar en sus capacidades para lograr su propio desarrollo y ejercer el poder de autodeterminación que haya perdido durante la relación de abuso. Recordemos que entre las consecuencias de sufrir maltrato se encuentra el debilitamiento progresivo de las defensas y el aumento de la impotencia.

7. *Atender a los hijos*. Los chicos que han sido víctimas pasivas de la violencia entre sus padres también quedan afectados y necesitan restauración. Constituyen una población vulnerable y es necesario trabajar en la instauración de modos más sanos

de relación para evitar que repitan en el futuro el modelo violento aprendido. Otra vez, a través del trabajo con niños y adolescentes la iglesia puede cumplir una hermosa tarea preventiva. Además, es posible que haya que tratar con otras consecuencias: dificultades escolares, síntomas psicológicos y físicos, etc.

8. *¿Perdonar?* Este será un paso ineludible hacia la sanidad. Sin embargo, hay que poner una nota de advertencia. En este caso, perdonar no implica olvidar. Las personas que son víctimas de violencia, mediante fuertes mecanismos psicológicos de defensa, tienden a «olvidar» y minimizar la situación vivida, entre otras cosas para no asumir el verdadero dolor que implica ver las cosas tal cual son. Hay que perdonar recordando. Recordar para no permitir que el maltrato se instale nuevamente, quizás de otras formas y aun de parte de otras personas. Quienes tratan con liviandad este aspecto suelen usar el perdón como un mecanismo encubridor y aparentemente «espiritual», que facilita la repetición en el tiempo de relaciones con personas violentas. El Dr. Hugo Santos, en un párrafo de su trabajo sobre el perdón, dice:

> Lo que el perdón no es. El proceso del perdón se confunde a menudo con otros estados o conductas. Veamos algunas de ellas:
>
> • Perdonar no es olvidar. Algunos, contrariamente a este principio, afirman que perdonar es olvidar, como si olvidar fuera inherente al perdón como las cuerdas al violín [...] En realidad, olvidar podría ser un peligroso camino para escapar de la pena interior [...] Ningún agente pastoral debería recomendar el olvido para aliviar la situación. Nada se recuerda tanto como aquello que nos proponemos olvidar. El olvido no puede ser decretado.
>
> • Perdonar no es excusar. En realidad, perdonar es lo contrario de excusar. Cuando alguien excusa a otro es cuando cree que no tiene culpa [...]
>
> • Perdonar no es suavizar los conflictos. Algunas personas obstaculizan el proceso del perdón intentando

suavizar o relativizar los conflictos que se plantean. Una manera de hacerlo es diciendo que lo ocurrido que provocó la herida no es de la mayor importancia, sin haber hecho el recorrido que se supone que se debe hacer para llegar a esa conclusión [...]

- Perdonar no es lo mismo que tolerar. Perdonarme y perdonar a otro es sano para mí mismo. Tolerar cualquier cosa que yo o el otro haga puede conducirme hacia diversas complicaciones y a la enfermedad. Uno podría perdonar a alguien casi todo, pero uno no puede (no debe) tolerar todo. Cada vez que las personas interactúan entre sí, deben decidir, consciente o inconscientemente, qué clases de cosas habrán de tolerar.[4]

En otra parte de su trabajo y haciendo alusión a la posibilidad de reencuentro después del perdón, dice:

¿Nos volvemos a reunir? Una de las ideas falsas sobre el proceso de perdonar es la idea romántica de que el proceso del perdón no está terminado hasta que las personas se reúnen, se declaran la herida, se aclara el sentido de las palabras o conductas pasadas, se pide perdón, se restablece la relación y todo termina en un abrazo que simboliza el deseo de un vínculo futuro inquebrantable [...] Sin embargo, hay situaciones donde no se puede o no es aconsejable tal encuentro. El perdón es un proceso que sucede, ante todo, en el interior de la persona, digámoslo así: en su mente y en su corazón. La persona que perdonamos es alguien a quien podríamos desear el bien, pero no necesariamente es alguien que entraría luego en la intimidad de nuestras relaciones más próximas [...] Algunas personas creen que perdonar y reencontrarse son la misma cosa. La reunión a veces es algo imposible. Puede haber circunstancias que pueden prevenirnos de tal situación. Una pareja que se separa puede casarse otra vez, o mudarse o morirse. Es más, a

---

[4] Hugo N. Santos, «El perdón: un camino hacia la salud integral», en *Visiones y herramientas. Itinerario por la teología práctica*, vol. 3 (2005), pp. 66-68.

veces el encuentro es posible, pero no aconsejable para el bien de la persona que fue herida. Podríamos pensar, extremando los ejemplos de esta cuestión, en el caso de un cónyuge violento [...] Lo mismo podemos decir que no es lo mismo perdonar que restaurar a la persona al lugar que ella tenía antes de hacer lo que requirió nuestro perdón. El perdón no nos exime del ejercicio de la justicia, la prudencia o el buen sentido.[5]

En la misma línea, los Dres. Henry Cloud y John Townsend mencionan lo siguiente:

El perdón y la confianza son dos cosas totalmente diferentes... Nos encontramos una y otra vez con este problema. Personas a las que han lastimado y que... confrontan al otro en torno de lo que ha ocurrido, éste se disculpa, ellos lo perdonan, le abren de nuevo las puertas y confían en él ciegamente.

La manera más simple de ayudarlo a organizar sus pensamientos al confrontar este problema es recordar tres cosas:

- El perdón tiene que ver con el pasado... Para perdonar sólo hace falta una persona.

- La reconciliación tiene que ver con el presente. Ocurre cuando la otra persona se disculpa y acepta el perdón. Para reconciliarse, hacen falta dos.

- La confianza tiene que ver con el futuro. Trata tanto de aquello a lo que usted se arriesga a volver a enfrentar como de a qué volverá a abrir sus puertas. Antes de que usted vuelva a confiar en alguien, esa persona deberá probar mediante sus actos que es confiable (Mateo 3: 8; Proverbios 4: 23).

Obviamente, cuando la herida es muy profunda, llegar al punto del perdón verdadero puede llevar tiempo, no siempre ocurre inmediatamente.

---

5 *Ibid.*, pp. 73-74.

En las buenas conversaciones sobre límites uno perdona a la otra persona por el pasado, se reconcilia en el presente y luego discute cuáles serán los límites de su confianza en el futuro. El punto clave es este: *diferenciar claramente el futuro del pasado.*

Al discutir el futuro es preciso delinear con claridad las expectativas, los límites que fijará, las condiciones y las consecuencias (buenas o malas) que tendrán determinados actos... En algunas situaciones usted puede perdonar a alguien y reconciliarse con dicha persona sin desear demasiada intimidad en sus relaciones futuras. El perdón y la reconciliación no dictan la estructura del futuro, solo saldan las deudas del pasado.[6]

Qué puede hacer la persona que maltrata

En esta sección nos referiremos generalmente a los hombres que maltratan, pero también incluiremos a las mujeres que reconozcan en sí mismas conductas violentas contra sus parejas y, sobre todo, contra sus hijos.

1. *Reconocer su comportamiento abusivo.* A menos que una persona violenta deje de justificar el maltrato en cualquiera de sus formas y lo asuma como tal, no habrá chances de sanidad. Con frecuencia, que una mujer se oponga a ser maltratada o ponga un límite en ese sentido, lejos de ser una deslealtad el dar a conocer lo que sucede en la relación conyugal, tanto fuera como dentro del hogar, abre la oportunidad a que el esposo también revea su situación y busque sanidad. «*¿Quieres ser sano?*», fue la pregunta que Jesús dirigió al paralítico que hacía treinta y ocho años estaba sufriendo su enfermedad (Jn 5:6; RV60). La pregunta buscaba, seguramente, que el hombre reconociera no solo su enfermedad sino también la imposibilidad de arribar a la salud por sí mismo y consecuentemente su necesidad de que otro lo llevara a la sanidad de aquello que lo mantenía inmovilizado y esclavo.

---

6 Límites cara a cara. Dr. Henry Cloud y Dr. John Townsend. Editorial Vida, 2005, cap. 14. Distinga entre perdonar y confiar, pp. 71-73.

2. *Admitir que necesita ayuda.* La persona que ejerce violencia, sea hombre o mujer, no es un monstruo ni necesariamente mala e irrecuperable. Es también una persona que sufre y que necesita ayuda especializada.

3. *Perseverar en el tratamiento.* Buenas intenciones no bastan. Esta frase nunca es más cierta que en esta problemática. No dudamos del arrepentimiento ni de las buenas intenciones que expresan muchas personas violentas, pero no alcanzan para producir un cambio real y a largo plazo. Ellos mismos pueden sentirse frustrados al ver que, a pesar de desearlo sinceramente, no pueden cambiar como quisieran. Por eso, es necesario que reciban ayuda por un tiempo prolongado cumpliendo un proceso reeducativo especializado.

José, de cuarenta y siete años, llega a la consulta después de veintitrés años de matrimonio. Con amargura dice:

Me di cuenta de que la falla estaba en mí. Me puse muy mal cuando lo descubrí. Dejé de golpearla hace ya cuatro años pero no puedo manejar la agresión verbal. Muchas veces le pedí a Dios que me ayudara porque quería cambiar, pero después no sabía cómo. Me siento muy frustrado. Sé que no actúo como Dios quiere, pero no sé cómo hacerlo diferente; intenté de muchas formas. Varias veces estuve a punto de quitarme la vida porque no quería vivir más así. Me sentía atrapado sin saber cómo salir, y pensando que ya no había más oportunidad de cambio. Hasta que los dos reconocimos que no podíamos solos y que teníamos que pedir ayuda.

Las pautas distorsionadas de relación se han aprendido, ejercido y fijado a través del tiempo. No es lógico suponer que las mismas puedan comprenderse, cambiarse y practicarse en poco tiempo. Las nuevas maneras de relacionarse, sin el uso de la violencia en cualquiera de sus formas, también requieren de práctica, especialmente en tiempos de presión y de dificultad, normales en la vida personal y familiar.

4. *Pedir perdón.* Es interesante notar que aun los terapeutas que no son cristianos mencionan este principio como de vital importancia en el proceso de sanar. Con mucha más razón los

cristianos necesitamos incluir el pedido de perdón sincero por el daño ocasionado como la manera de comenzar el propio proceso de restauración. La profundidad del pedido de perdón no está marcada por la cantidad o intensidad de emoción demostrada. Muchos hombres son capaces de llorar y decir palabras conmovedoras sobre su conducta delante de su mujer o de las autoridades de la iglesia, especialmente cuando ven peligrar la continuidad de su relación de pareja. Sin embargo, no necesariamente esto conduce a un cambio real, observable y sostenido en el tiempo. Puede ser sólo una fase más del repetitivo ciclo de violencia. El pedido de perdón debe incluir en forma explícita y taxativa la mención de las conductas agresivas, acompañado de un profundo y verdadero pesar por el daño causado, sin ningún lugar a la excusa, a la inculpación del cónyuge o a las circunstancias, o a la minimización de su conducta inapropiada. La necesidad de ser perdonado puede ser progresiva o en etapas, a medida que una persona va comprendiendo gradualmente su responsabilidad y la dimensión del daño causado a otros. Esto no significa que las disculpas anteriores no hayan sido válidas, sino que la mayor conciencia de los propios actos violentos ocasiona mayor carga de culpa, y ésta debe ser tratada. El pedido de perdón no sólo debe dirigirse a la persona o personas agredidas directamente, sino a todas aquellas que han sido dañadas de algún modo por las conductas de maltrato. Por ejemplo, los hijos. También, y como expresión de un verdadero arrepentimiento, deben surgir nuevas conductas compatibles con un cambio real y profundo, «*frutos dignos de arrepentimiento*», "*Muestren con su conducta que realmente han dejado de pecar*", *Lc 3:8*, TLA).

5. *Tratar con sus propias heridas emocionales*. Como hemos mencionado, muchos hombres que tienen conductas violentas tienen tras de sí una historia familiar «golpeada» en muchos sentidos. Quizás han sido niños y niñas maltratados en su infancia, han sido víctimas de la violencia entre sus padres, o han sufrido abusos en las instituciones en las que les ha tocado crecer (hogares de niños, escuelas, etc.). Estas experiencias dejan, dentro de cuerpos adultos, corazones y mentes infantiles heridos, tristes, y enojados. Es imprescindible que la sanidad llegue a lo más profundo del alma, cicatrizando las heridas aún abiertas;

consolando, acariciando, liberando el miedo, la rabia y el rencor, si es que hemos de pretender vivir el presente y el futuro libres de cualquier forma de violencia. Para esto es necesario que alguien amoroso, con una gran cuota de paciencia y de misericordia, además del entrenamiento adecuado, se ponga al lado del hombre o la mujer que desee tratar las heridas del pasado a través de un proceso gradual de sanidad.

6. *Aprender a expresar los sentimientos.* José, cuyo relato incluimos antes, también nos confió:

> *Me cuesta expresar mis sentimientos. Es raro lo que me pasa. En lugar de decir palabras amorosas o amables, hago bromas a mi esposa y a mis hijos que al final resultan pesadas y agresivas. Ellos terminan cansados de mí y yo me siento cada vez más frustrado y solo. No sé, es como si me diera vergüenza o pudor demostrar lo que siento. Es raro, ¿no? Pero esto es lo que me pasa.*

Muchas veces los hombres, y también las mujeres, golpean física o verbalmente porque no conocen otras formas más adecuadas de expresar su enojo, su tristeza o su malestar por diversos motivos. Del mismo modo, les cuesta expresar sentimientos tiernos, aunque lo deseen intensamente. Esta incapacidad a la hora de expresarse demuestra que no han aprendido a resolver sus conflictos a través de recursos maduros. Cuando eventualmente lo logran, se sienten aliviados y aumenta la esperanza de que dejen de «hablar» o expresar sus emociones golpeando o maltratando.

7. *Redefinir su identidad de hombre.* Hemos visto que gran parte de la violencia masculina en la pareja se debe a estereotipos culturales errados sobre lo que significa ser un hombre. Darse cuenta de que se puede ser mejor y más hombre protegiendo a sus mujeres, tratándolas como compañeras, valorizándose ellos y valorando a la mujer que han elegido, es una empresa desafiante y maravillosa. Como veremos más adelante, ¡vale la pena intentarlo! El hombre que ha logrado redefinir su identidad tiene las siguientes características:

- Sabe expresar sus emociones y afectos en formas apropiadas.
- Es capaz de entablar relaciones amorosas e íntimas con otras personas.
- Sabe cuidar de otros.
- Reconoce la importancia de rendir cuentas a otros hombres y de pedir ayuda en tiempos de crisis.
- Experimenta y expresa el dolor en formas apropiadas, aun llorando cuando la situación provoca esta respuesta.
- No tiene miedo de compartir con otros su historia personal.
- Maneja correctamente los ritmos de trabajo y descanso.
- Participa activamente en la crianza de sus hijos.
- Comparte tareas del hogar junto a la esposa. [...]
- Participa activamente en la vida de la iglesia, compartiendo sus dones, recursos y tiempo para la expansión del Reino de Dios.[7]

Qué pueden hacer los hijos adolescentes y jóvenes

Los hijos que han crecido siendo testigos de la violencia entre sus padres también sufren consecuencias, según hemos visto en el capítulo 1. Se considera que constituyen una «población vulnerable», en principio, por los daños –físicos, emocionales, relacionales– a los que son expuestos dentro de la relación abusiva de los padres en el presente. A futuro, porque tienen más probabilidades de repetir, en sus propias relaciones interpersonales, las pautas abusivas aprendidas, además de otras consecuencias que ya fueron mencionadas en el citado capítulo.

En primer lugar, deben tener claro que no son en absoluto responsables de la conducta errónea de sus padres. Los niños,

---

[7] René Zanetti, «¡Se buscan hombres de verdad!», en *Apuntes pastorales*, vol. XXII, No. 2 (enero-marzo de 2004): 22.

debido a su natural egocentrismo o porque algunos padres o madres así se lo señalan, suelen creer que ellos son culpables de lo malo que sucede en el hogar, que ellos han sido los responsables de desatar la ira de los padres/madres al portarse mal o al no ser suficientemente «buenos» u obedientes. Los niños que crecen en hogares donde existe violencia u otras dificultades serias (alcoholismo, adicciones, peleas frecuentes, enfermedad crónica mental o física de alguno de sus miembros, ausencia de padres u otros traumas) suelen cargar sobre sí vergüenza, culpa, equivocadas responsabilidades y confusiones respecto de su rol. En todos los casos, los adultos bajo cuya responsabilidad se encuentran los niños son los que deben hacerse cargo de sus propias conductas erróneas. Sin embargo, esto no resulta tan claro en hogares muy perturbados.

> Los niños suelen ser utilizados como medio e instrumento para ejercer control y hacer daño a la madre y necesitan apoyo y ayuda específica para superar los miedos, inseguridades y traumas que les causa la situación. Para acabar con la violencia de género es necesario romper la cadena generacional que supone el que los niños repitan de mayores las conductas y modos que aprendieron de niños en un hogar en el que el padre trata con desprecio y violencia a su mujer.[8]

Al llegar a la adolescencia y juventud estos hijos comienzan a tener posibilidades de ir adquiriendo una gradual conciencia sobre lo que sucede en el hogar, y entonces poco a poco pueden ir eligiendo para sí mismos, entre aquellos modelos disponibles en el entorno, otros más saludables que los de la propia familia. En este sentido, pueden necesitar ayuda por parte de líderes de iglesia, de docentes confiables, de otros familiares, o también de profesionales idóneos. Un adolescente o un joven no debe sentirse culpable por desear ser diferente a sus padres en sus aspectos disfuncionales, ni sentirse desleal a su familia por «descubrir» ante otros la realidad familiar, ya que guardar

---

8 *Guía de Acción pastoral contra la violencia de género,* Alianza Evangélica Española, p. 27.

el «secreto» en estos casos no es saludable ni para él ni para su propia familia. Por el contrario, decirse a sí mismo la verdad de su realidad familiar y reubicar las responsabilidades puede ser el comienzo de la sanidad, porque abre la posibilidad de curar las heridas producidas y de aprender pautas nuevas de relación en su vida. Sobre todo, este adolescente o joven debe aprender que los sentimientos de frustración y enojo son normales en la vida humana, pero que los problemas deben y pueden resolverse de otras maneras, sin acudir a la violencia, ni para ejercerla sobre otros ni para recibirla sobre sí. Debe ocuparse, asimismo, de su propia identidad como hombre o mujer, reformulando las pautas de trato entre ambos sexos, especialmente en sus relaciones de pareja. Al respecto, es necesario ayudar a los adolescentes y jóvenes a discernir y cuestionar los modelos que la cultura propone, además de lo que pudo aprenderse en la familia. Por ejemplo, en cuanto al machismo imperante en nuestro medio, que se expresa en conductas de menoscabo y maltrato hacia la mujer. Del mismo modo, en cuanto al uso del poder de que se disponga.

En el capítulo 4, «Prevención en el noviazgo», pueden encontrarse otras consideraciones al respecto.

Qué pueden hacer otros

Este párrafo no está orientado hacia profesionales (se les ha dedicado un capítulo, el 6 de esta obra), sino hacia personas que de alguna manera estamos cerca de aquellos que padecen violencia familiar. ¿Qué puede hacer una persona que intuye o sabe con certeza de la violencia en el hogar de un amigo, de un familiar, de una hermana de la iglesia, de un vecino, de una compañera de trabajo? ¿Qué hacer en caso de que alguien se acerque a contarnos acerca de la violencia que padece?

1. *Tender puentes de acercamiento y comprensión.* Cualquier intervención que apunte a la ayuda debe hacerse en un marco de verdadero interés por la persona, con mucho respeto y prudencia, ya que se trata de situaciones delicadas, a veces peligrosas y sumamente penosas para los que las padecen. La actitud

de simple curiosidad o la intromisión descuidada, al igual que la indiferencia o la crítica, deben ser descartadas totalmente.

2. *Creer el relato de la víctima.* En el caso de que alguien nos confíe el relato de su historia, en principio hay que creer. Generalmente, por desconocimiento del tema o por la angustia que puede causarnos, tendemos a minimizar, desconfiar, y hasta descreer totalmente lo que estamos escuchando. También debemos recordar que el agresor suele presentar una «imagen pública» muy distinta de la que presenta en su vida familiar, y esto hace aún más difícil la credibilidad del relato de la víctima. No es muy frecuente, pero es posible, que un hombre confiese que se siente angustiado porque ha golpeado a su mujer, o que una mujer admita que golpea a sus hijos. En estos casos hay que tomar seriamente la confesión, no minimizarla y tampoco censurarla. Es un tema a resolver y debemos brindar esperanza al asegurar que, si se dan los pasos adecuados, hay soluciones.

3. *Tener una actitud amorosa y contenedora.* Somos muy propensos a las soluciones fáciles o a los consejos rápidos, sobre todo –y justamente– cuando no sabemos mucho sobre una problemática o cuando nos sentimos angustiados frente a ella. Hay que evitar cualquier tipo de condena o preguntas que supongan la culpabilidad de la víctima (por ejemplo, algo muy común es preguntar: «¿Y vos que hiciste para que se ponga así, estás segura de que no lo provocaste?»). Estas actitudes muestran desconsideración e ignorancia y dan lugar al fenómeno de la «doble victimización» –tema al cual nos refiriéramos en el capítulo 2–, y aun cuando no fuera nuestra intención producir tal efecto, pueden dañar aún más el alma herida de la persona que padece violencia. Los consejos pueden venir en otra instancia, pero en principio hay que ser un receptor amoroso del tema difícil que la persona está compartiendo: mostrar amor, cariño y comprensión es algo que nunca puede hacer daño.

4. *Brindar esperanza.* Por lo general se estima que, en promedio, pasan cinco años hasta que una mujer que padece violencia conyugal lo admite ante otro; a veces han transcurrido muchos más que cinco. Así, es lógico que la persona sienta que no hay solución para su sufrimiento y que se encuentra atrapada

irremediablemente. Es muy probable que haya perdido la esperanza de resolver su problema, seguramente después de haberlo intentado según su saber y entender hasta el momento. Es vital, entonces, trasmitir la esperanza de un cambio que ha de ser gradual pero seguro porque Dios, que no desea que las personas sufran violencia, se compromete él mismo a brindar una solución, aun cuando puede que difiera de la que nosotros concebimos (por ejemplo, que algo o alguien cambie mágicamente). Esta certeza es, en sí misma, la base de la esperanza a la cual podemos aferrarnos.

5. *Asegurar la reserva*. La persona que confía su problemática a otra merece ser tratada con mucho respeto, y esto incluye la reserva, lo que no significa que el tema «muera allí». Se debe pedir el consentimiento de la persona para poder hacer conocer el tema a otros que puedan brindar ayuda efectiva para estas situaciones.

6. *Acudir a personas que puedan ayudar específicamente*. Dado que es una temática particularmente complicada, a veces la mejor ayuda que un familiar, amigo o hermano puede brindar, consiste en buscar los contactos y acompañar a la persona a los lugares de ayuda específicos que existen al respecto. En este sentido, es útil conocer los recursos de asistencia a la víctima que hayan en cada comunidad (comisarías de la mujer, organizaciones especializadas en el tema, profesionales que aborden con idoneidad el campo de la violencia familiar, etc.).

Qué puede hacer el pastor o el líder de una iglesia

Transcribimos a continuación una serie de recomendaciones que Kay Marshall Strom hace a los líderes y agentes pastorales en el contexto de una iglesia. Las mismas prestan especial atención a la violencia física, pero lo que se dice es aplicable a cualquier tipo de violencia.

Sí...

- Trate el asunto cuidadosamente. El maltrato físico es un asunto de vida o muerte.

- Enfatice a la mujer maltratada que ella no es culpable del daño. No importa cuál sea el hecho que haya precipitado la agresión, ella no merece ser golpeada.

- Permítale hablar. Aun cuando puede que no sea placentero escuchar lo que quiere decir, necesita tener a alguien que la escuche.

- Crea en lo que le dice, aun cuando la historia pueda parecerle increíble.

- Ayude a la mujer a ver que el matrimonio no es un contrato de propiedad. Ningún esposo tiene derecho de propiedad sobre su esposa, ni la facultad de usar la fuerza para controlarla.

- Sea sensible. Piense que la mujer necesita apoyo, no condenas.

- Asegure a la mujer maltratada que no es la voluntad de Dios que sufra el maltrato. No es un medio divino de castigo sobre ella.

- Hágale saber que es posible hacer cambios en su vida. Asegúrele que hay personas que pueden y que quieren ayudarla.

- Determine la frecuencia y severidad del maltrato. Si su vida se ha visto amenazada por la violencia o ha sido muy golpeada inmediatamente antes de ir a pedir su ayuda, puede estar corriendo graves riesgos. En ese caso necesita protección antes de volver a su casa.

- Ayúdela a encontrar un lugar seguro adónde ir.

- Anímela a ver a un médico si tiene golpes o heridas. Muchos abusadores, a pesar de decir que actuaron fuera de control, infligen sus golpes en zonas difícilmente visibles. Es posible que la mujer esté más maltratada de lo que usted se da cuenta.

- Ore con ella. Esto va a calmarla y confortarla. Pero no sólo eso. Creemos que la oración de intercesión es realmente eficaz.

- Asegúrele que dejar momentáneamente su casa no la conduce necesariamente al divorcio. Dígale que el hecho de que la mujer se vaya, es muchas veces la única forma de que el hombre se dé cuenta de sus maltratos, admita el problema y busque ayuda. Pero en ningún caso deberá hacerlo antes de recibir la orientación profesional correspondiente, para evitar posibles demandas sobre abandono del hogar.

- Asegúrese de que la mujer maltratada comprende sus opciones. Si ella decide regresar a su hogar, debe entender y aceptar las posibles consecuencias.

- Enfatice que sólo ella puede tomar la decisión de cuál será el curso de las acciones. Usted puede aconsejarla y darle opciones, pero es ella quien debe decidir y actuar.

- Sugiérale que si decide volver a su hogar le diga al marido: «Nunca más. Si esto llega a suceder otra vez, me voy». Sin embargo, es vital que sepa que no deberá dar un ultimátum o hacer amenazas de este tipo si no está completamente preparada para cumplirla.

- Acentúe la necesidad de que su esposo reciba ayuda. Si él no admite el problema y no busca ayuda, lo más fácil es que vuelva a suceder. Y aun si su esposa lo abandonara, probablemente haría lo mismo en una nueva relación.

- Asegúrele que usted estará siempre dispuesta a proveer apoyo a su familia y que va a guiarles a hacer uso de los recursos disponibles.

- Respete y crea en la capacidad de las personas para cambiar. ¡Con Dios todo es posible!

No...

- No trate el problema con liviandad. La violencia doméstica puede ser mortal.

- No sea condescendiente. Una palmada en el hombro y el asegurar: «Todo va a salir bien», no son la ayuda que necesita una mujer que acaba de ser golpeada por su marido.

- No sea un impedimento para que ella pueda desahogarse actuando como si no se sintiera cómodo por tener que escuchar su historia.

- No la acuse de fallar en el sometimiento a su esposo.

- No comience enfatizando que debe preservar la familia a cualquier costo, usando textos bíblicos en contra del divorcio. El hecho de que ella se aleje temporalmente de una situación peligrosa para su vida no significa que el matrimonio haya acabado.

- No la envíe a su casa, especialmente si acaba de ser golpeada o si su vida ha sido amenazada.

- No trate de aconsejar más allá de lo que usted sabe hacerlo. Su tarea consiste en identificar las necesidades inmediatas de la mujer y luego referirla a personas o instituciones entrenadas para tratar con el problema.

- No aconseje devolver el golpe. Es una invitación para lesiones serias para ambas partes.

- No le diga que amenace con irse de la casa, a menos que ella realmente tenga intenciones de hacerlo.

- No la deje de lado si no escucha su consejo y no quiere buscar ayuda. Demuéstrele que usted está verdaderamente interesado en ella. Tenga siempre a mano y ofrézcale los nombres de profesionales o de servicios especializados de manera que la estimule a usarlos cuando sienta que lo quiere hacer.[9]

El agente pastoral debe saber que la ruptura del vínculo de una mujer con el compañero que ejerce violencia contra ella tiene ventajas y también riesgos. Estos últimos dependen del tipo y grado de violencia que se ha ejercido contra ella. Entre las

---

9 Kay Marshall Strom, *Ayudando a mujeres en crisis*, ABAP, Buenos Aires, 1991, pp. 94-95.

ventajas, la *Guía de acción pastoral contra la violencia de género* antes mencionada, incluye: "terminar con el abuso y la humillación, dejar atrás el miedo y el peligro, recuperar la salud, rescatar a los hijos de esa vida violenta, que la mujer recobre la confianza y el respeto por sí misma, recuperar la autoridad frente a los hijos, aprender a ser libre y responsable, vivir independiente y tranquila, reconstruir la esperanza de un proyecto de vida mejor, volver a ver a parientes y amistades, dejar de vivir controlada, conocer gente nueva y salir del aislamiento, vivir y disfrutar sin tener que pedir permiso o sentir culpa".

Entre los riesgos, hay que considerar los siguientes: "que aumenten las amenazas y la violencia física, acoso continuado, daños físicos serios, riesgo de secuestro de los hijos, perder las posesiones o parte de ellas, a que no le crean o a que la culpabilicen, a ser presionada por la familia para no continuar con el proceso".[10]

El hecho de que haya riesgos no debe ser un obstáculo o impedimento para disuadir a la mujer de separarse. Es necesario conocer los riesgos para evaluar cuáles serían las mejores estrategias para reducirlos, entre los cuales se incluye la consulta a equipos especializados que brinden asistencia integral. Muchas mujeres han recorrido el camino de salida y han sido libres de la violencia que las ataba.

Otro ítem importante a la hora de brindar ayuda es conocer mínimamente los recursos legales con los que se cuenta en cada país o provincia para la protección de víctimas de maltrato familiar. Esto no significa que el agente pastoral sea un experto en leyes ya que para eso están los especialistas del área. Pero es importante contar con un marco referencial básico, en particular cuando se trabaja con personas que han perdido la noción de los derechos que las asisten o protegen. Contar con estos datos también ensancha un horizonte esperanzador.

Estos temas serán ampliados en el capítulo 5 de esta edición.

---

10 *Op. cit.*, p. 56

¿Cómo trabajan los grupos especializados en la problemática de la violencia en la pareja?

En distintos párrafos a lo largo de este trabajo nos hemos referido a la conveniencia de recibir ayuda especializada. Dado que la problemática de la violencia en la pareja es sumamente compleja, requiere de tratamientos acordes, si es que han de ser efectivos.

No es necesario que ambos cónyuges estén de acuerdo en esta decisión para iniciar el camino de salida del abuso. Por el contrario, habitualmente es la mujer la que llega a los centros especializados en busca de asesoramiento y ayuda. A veces lo hace en forma personal; otras veces accede a través de algún servicio telefónico; en otros casos llega al ser derivada por la Justicia, por profesionales de la salud o líderes de la iglesia o de la comunidad. Con frecuencia los docentes –de las iglesias o de las escuelas– detectan la problemática de violencia que sufren algunos de los alumnos en sus familias. En esos casos los agentes comunitarios convocan a la familia –o a quienes estimen cercanos y sensibles a niños y adolescentes en cuestión–, para orientarlos y derivarlos para que reciban ayuda especializada. Generalmente es un paso difícil de dar, por lo que se recomienda que algún familiar, amigo, vecino o persona que la esté apoyando en el esclarecimiento de la problemática pueda acompañarla en tal consulta.

Con frecuencia los cristianos se resisten a pedir ayuda en estas instituciones especializadas porque creen que fomentan el divorcio o que no tomarán en consideración sus creencias religiosas o su fe. Es cierto que a veces las gravísimas condiciones de la violencia harán recomendable la ruptura del vínculo, en forma transitoria o definitiva; pero ese no es el objetivo principal de estos centros de ayuda.

Básicamente la asistencia se centra, en el caso de las mujeres, en ayudarles a esclarecer aspectos de la relación violenta en la que viven y a considerar la posibilidad de adquirir nuevos modelos y modos de relación más saludables para sí mismas y para sus hijos. Las mujeres reciben información y ayuda para que tomen conciencia de su situación; en caso de que su integridad física y psíquica esté corriendo riesgos, son protegidas; y reciben asesoramiento respecto a temas legales (tenencia de los hijos, protección de los mismos, patrimonio, derecho sobre la vivienda, etc.). Los grupos de ayuda mutua de mujeres víctimas de violencia proveen un espacio que les permite reconocer sus propias vivencias, ser creídas, animadas por otras mujeres que pasan por lo mismo, ser alentadas a buscar soluciones prácticas, etc. Tales grupos ayudan a fortalecer la autoestima y a crecer en el conocimiento de los derechos personales, a la par que identifican y eliminan los mitos y las creencias que operan en el abuso del que las víctimas son objeto. En esos encuentros también se adquieren nuevas herramientas y estrategias para enfrentar la violencia y el maltrato. La experiencia de las demás mujeres obra a modo de «espejos» donde se reflejan sus angustias, sus miedos y también sus esperanzas de cambio. Los grupos tienen la función de brindar un «soporte emocional», y facilitan la salida del aislamiento en que suelen alienarse las víctimas del maltrato familiar.

> Tanto las personas como las familias y los grupos pueden enfrentar mejor las situaciones de conflicto cuando sienten que no están solos. Las compañeras y compañeros en el proceso educativo estimulan, facilitan, ayudan a interpretar, y celebran los logros y resoluciones, a la par que se benefician con ellas. El contexto de confianza y solidaridad genera confianza y contribuye a potenciar a las personas. Cuando uno está en confianza, se siente más resuelto a arriesgarse a explorar, probar y cambiar. Puede afirmarse que en la formación y nutrición de comunidades de apoyo tenemos una de las claves para la lucha por la liberación, la justicia y la paz.[11]

Un enfoque terapéutico que sólo apunte a la víctima es importante pero incompleto. Es de vital importancia la recuperación

---

11 Daniel Schipani, *Paulo Freire, educador cristiano*, Libros Desafío, Grand Rapids, Estados Unidos, 2002, pp. 83-84.

de la persona que ejerce alguna forma de maltrato, a fin de cortar con el círculo de la violencia. El cambio es posible.

Es necesario tener en cuenta que la participación en grupos especializados no excluye la posibilidad de recibir tratamientos psicoterapéuticos o psiquiátricos individuales, o apoyo espiritual en las comunidades religiosas. En todo caso, son abordajes complementarios que deben ir en el mismo sentido: ayudar a los agresores a aceptar la responsabilidad de sus acciones, a cuestionar creencias erradas y estereotipos sociales sobre el ser hombre o mujer; a adquirir nuevas herramientas que les permitan cambiar su conducta abusiva, asegurando la defensa de las víctimas.

A continuación y hasta el final de este capítulo incluimos la valiosa experiencia de la Asociación "Pablo Besson", a través de su *Programa de asistencia a hombres que ejercen violencia en el ámbito familiar*, que se desarrolla en Buenos Aires, Argentina. Escribe Malena Manzato[12], su Directora:

Antecedentes generales

Los programas de atención a los hombres que han ejercido o ejercen violencia contra las mujeres en el ámbito familiar surgieron a comienzos de la década del año 1980 en los Estados Unidos y Canadá. Desde un comienzo quedó claro que no se trataba de un tratamiento para una enfermedad, sino de un proceso que procuraba los varones asumieran su responsabilidad frente a la violencia y el cambio en las relaciones abusivas hacia las mujeres. En las décadas siguientes la experiencia norteamericana y canadiense comenzó a ser imitada y ese modelo de asistencia a varones se extendió. En Latinoamérica, Argentina fue el primer país en contar con un programa específico a partir de 1990. A pesar de los casi cuarenta años que se vienen desarrollando los programas para asistencia a hombres que ejercen violencia en el ámbito familiar, aun existe una gran resistencia en los trata-

---

12 Malena Manzato, psicóloga social, especialista en violencia familiar. Directora de la Asociación "Pablo Besson", Centro de Prevención y Asistencia en Violencia Familiar.

mientos, tanto por parte de los hombres como por parte de la justicia, que tiende a penalizar más que a recuperar, y por parte de muchos profesionales de la salud que tienden más a psicopatologizar que a re-educar y/o prevenir el ejercicio de la violencia. Tenemos que tener en cuenta que las raíces de la violencia en sus diversas manifestaciones se encuentran en factores históricos, culturales, sociales, religiosos, institucionales y familiares.[13]

Antecedentes institucionales

A fines de 1997, un pequeño grupo de profesionales del ámbito psico-socio-legal y algunos hermanos y hermanas desprendidos de una larga trayectoria comunitaria de una iglesia local, fundamos la Asociación Pablo Besson. En los casi treinta años de experiencia en la prevención y asistencia en situaciones de violencia familiar, hemos tenido un solo hilo conductor:"personas que sufren".

El 85% de las personas que se acercan en busca de ayuda provienen de diferentes comunidades de fe. Por largos años nos abocamos solo al acompañamiento a mujeres en situación de violencia por parte de sus parejas (convivientes o no). Trabajando con esas mujeres nos dimos cuenta de que nos urgía brindar algún acompañamiento, en principio, a sus hijos e hijas testigos o víctimas de violencia. Realizando estas intervenciones en esta franja etaria, la asistencia se especializó en maltrato y abuso sexual en la infancia.

Corría el año 2006: mujeres, niños, niñas..., víctimas de un flagelo que ya había dejado de ser "privado" para ser "público". Aun así, nos faltaba extender nuestra mirada a la otra mitad del problema: *el hombre que ejerce violencia*. El equipo decidió aceptar este nuevo desafío. En ese momento no existían demasiados espacios específicos de asistencia a hombres que ejercían violencia donde, además, se considerara el aspecto espiritual y, más específicamente, con una mirada evangélica.

---

13 Modelo Ecológico de Bronfenbrenner

Por entonces nos preguntábamos: ¿Qué se puede hacer con el hombre que ejerce violencia? ¿Quiénes son esos señores que dañan a quienes dicen amar? ¿Tendrán fe o sólo serán asistentes a las iglesias? ¿Son enfermos psiquiátricos? ¿Alcohólicos? ¿Consumidores de drogas? ¿Psicópatas? ¿Hombres sin preparación académica? ¿Hombres pertenecientes a poblaciones vulnerables? ¿Hombres hundidos en el pecado? ¿Ateos? NO. ¡Nada de eso! Eran y son hombres comunes, de todas las clases sociales, de todos los niveles socioeconómicos y/o educativos, de todas las profesiones y de todas las religiones. Y si nos centramos en nuestras comunidades de fe, descubrimos que venían "de todas las denominaciones" y ejercían cualquier rol dentro de ellas, desde el pastorado, pasando por el liderazgo en general hasta los fieles miembros de cada domingo.

Asistencia específica

El ejercicio de violencia es un problema de gran complejidad. Consideramos que una buena intervención debe basarse en la incorporación de un marco teórico específico y multidimensional para poder descubrir la problemática y operar cambios sobre ella. Dos ejes fundamentales para comprender más acabadamente el fenómeno de la violencia de género[14] en el ámbito de la familia y de cada conducta violenta en particular son: la mirada multicausal y el reconocimiento de la influencia de la cultura patriarcal. La asistencia requiere también de acciones reeducativas, interdisciplinarias y en red.

- Con las acciones reeducativas se busca que el agresor acepte y asuma la responsabilidad de sus actos, y que comprenda la dimensión del daño que el ejercicio de la conducta violenta causa en su pareja, en los hijos e hijas si los hubiese, en la sociedad, y en él mismo.

- El acercamiento interdisciplinario permite un abordaje e intervención amplios. Nuestro equipo consta de cinco pro-

---

14 Violencia de género es un tipo de **violencia** física, sexual, psicológica, simbólica o espiritual ejercida contra las mujeres, que impacta de manera negativa en su identidad y bienestar social, física o psicológica.

fesionales co-coordinadores: una psicóloga clínica, una psicóloga social, una trabajadora social, un psicólogo social y un antropólogo, además de una abogada asesora y un psicólogo clínico supervisor.

- Las redes complementan el fortalecimiento de los equipos intervinientes. En lo particular, somos parte de la Red de Equipos de Trabajo y Estudio de las Masculinidades (RETEM).

Siguiendo al Dr. Héctor Cerezo Huerta[15] visibilizamos la diferencia entre hombres violentos y hombres que ejercen violencia:

"Quiero hacer mención e insistir en la diferencia entre hombres violentos y hombres que ejercen violencia. La primera categoría etiqueta y cataloga el problema como una cuestión del *ser masculino* de identidad y, por tanto, aparentemente ajeno a una responsabilidad propia. La segunda afirmación, en cuanto a la insistencia de *hombres que ejercen violencia*, supone una propuesta en la que se incluye la violencia como un proceso aprendido, no de la identidad, sino del hacer, del comportamiento que como tal podría no ejercerse y que, además, supone responsabilidad y re-aprendizaje".

Entonces, ¿por qué asistir a hombres con conductas violentas? Las estadísticas nos demuestran que éstos han tenido en sus historias a dos, tres, o cuatro parejas que han victimizado. Asistir a hombres es una manera de proteger a las mujeres, prevenir futuras victimizaciones o ir disminuyendo las actuales.

Cuando nos referimos a violencia que los hombres ejercen en la pareja, es necesario recordar que hablamos de aquellas tipificadas en los tratados internacionales y/o en las leyes de prevención y sanción de la violencia contra las mujeres[16] : física,

---

15 H. Cerezo, ¿Hombres violentos vs. hombres que ejercen violencia? Méjico, 2004.
16 "CEDAW" - La Convención sobre la Eliminación de Todas las Formas de Discriminación contra la Mujer; "BELEM DO PARA" - Convención Interamericana para prevenir, sancionar y erradicar la violencia contra las mujeres, LEY 26.485 (Argentina) Ley de protección integral para prevenir, sancionar y erradicar la violencia contra las mujeres en los ámbitos en que desarrollen sus relaciones interpersonales.

psicológica, sexual, económica, simbólica, ambiental y, en lo particular, desde la Asociación trabajamos la "violencia espiritual".

Intervención interdisciplinaria reeducativa

Admisiones

Los hombres que llegan a nuestra institución, derivados por la justicia o por demanda espontánea, tienen entre dos a cuatro entrevistas individuales, previas al ingreso grupal. Las reuniones tienen como objetivo, en principio, conocer la motivación del ingreso, evaluar sus perfiles, riesgos y marcar el encuadre de ellos en el grupo y la función del equipo de coordinación.

Criterios de admisión

Los hombres que ejercen violencia no son todos iguales. Una de las categorizaciones más aceptadas[17] plantea tres tipos y esto nos permite definir el ingreso o no a los grupos.

- Psicopáticos.
- Hipercontrolados.
- Cíclicos.

El grupo de los "psicopáticos" o con "perfiles "psicopáticos", de acuerdo con algunas investigaciones, son aproximadamente entre el 25 o 30% de los hombres que consultan. Estos perfiles no tienen posibilidad de trabajar las violencias grupalmente porque no reconocen culpa y tampoco pueden asumir responsabilidades de cambios porque no lo consideran necesario. No pueden reconocer el daño que producen. Estos hombres no son admitidos a nuestra propuesta de grupos psico-socio-reeducativos.

El grupo de los hipercontrolados, aproximadamente entre 30 y 50%, son personas dominantes, obsesivas, manipuladoras, y suelen ejercer violencia sexual con el fin de dominar a sus mujeres (violación marital). Ejercen violencia, pero en menor fre-

---

17 Dutton y Golan, 1995

cuencia y brutalidad que el grupo anterior. Llegan a reconocer el daño producido y se adaptan a los procesos grupales.

Los cíclicos son aquellos típicos de "doble fachada", culpan permanentemente a las mujeres de todos sus males y de provocarlos hasta sacar lo peor de ellos. Tienen temor a ser abandonados. Cumplen con el ciclo de la violencia, al igual que los hipercontrolados. Oscilan entre 20 a 30%. Son perfectamente agrupables.

Si sumamos los porcentajes, entre los hipercontrolados y los cíclicos rondan un 70%, que serían aquellos con quienes se puede trabajar e incorporar a los grupos. Son criterios excluyentes a los procesos grupales aquellos hombres con perfiles psicopáticos y aquellos con antecedentes penales por femicidios y/o delitos graves, asesinatos, abuso sexual a niños, niñas y adolescentes. Las personas con adicciones a drogas y alcoholismo podrán ser incluidas siempre y cuando estén en abstinencia y activos en algún programa de tratamiento efectivo para tales situaciones.

Herramientas

En la actualidad acompañamos los procesos de dos grupos de hombres que ejercen violencia, de quince participantes como máximo cada uno, cuyos ingresos tienen varias vías. Una parte de ellos son derivados por la Justicia a cumplir estrictamente con procesos de uno o dos años, y otra parte de los integrantes son hombres que buscan ayuda por sí mismos, o bien porque la pareja pone un límite y amenaza con denunciar o irse, o porque son derivados desde sus comunidades de fe y otros profesionales.

Contamos también con capacitaciones sobre violencia de género, construcción de las masculinidades e implicancias legales. Algunos de estos cursos son obligatorios para hombres que han ejercido violencia de riesgo medio o medio bajo a sus parejas y han sido condenados con suspensión del proceso a prueba, conocido como "probation". Luego de asistir a las clases, estos hombres deben realizar una evaluación que es enviada al juez para terminar con sus procesos legales. Este tipo de condenas suelen ir acompañadas por una cantidad de horas de trabajo comunitario y en algunas ocasiones con multas económicas en beneficio de las personas victimizadas.

Objetivos de los grupos

Se busca la reeducación del agresor en forma tal que acepte y asuma la responsabilidad de sus actos, que comprenda la dimensión del daño que el ejercicio de la violencia causa en él y en los demás, utilizando los beneficios del interjuego identificatorio grupal para romper con el individualismo que impera en estos hombres. Se trata de reducir o eliminar los patrones violentos en la manera de interactuar con sus parejas o consigo mismos, de contribuir a la construcción de una masculinidad alternativa, que puedan hablar abiertamente de sus emociones, preocupaciones, temores, experiencias, y permitirse hablar de sus debilidades e inseguridades. El hecho de que los hombres empiecen a hablar de sí mismos y de sus sentimientos es uno de los logros más significativos del proceso grupal.

Para el tratamiento aplicamos un modelo terapéutico integrador, atravesado por el enfoque de derechos, de equidad de género, de respeto a la diversidad y con una perspectiva comunitaria, ecológica y espiritual.

El modelo de masculinidad tradicional, asentado en el mito del héroe, persiste en el imaginario social, principalmente en el latinoamericano, como estereotipo promedio, aunque sea cuestionado: un verdadero hombre debe ser fuerte, competitivo, autosuficiente, agresivo, exitoso en el trabajo y con las mujeres, valiente y arriesgado, aunque deba pagar el costo de sus excesos. Esta mística masculina, heredada, enseñada generacionalmente tanto por la familia como por los primeros espacios de socialización y la iglesia, es la base de las dificultades que exhiben los hombres, y que les son difíciles de modificar, principalmente a aquellos que ejercen violencia.

> Muchas de las enseñanzas respecto a la relación de hombres y mujeres, entonces, deben ser analizadas y deconstruídas, en toda la sociedad y principalmente en nuestras iglesias. Tener en cuenta, por ejemplo, cómo se

construyen esas masculinidades homogéneas, qué concepción de violencia se tiene en cada contexto, cómo coexistieron y coexisten miradas discrepantes respecto a las familias y los vínculos entre mujeres y hombres. En las mismas Escrituras, especialmente en el Nuevo Testamento, se pueden percibir cambios respecto al lugar de la mujer, a su esencia, a las relaciones entre mujeres y hombres. Estos cambios respecto a textos más antiguos y de otros contextos deberían ayudarnos a advertir que las Escrituras no legitiman la exclusión y el maltrato hacia la mujer, sino que nos desafían a continuar con la construcción de visiones y relaciones justas, pacíficas y amigables en paridad entre ambos géneros.[18]

Evaluación de eficacia:
Intervención grupal psico-socio-reeducativa y espiritual:

a. Las intervenciones cuentan con una primera fase de motivación o toma de conciencia, en la que el hombre debe reconocer que ejerce violencia, que esto ocasiona los problemas familiares y judiciales y asumir la responsabilidad de los daños causados.

b. La segunda fase constituye el tratamiento propiamente dicho en la que se intenta enseñar a esos hombres a controlar su agresividad y reacciones de ira. Se trabaja luego la ausencia de sentimientos de culpabilidad. El objetivo es desnaturalizar el ejercicio de cualquier tipo de violencia y que el hombre violento se responsabilice de sus propios actos.

c. Finalmente, si se detecta un problema asociado a su propia subjetividad, se lo aborda individualmente, especialmente

---

18 Juan José Barreda Toscano. Pastor asesor e integrante de la Asociación Pablo Besson. Licenciado y Master en Teología por el Seminario Internacional Teológico Bautista de Buenos Aires (SITB). Doctor en Teología, Instituto Universitario ISEDET. Dirige *Bíblica Virtual*, escuela de formación bíblico-pastoral on line (www.biblicavirtual.com)

con hombres que han sido víctimas de abuso sexual en su infancia.

Una vez cumplidos los dos años de intervención se da el alta grupal y se realiza un seguimiento mensual telefónico o virtual, con algunas entrevistas a la pareja y o hijos e hijas que son quienes realmente verifican los cambios reales.

A lo largo de estos años de trabajo con hombres he podido escuchar a muchos de ellos decir:

- "Me alegro que la justicia (o el pastor, o la familia) me hayan obligado a venir, porque si no, no hubiese aprendido que hay otra manera de vivir y comunicarse."
- "Yo no sabía que hablar de mis problemas me haría bien".
- "Vine para no perder a mi familia y he aprendido que lo importante es que yo cambie para que ellos permanezcan a mi lado".

Algunas sugerencias finales

He compartido la metodología y experiencia del trabajo con hombres que ejercen violencia a modo de ensayo y/o de conversación con los lectores y lectoras. Seguramente han quedado algunas cosas en el tintero y muchas otras que nos faltan aprender.

Necesitamos abrirnos a desafíos y prácticas más justas, a intervenciones que sirvan de referencia y alternativa a aquellas otras creencias y prácticas violentas en las relaciones entre hombres y mujeres. Latinoamérica es el continente con más violencia de género en el mundo. ¡Es el continente con mayor cantidad de femicidios! Es urgente la intervención con aquellas personas que viven el flagelo de la violencia familiar. Los hombres que ejercen violencia tendrán que aprender a construir relaciones igualitarias con las mujeres, sin violencia, para obtener poder y control. Este cambio no será posible si los hombres no aprender a ver, pensar, tratar y sentir a la mujer como su igual, su compañera. A los profesionales de la salud nos urge capacitarnos e intervenir. La violencia debe detenerse.

Como cristianos y cristianas nos urge una revisión personal continua de nuestras propias violencias naturalizadas, aceptadas y transmitidas generacionalmente. Es nuestro deber ponernos al servicio del bien para los demás y ser así testimonio vivificante del Dios de Paz y Justicia.

4
Prevención de la violencia en el noviazgo

En capítulos anteriores se señalaron diversas instancias preventivas y de acción con respecto a la violencia en la familia. Sin embargo, consideramos que la ayuda que adolescentes y jóvenes –varones y mujeres– puedan recibir antes y durante el noviazgo es de suma importancia, y que merece por tanto un capítulo aparte, ya que los primeros síntomas de la conducta violenta aparecen en esa etapa vital. Por eso es importante identificar los signos de maltrato en la pareja y saber qué hacer ante ellos. Casi todas las mujeres que padecen violencia en su matrimonio, al ser interrogadas específicamente, refieren la aparición de los primeros síntomas de maltrato al período del noviazgo. Ninguna de las que siguieron adelante con la relación identificó esas conductas como abuso, y si lo hacían, o las minimizaban, o pensaban que se corregirían en el matrimonio, o incluso proseguían con ella por miedo que la sola idea de cortar la relación les ocasionaba. Por otro lado, muchos hombres violentos en su matrimonio registran en su historia relaciones de noviazgo previas que se cortaron sin que ellos mismos hubieran llegaran a entender que la causa de la separación fue su conducta abusiva y, por ende, sin tener la oportunidad de tratar de solucionar su conducta agresiva.

Para introducirnos en las pautas de prevención, presentamos el testimonio de Yanina, una joven que quiso compartir su experiencia para ayudar a otros jóvenes a identificar la violencia en el noviazgo y a disfrutar de relaciones saludables.

«Dios, ayer vi tan triste a Facundo en año nuevo... Me gustaría que me dieras a él para poder ayudarlo y cambiar la historia de su familia». Encontré esta frase en un cuaderno de enero de 1998, y me horroricé al leerla... Una vez leí una frase que decía: «ten cuidado con lo que le pides a Dios, es muy posible que te lo dé». Y es cierto...

Yo soy Yanina, tengo 23 años y me puse de novia a los 17 años. Estuve de novia dos años y tres meses, si bien la relación había comenzado mucho antes. Yo sentía que él era el único que me comprendía, que me quería de verdad; no podía entender por qué mi familia no lo aceptaba; yo pensaba que era por discriminación por su posición social o porque no provenía de una buena familia. Lo «elegí» a él por mi terrible temor de quedarme sola o, mejor dicho, soltera, y pensaba que no iba a encontrar a nadie como él que me quisiera incondicionalmente. Yo siempre dudaba de comenzar una relación, pero él no. De tanto dar vueltas, y por una discusión con mi familia, me vi «obligada» a tomar una decisión, por sí o por no, y así fue como, a pesar de sentirme insegura, comenzamos a estar de novios. Él era lo único para mí, y consideraba a mi familia como enemigos.

Facundo tenía en ese entonces 22 años; era apuesto, bastante requerido por las chicas, y muy seductor. A menudo me provocaba a celos, pero él siempre lo desmentía... decía que todas eran mentiras inventadas por mí.

Al principio, como en cualquier primer noviazgo, todo era color de rosas... Yo debía empezar la universidad, pero lo hacía por obligación ya que lo único que tenía en mente era casarme con él y nada más.

Sólo tenía el sueño de casarme y formar una familia con él, lejos de la mía, con la cual cada vez estaba más distanciada porque no me entendían, porque tenía en mí mucha amargura contra ellos, no sólo por el noviazgo, sino por pequeñas situaciones que ocurrían a diario, como sucedió también en el pasado. No tenía una buena relación con ellos; con mi papá siempre que hablaba terminaba llorando, no podía llegar a él. Con mi mamá había una distancia marcada; yo nunca quería contarle mis cosas porque sabía que no me iba a entender y, efectivamente, aunque se lo contara, ella no me podía ayudar. Yo terminaba llorando, creo que de la frustración de no encontrar el camino de regreso. Mis hermanas (o la mayoría de ellas) estaban en oposición a mi noviazgo con él, pero esto sólo lograba ponerme más terca con todo lo que ocurría.

Todos mis proyectos comenzaban y terminaban en él. Dejé la universidad después de dos meses. Mi vida era él.

Después de varios meses lentamente comencé a ver la realidad. Comencé a conocer al verdadero Facundo. Siempre pasaba lo mismo; en mi cuaderno puedo leer siempre los mismos conceptos: «Facundo se enojó conmigo. No quiere que hable con otros chicos». Él era tan celoso que yo optaba directamente por no saludar a muchos chicos. Los celos eran su obsesión, hasta en situaciones ilógicas como cuando hablaba con mi hermano o mi cuñado. Cuando se enojaba (muy seguido) se sentía mal, pero no sabía decir por qué. No me gustaba cómo se relacionaba con la gente, siempre menospreciando a los demás a través de burlas por su aspecto físico. Comenzó a trabajar y dejó sus actividades en la Iglesia con los jóvenes. Cuando hablábamos por teléfono siempre me decía que estaba cansado y nunca quería hablar o compartir temas conmigo (y mucho menos personalmente). Nos veíamos sólo un día a la semana y ese día él estaba muy cansado como para hablar. Cuando había problemas, le echaba la culpa a mi inseguridad con respecto a la relación, porque él siempre decía estar seguro de que esto era lo correcto, lo que Dios quería. Jamás pude entender cómo a pesar de tantas desigualdades nunca cambió su opinión.

Yo no me sentía cómoda con su familia. Él quería que fuéramos a vivir en la misma cuadra con toda su familia. Tiene varios familiares con problemas psiquiátricos, un hermano que suele golpear a su esposa y un padre que varias veces hizo lo mismo. Yo le decía que no quería vivir allí, pero él nunca le importó eso, nunca me ofreció cambiar de lugar, era ahí o ahí. No se atrevía a enfrentar a sus padres en eso.

Muy dentro mío yo sabía que no debía estar con él, pero siempre buscaba nuevas excusas o planes para cambiar las cosas, pero nunca resultaban. Por este temor no le contaba a nadie lo que me pasaba con Facundo, porque yo ya sabía lo que debía hacer; no sabía cómo hacerlo, pero sabía que no debía estar con él. No era sano, y traía más angustia que alegría a mi vid. Cada vez me encerraba más en mí misma.

Las diferencias con Facundo eran más y más evidentes. El no hacía más que manipularme con la culpa, recordándome situaciones pasadas o haciendo chistes de mal gusto, generalmente basándose en mi inseguridad y en sus celos. Esta era mi penitencia: el castigo, su enojo.

Pese a todo esto yo no me atrevía a dejarlo. Tenía muchos temores de hacerlo. Pensaba que él podía hacer cualquier cosa si lo dejaba, como abandonar la iglesia o hacerse daño, ya que muchas veces había amenazado con hacerlo. Él estaba muy solo, sin amigos, y yo pensaba que al ya haberme equivocado se habían terminado las chances para mí. Siempre había muchas peleas y amagábamos a terminar, pero esto no se concretaba. En vez de disfrutar el noviazgo, sólo vivíamos torturados Era como jugar a ver quién aguantaba más, pero seguíamos siendo esclavos de nosotros mismos.

Yo seguía sin tratar el tema con nadie, por mi temor a escuchar lo que yo ya sabía pero que no estaba dispuesta a llevar a cabo. Además, no quería que nadie influyera en mi decisión: quería que esta vez fuera una decisión mía (muy seguido me dejo influenciar por lo que los demás esperan de mí o me dicen que haga).

Facundo nunca aceptó pedir ayuda, ni en la iglesia ni fuera de ella. Yo, por mi parte, emprendí una terapia psicológica. Fue un gran paso para mí hacerlo porque era empezar a buscar el camino de salida. Pero allí, como en todos lados, siempre lo defendía a Facundo. No me importaba quedar mal yo, lo defendía a muerte; siempre asumía que la culpa la tenía yo. Para mi sorpresa no hablamos al principio de este tema, pero comencé a resolver otros problemas. Por ejemplo, yo me sentía poco valiosa, mi autoestima era un desastre, vivía comparándome con los demás y siempre resultaba disminuida. Al tratar con mis pensamientos erróneos, mi valoración como persona fue creciendo, empecé a buscar amigos, y se abrieron caminos con mi familia... yo comencé a expresarme con ellos, aunque costaba mucho, y esto dio sus frutos. Yo pensaba que no me querían, pero no era eso... sino que no me lo demostraban de la forma que yo esperaba. Y a partir de entender esto y otras cosas comenzamos a comprendernos con ellos: yo a expresarme y ellos a escucharme. Después de todo, ¡es importante lo que digo!

Mi vida fue cambiando mucho en estos años: derribando muchos pensamientos equivocados que tenía, pude mejorar mucho mi relación con mi familia: ya no eran mis enemigos.

Un día tuvimos una discusión con Facundo y se nos fue de las manos. Los dos acordamos terminar la relación, muy conscientes de que, aunque nos queríamos, eso no era suficiente. Él me pidió que no volviera atrás (sin duda con doble sentido. Lo cierto es que yo no volví atrás y aproveché esta oportunidad para concretar la decisión que había pensado tomar hacía mucho tiempo. A partir de allí comenzaron sus llamados para que le prestara atención nuevamente, me escribía vía Internet diciéndome que tenía cosas nuevas para contarme, si podíamos encontrarnos, que no me iba a esperar, etc. Lo cierto es que yo ya había tratado todos estos temas con mi terapeuta, y sabía cómo esquivar sus bombardeos culpabilizadores que siguieron un tiempo largo a través de llamadas, mensajes, etc. Usó todo tipo de maniobras para recuperar mi atención, y muchas cosas me lastimaron, demostrando claramente que él no me amaba a mí como decía, y creo que en el fondo tampoco a sí mismo, por eso no se preocupaba en lastimarme.

Yo me sentía mucho mejor así. Me costó tomar la decisión, pero una vez tomada, fue un gran alivio para mí, un gran (¡grande, de verdad!) peso menos, porque todo esto traía a mi vida mucha frustración, angustia, confusión, culpa y remordimiento. Él no podía entender cómo fue tan fácil para mí. Pienso que debe ser porque una vez que uno experimenta la libertad ya no quiere volver a ser esclavo.

Hoy ya no hablo más con él, le pedí que no me llamara más y que si me llamaba no lo iba a atender. Y así resulta mucho mejor: despegándome completamente de él duele mucho menos. Después de todo, yo no puedo (y me costó entenderlo) ni salvarlo de su estado ni ayudarlo, ni cambiar su historia, porque eso es algo que sólo él mismo puede hacer con la única ayuda de Dios. De vez en cuando tiendo a involucrarme con este tipo de personas pensando que puedo y debo ayudarlos, pero gracias a Dios estoy aprendiendo a reconocer esos tópicos. Otras veces son los amigos de verdad, incluyendo a mi familia, que me ayudan a darme cuenta de que no soy su «salvadora».

Espero que este testimonio sirva de ayuda, ya que veo a diario a muchas «Yaninas» y muchos «Facundos», y sé lo difícil que es reconocer que se está en una relación de abuso. Pero hoy, a dos años de haber terminado ese noviazgo, sé que vale la pena, aunque duele, terminar con esta dependencia mutua. Les digo a todas las Yaninas y Facundos: anímense a ver la realidad de su relación de noviazgo y pidan ayuda, porque muchas cosas necesitan ser cambiadas y es difícil hacerlo solos.

Hoy no huyo de nada, y agradezco muchísimo a Dios por su ayuda y por haber pedido ayuda terapéutica, ya que de otra forma hubiese sido muy difícil terminar esta relación, y mi vida sería terrible de haber concretado un matrimonio en que tanto Facundo como yo hubiéramos sido infelices. Hoy, aunque me gustaría encontrar la persona correcta, espero ese momento, pero ya sin temores de quedar soltera. Disfruto de mis amigos y mi familia que me acompañan. Puedo crecer en mis proyectos y me siento cómoda conmigo misma, y no necesito a otra persona o estar en pareja para sentirme valorada. Quiero mejor a los demás a partir de quererme mejor a mí misma. Puedo estar tranquila porque sé que Dios cumplirá sus bondadosos propósitos en mí.

Yanina, 27 de marzo de 2004.

El de Yanina es uno entre los miles de testimonios de chicas que atraviesan situaciones similares. Es representativo de tantas jóvenes que comienzan una relación de noviazgo con muchas ilusiones y sueños por cumplir. Sin embargo, no todas las historias de noviazgo terminan como la de Yanina, dado que muchas de ellas concluyen en un matrimonio dominado por la violencia.

¿Por qué es necesario hacer prevención de la violencia durante el noviazgo?

Algunas razones son las siguientes:

1. La violencia durante el noviazgo tiene una alta prevalencia. Según un estudio que realizó la OMS en 1998, el 30% de las estudiantes universitarias informaron haber padecido violencia durante el noviazgo.[1]

2. La violencia en el noviazgo tiene en el matrimonio altas probabilidades de dar lugar a un estilo violento de interacción de pareja. Se estima que el 70% de los maltratos se inician en el primer año de relación de una pareja.

3. La violencia que se inicia en una relación con agresiones verbales, por lo general continúa con agresiones físicas severas. La violencia verbal en el noviazgo es un importante predictor de violencia conyugal.

4. Una gran cantidad de jóvenes, varones y mujeres, podrían modificar su conducta violenta o su sometimiento a ella, si se les ayudara a reconocer y a tratar con el problema antes de llegar al matrimonio.

5. Es muy frustrante llegar al matrimonio con sueños e ideales que se estrellan, las más de las veces, ya en la luna de miel. Muchos dolores y heridas difíciles de sanar se podrían evitar si se trabajara con la población más joven, antes de encarar su noviazgo y durante el transcurso del mismo.

---

1 *Informe mundial sobre la violencia y la salud*, op. cit.

¿Qué entendemos por noviazgo?

Si bien las formas y los nombres han cambiado a través de los tiempos y las culturas, por *noviazgo* seguimos entendiendo una de las fases del ciclo vital de una persona; se trata de aquella que constituye una etapa de transición entre la familia de origen y la propia. Por lo tanto, debería ser una relación consentida por ambos novios, que promueva una creciente intimidad en tanto que una etapa preparatoria para la vida matrimonial (aunque no siempre concluya en el matrimonio).

Al mismo tiempo, por *violencia en el noviazgo* entendemos cualquier forma de maltrato o abuso (físico, verbal, emocional, sexual), hacia o entre las personas que protagonizan la relación.

La descripción del maltrato en el noviazgo coincide con las características que se mencionaron en el capítulo 1 respecto de la violencia de género. Del mismo modo que en el matrimonio, en notoria mayor proporción el maltrato es hacia la mujer, aunque existe en algunos casos violencia cruzada, en muchísima menor proporción aún, maltrato de la mujer hacia el hombre.

¿Qué características tienen los jóvenes más predispuestos a tener noviazgos violentos?

En primer lugar, queremos aclarar que, si bien no hay un perfil típico de aquellas personas que protagonizarán una relación de violencia, ya sea como víctimas o como victimarios, no obstante encontramos *factores predisponentes* que facilitan la emergencia de la violencia y la tolerancia a la misma.

En segundo lugar, vale señalar que, aunque no desconocemos los factores comunitarios y sociales que desde una mirada integradora o ecológica –tal como ha sido descripta en capítulos precedentes– intervienen obviamente en el fenómeno de la violencia interpersonal, aquí nos referiremos especialmente a factores individuales y familiares.

Hechas estas salvedades, podemos resaltar los siguientes factores que no determinan, pero sí predisponen en los casos de las chicas y de los muchachos:

Los casos de las chicas:

- *Las jóvenes que han sido víctimas de maltrato en la familia de origen*, ya sea porque ellas mismas fueron niñas abusadas (emocional, física o sexualmente) o porque han sido testigos de la violencia entre sus padres u otros miembros de la familia. En estos casos, o bien la nena puede identificarse con las mujeres golpeadas y sumisas de su familia, estableciendo un terreno fértil para sufrir maltrato en su vida adulta, o bien puede reaccionar de modo que ella piensa que la madre debería reaccionar, siendo ella misma agresiva como lo fue el varón de la familia. El modo en que se ha tratado la pareja de padres también establece un modelo a copiar o imitar cuando se encara la propia pareja. Esta identificación no es consciente de modo que quien la vive, aunque haya sufrido mucho el maltrato experimentado en el hogar e incluso se haya propuesto a sí misma no repetirlo, muchas veces se sorprende al descubrir que actúa como su papá o su mamá en su propia pareja.

- *Mujeres con baja autoestima* («ningún otro me va a elegir», «me voy a quedar sola», «nadie me va a querer», etc.). Es increíble la cantidad de chicas bonitas e inteligentes que piensan de una manera muy negativa sobre sí mismas y esto, como lo relató Yanina en su testimonio, no ayuda a formar una pareja saludable. Puede que busquen en el novio el cariño y la atención que no han tenido en casa, o que su pareja sea quien les otorgue identidad y valoración. Tal vez provengan de familias disfuncionales que no las contienen adecuadamente, y por tanto se precipitan a una relación de noviazgo inconveniente para ellas buscando lo que sus familias no les han brindado o también escapando de realidades difíciles en su propio hogar.

- *Mujeres «programadas» para cuidar y atender a otros, en desmedro de sus propias necesidades emocionales.* De algún modo se podría pensar que han sufrido un tipo de abuso emocional en su hogar de origen al no haber sido atendidas debidamente sus propias necesidades de cuidado y atención. Puede ser que hayan ocupado roles que no les correspondían asumiendo responsabilidades desmedidas en el hogar, o que se hayan identificado con una mamá de estas características. No asumen que tienen derecho a ser cuidadas, amadas, respetadas, protegidas. No pueden establecer una relación interdependiente y de mutuo compromiso. Necesitan ser «más» que el otro para sentir que valen algo y que pueden dar algo valioso de sí mismas. En la población cristiana es muy común argumentar a favor de esta actitud distorsionando mandatos bíblicos que apuntan al servicio, al cuidado del otro, al sacrificio. Carmen R. Berry llama a este tipo de comportamiento «la trampa del salvador»:

Los salvadores tratan de ser útiles dondequiera que van. Muchos eligen profesiones que giran en torno al bienestar de los demás, tales como el sacerdocio, la asistencia social, la educación, la medicina, la psicología o el cuidado de los niños. Otros, como amas de casa, estudiantes y adultos de edad avanzada se ofrecen para diversos proyectos de asistencia. Dondequiera que puedan encontrarse salvadores, puede usted estar seguro de que estaremos ocupados cuidando de otras personas. Sin embargo, para los salvadores es fácil llegar a estar tan atareados cuidando de otras personas, que no se cuidan a ellos mismos [...] De hecho para ellos es fácil simular que no tienen necesidades ni pesares interiores [...] Estos salvadores se desatienden porque sienten que se espera de ellos que sacrifiquen su propio bienestar en aras de los demás. Esta es la definición del amor para el salvador [...]. A los salvadores se les ha enseñado (y por lo tanto, creen) que la finalidad primordial de la vida es ayudar a otras personas. Si el salvador no los ayuda, nadie más lo hará [...] El salvador se siente responsable por asegurarse de que todo salga bien y de que todos sean felices. Es tarea del salvador y solamente de él.[2]

- Es frecuente que hijas de pastores o de misioneros caigan en esta trampa del «salvador», dado que han visto en sus familias el valor exagerado que se le otorga a renunciar a las propias necesidades en función de las de aquellos a quienes sirven. A veces, estos nobles sentimientos no van acompañados del necesario equilibrio con la estima y la dignidad propias. Este es el caso de Yanina, la protagonista del testimonio reproducido más arriba.

Los casos de los muchachos:

Chicos que, habiendo sido testigos de la violencia de sus padres hacia sus madres, se identifican con el agresor.

- Reproducen el modelo violento en su propia relación de noviazgo. Recordemos que la violencia es una conducta aprendida. Por otro lado, los padres u otros adultos significativos del entorno familiar suelen ser la figura con la cual se identifican predominantemente los hijos. Mediante este mecanismo de identificación, el hijo se apropia de rasgos parentales y aprende a recurrir a la violencia como modo de expresar la tensión o los conflictos normales de cualquier relación humana. Los varones pueden concebir su masculinidad asociada al dominio y al sometimiento de su pareja.

- Estos jóvenes, a pesar de que aparezcan como muy seguros o dominantes, tienen baja autoestima. Les es difícil tolerar las frustraciones y los inconvenientes normales de la vida cotidiana. Tienen un repertorio limitado de respuestas adecuadas a las tensiones que cualquier ser humano experimenta, y recurren a la violencia como forma de solucionar problemas, descargar presiones o simplemente obtener reconocimiento y respeto.

---

[2] Carmen R. Berry, *Cuando ayudarte significa hacerme daño*, Javier Vergara, Buenos Aires, 1990, p. 19.

- Son muy inseguros, especialmente en su rol de hombres en la relación de pareja. Compensan esa inseguridad intentando someter a su novia y, del mismo modo, en el futuro lo harán con su esposa.

Si bien tanto cualquier mujer como cualquier hombre puede verse envuelto en una relación abusiva, la violencia suele producirse más frecuentemente en noviazgos que reúnen a estos jóvenes, chicos y chicas, que ofrecen terrenos predispuestos en varios sentidos. Asimismo, tienen dificultad para reconocer lo anormal de las conductas abusivas y por lo tanto avanzan hacia el matrimonio sin siquiera detectar el problema, y mucho menos para detenerse a solucionarlo. En cambio, si la combinación es diferente, por lo general el miembro más sano de la pareja –o también el que recibe mayor contención familiar y social (que equivale a decir que tiene más recursos)– no tolerará el maltrato, y es posible por tanto que exponga el problema ante otros para que los ayuden o que termine cortando la relación si no le resulta satisfactoria. Aspiramos a que este capítulo también sirva como recurso interior para identificar, denunciar, corregir o eventualmente salir de relaciones abusivas, en la pareja o en cualquier otro contexto.

A veces no es fácil darse cuenta del maltrato ya que éste comienza en forma leve, generalmente verbal, y no es tan frecuente que adopte formas extremas durante el noviazgo, como los golpes o palizas, dado que de ocurrir se vería amenazada claramente la continuidad de la relación. Sin embargo, cuando se ha llegado a la violencia física en esta etapa, puede presumirse que la víctima ya está muy dañada emocionalmente y también en los aspectos relacionales (aislamiento de un entorno que proteja o falta de apoyo social). En estos casos, debe sonar una fuerte alarma que ayude a no desestimar consecuencias graves como el deterioro de la salud e incluso la muerte. Muchos femicidios ocurren a mujeres jóvenes y en etapas tempranas de una relación de pareja.

Al igual que lo mencionado en el capítulo sobre violencia conyugal, explicar las variables que predisponen a protagonizar una pareja violenta no exime al miembro violento o agresor de la responsabilidad que le cabe, ni implica que la persona que recibe maltrato no sea una víctima. Se trata de grados muy distintos de responsabilidad en cada caso.

¿Cuáles son las características de un novio que maltrata?

- Tiene un bajo concepto de la mujer en general, que se expresa en críticas, burlas, chistes de mal gusto, expresiones y conductas discriminatorias. Todas las demás mujeres, a excepción de la novia, son brujas, locas, prostitutas, etc. Obviamente, con el tiempo ella también recibirá estos adjetivos.

- Por momentos idealiza a la novia, hablando cosas maravillosas de ella, pero con la misma facilidad la denigra y la critica. Como suele tener baja autoestima y se siente amenazado como hombre, no tolera que ella se destaque en ningún aspecto. Por un lado, la admira, pero por otro lado, la rebaja, la subestima. La descalificación puede ser abierta, explícita, hasta ridiculizarla y burlarse de ella en público, pero también puede ser sutil, a través de tonos y miradas despectivos. En muchos casos, se da la «doble fachada»: es amoroso con ella en público pero la maltrata en la intimidad.

- Tiene altas exigencias hacia ella. Pretende que ella se vista, se maquille y actúe como él quiere. También la compara con otras mujeres para humillarla o rebajarla. La critica por todo lo que ella hace, dice y piensa, con lo cual la novia pierde la seguridad en sí misma.

- El control marca casi todos los aspectos de la relación, y no la mutua interdependencia. Suele ser posesivo hasta el extremo. No tiene una cuota normal de celos, sino que éstos adquieren proporciones increíbles. Intenta controlar a la novia, llamándola todo el tiempo, queriendo saber qué hace y qué piensa de un modo obsesivo y desesperado. No la deja nunca sola o con otras personas. Muchas veces las chicas interpretan esto como una expresión de amor enorme, pero termina ahogándolas. Ambos sufren; él por su inseguridad que no se sacia con nada que ella pueda hacer o dejar de hacer, y ella porque no puede ser libre.

- Por sus celos casi delirantes, la acusa de prestar más atención a otros, salir con otros hombres, hasta de tener relaciones sexuales con otros. Él mismo sufre y la hace sufrir a ella con acusaciones sin ningún tipo de fundamento.

- Logra un gradual aislamiento del entorno, de la familia y de los amigos. Al principio del noviazgo suele ser normal un cierto repliegue del entorno para consolidar la relación, pero en el noviazgo disfuncional habrá una progresiva retracción del medio, justamente para evitar la intromisión de otros que pueda amenazar la ruptura de la pareja. Así se perpetúan las interacciones íntimas de maltrato. Es el mismo patrón que suele darse en las familias donde existe violencia. Como resultado del aislamiento, muchas veces se abandonan amistades, estudios, desarrollo de *hobbies* e intereses. No es fácil acceder a estas parejas para saber cómo es la relación y ayudarlas.

- Una forma de aislar a la novia de su entorno es criticar a su familia, a sus amigos, a sus compañeros de trabajo. De esta manera también neutraliza la sospecha que alguien pueda formular contra él. Como resultado, ella también empieza a ver a todos como enemigos de su relación y «se pega» más a él. Si la novia llega a darse cuenta de cómo son en realidad las cosas, siente vergüenza de admitirlo frente a los que le advirtieron de las señales negativas de la relación. Esto la perpetúa en la relación.

- Se enoja fácilmente, dado que no cuenta con recursos para tolerar la frustración. Tiene un alto nivel de agresión verbal, que suele predecir la violencia física que se dará más adelante. Ante un arrebato de ira puede perder el control y empujar a la novia, o zamarrearla o tirarle el pelo. Se «arrepiente» rápidamente por el miedo a perderla, especialmente si ella amenaza con cortar la relación. Sin embargo, al poco tiempo repite la conducta.

- Cuando ella reacciona con enojo o reproches al maltrato, la acusa de loca, exagerada, histérica, etc., con lo cual la culpa recae nuevamente sobre ella.

- A pesar de ser cumplidores en el trabajo u otras obligaciones, por lo general muestran una gran desconsideración, falta de respeto por los horarios y los acuerdos con ella. Es la forma de marcar su dominio mostrando quién manda y controla la relación.

- Nunca admite equivocarse. No pide disculpas, ya que no reconoce sus errores. Siente que si lo hace quedará disminuido frente a ella. La mayoría de las veces ella asume que es la culpable de las situaciones que se generan, por cansancio, para tener un poco de paz, o porque realmente lo cree así.

- Al maltrato verbal suele agregarse la manipulación a través de la indiferencia, el enojo o el silencio. Se muestra ofendido y rara vez expresa por qué. Es una forma más de maltrato emocional, haciendo abuso de poder. La mayoría de las veces lo hace como maniobra de manipulación, pero otras veces es verdad que ni siquiera él mismo sabe en realidad a qué se debe su malestar emocional.

- Amenazas a su integridad física, a revelar secretos de su intimidad, a cortar la relación si ella no se somete. El auge de las redes sociales entre los más jóvenes también ofrece un terreno propicio para la manipulación. Muchas parejas obtienen fotos o graban videos íntimos que luego pueden ser usados para la extorsión, amenazando difundirlos públicamente. La relación se basa entonces en un pacto de silencio que impide la ayuda externa.

- La manipulación adquiere forma de amenaza con temas de locura o de muerte de sí mismo o de ella, y aun de sus familiares. «Si me dejas me mato, o me voy a volver loco.» «Eres mía o de nadie más; si te veo con otro, te mato y después me mato yo.» La realidad de los femicidios de chicas muy jóvenes también aumenta la vivencia de riesgo de muerte.

Produce miedo y culpa en ella, con lo cual la inmoviliza y no puede decidir en libertad sobre la relación.

- La intensa dependencia se evidencia en que se angustia o enoja si se habla de dejar la relación. Por otro lado, no puede mantener una intimidad saludable y suele ser superficial, distante en su trato y en sus conversaciones, ya que él mismo no puede contactarse profundamente con sus propios estados afectivos.

- Muchas parejas terminan teniendo relaciones sexuales no consentidas por ella, lo cual constituye una violación, tal como puede ocurrir también en el matrimonio. Justamente se usa la expresión «violación por confianza», cuando el encuentro sexual se produce por presión psicológica o es forzada físicamente, dentro de una relación de pareja consensuada. Es frecuente que la inicie sexualmente y luego la abandone, incluso estando embarazada. Demás está decir la humillación, la culpa, los sentimientos de indignidad e impotencia que acompañan a la joven en estos casos.

No es necesario que se presenten todas estas características para afirmar que estamos en presencia de violencia en el noviazgo; bastan una o algunas de ellas, y que se den en forma recurrente.

Aunque la violencia en la pareja es predominantemente masculina, no desconocemos que algunas de estas características pueden encontrarse también en la mujer, sobre todo la manipulación, el control y los celos desmedidos.

Si la violencia es cruzada se producirán frecuentes peleas y discusiones, hasta agresiones físicas. Pero por lo general estas parejas no se separan. Lo justifican diciendo que no pueden vivir uno sin el otro y que a pesar de todo, «se aman».

En estas parejas hay un concepto equivocado del amor. Por ejemplo, suelen confundir los celos y el control con expresiones de interés o, alineados con ciertos mitos populares, aceptar cierta cuota de maltrato por parte del hombre como algo característico de la conducta típicamente masculina. Dice un nefasto refrán popular: «Quien bien te quiere te hará llorar». O el tan bien conocido y lamentablemente aceptado: «Porque te quiero te aporreo». En el pensamiento machista esta comprensión de la relación de pareja se complementa con la típica manera de entender y exigir la conducta femenina aceptable en términos de la «cuidadora»: que se comporte como «madre» del novio o esposo infantil y se someta hasta extremos inadmisibles para la dignidad humana.

Las frases populares que circulan en nuestra sociedad, frente a las cuales solemos sonreír como gracias, refuerzan y legitiman esta concepción:

> *Los tres deberes fundamentales de la mujer son ser bonita, ir bien vestida y no contradecir* (William Somerset Maugham).
>
> *A las mujeres les gusta sobre todo salvar a quien las pierde* (Víctor Hugo).
>
> *Las mujeres son un sexo decorativo. Nunca tienen nada que decir, pero lo dicen deliciosamente* (Oscar Wilde).

Una vez más es bueno recordar que:

> La violencia de género es un instrumento de control, dominio y sometimiento que tiene como objetivo imponer las pautas de comportamiento que el hombre (desde un sistema de creencias sexistas) considera que debe tener la mujer con la que mantiene una relación, para seguir manteniendo el status de poder que en base a la cultura patriarcal considera "naturales".[3]

En vista de las dificultades que estas parejas enfrentan y que no consiguen solucionar, para el observador externo a veces es difícil entender por qué no se separan. Hay muchos motivos para esto. Una razón de la continuidad de estas parejas radica, entre otras, en que establecen relaciones de intensa dependencia mutua. Estas relaciones producen detención del desarrollo personal, ahogo e ira, pero no permiten la separación. Algunos

---

[3] Instituto Andaluz de la Mujer. Guía para padres y madres de hijas adolescentes que sufren violencia de género. 2014, p. 11.

teóricos han llamado a este tipo de vínculos *relaciones codependientes*. Melody Beattie, en su libro *Codependent No More*[4], define al codependiente como un individuo que permite que la conducta de otra persona lo afecte de tal modo que vive obsesionado por controlar la conducta de esa otra persona. A veces los comportamientos del otro miembro de la pareja pueden incluso consistir en alcoholismo, drogadependencia, violencia, desamor, infidelidad, falta de responsabilidad, incapacidad para la intimidad, etc. En esos casos, a las personas que se enredan en este tipo de dinámicas de codependencia se las suele llamar «rescatadores». Esta forma de interacción genera una especie de adicción de la que no es fácil ni darse cuenta ni salir.

Hay señales de alarma que se ignoran. Por lo general, la mujer oculta las características de la relación a su familia y amigos. Muchas veces la mujer no se separa del novio violento por temor a que cumpla las amenazas, y de hecho es posible que lo haga. Otras veces no se separa porque ha vivido bajo violencia en su hogar, y así el maltrato se encuentra «naturalizado», se lo concibe como normal en una relación de pareja. También es posible que el noviazgo no se interrumpa porque falta la contención familiar y comunitaria que apoye emocionalmente a los jóvenes. Entonces esa pareja, aunque altamente insalubre, representa la única alternativa que sus miembros tienen.

En nuestros ámbitos cristianos hay chicas que continúan idealizando al «primer novio / marido», y que no quieren romper con esa ilusión. Además, desde una actitud «salvadora» es muy común que piensen que, si es que tienen paciencia, lo saben comprender y oran mucho por él, él cambiará al casarse. Este es un error gravísimo ya que, de no haber una intervención específica desde fuera de la relación (pastoral, profesional, etc.), la violencia casi siempre va en aumento.

---

4 Melody Beattie, *Codependent No More*, Hazelden Foundation, Minnesota, Estados Unidos, 1992, traducción castellana: *Ya No Seas Codependiente*, Editorial Promexa, México, 1994. También publicado por Editorial Sirio, Málaga, España, como *Libérate de la Codependencia*, 1998.

Recomendaciones prácticas para las chicas:

¿Te enamoraste de un hombre violento?

- ¿Sientes miedo a sus reacciones?
- ¿Te animas a decir lo que piensas?
- ¿Te acusa de estar, salir o coquetear con otros hombres?
- Aunque sea una sola vez, ¿te empujó, te retorció el brazo, te pegó?
- ¿Te desvaloriza, te insulta, te descalifica?
- ¿Sospecha de vos si le pides que usen preservativo?
- ¿Amenaza con dejarte?
- ¿Te obliga a hacer cosas que no querés hacer?
- ¿Te dice que tus amigas o familiares «te llenan la cabeza en contra de él»?
- ¿Te acusa de vestirte y maquillarte provocativamente?

Es posible que te estés enamorando de un hombre violento. Puede ser que termines siendo una mujer maltratada. ¡Pedí ayuda! Estás a tiempo. [5]

Qué hacer en caso de estar viviendo situaciones de violencia en el noviazgo:

- Romper el silencio, haciendo saber lo que está ocurriendo a otra persona cercana y confiable (familia, amigos, docentes, líderes).
- Tomar medidas de seguridad personal, en caso de violencia física o de amenazas a la integridad personal.
- Acudir a servicios de ayuda especializados, personal o telefónicamente.

---

5 *Noviazgos violentos*, Dirección General de la Mujer, publicado por la Secretaría de Desarrollo Social, Gobierno de la Ciudad Autónoma de Buenos Aires. Para consultas, *Línea Te ayudo*: 0-800-66-MUJER (68537), las 24 hrs., o pedir turno para entrevista al 4867-0163. Dirección: Carlos Pellegrini 211, 7mo piso, Ciudad de Buenos Aires.

- Denunciar la violencia en los centros que correspondan.

- Es importantísimo rodearse de una red de personas que, de ser necesario, contengan, acompañen, protejan y ayuden prácticamente. Debido a la gran necesidad emocional que estas personas tienen, difícilmente se pueda resolver solo la problemática.

Cómo ayudar a alguien que está sufriendo violencia en una relación de noviazgo:

- Como prioridad, se debe establecer una relación de cercanía y confianza con la persona a quien queremos ayudar.

- No resulta útil forzar a la persona a tomar una decisión de ruptura que después no podrá sostener, ni tampoco criticar a la pareja, ni predecir futuros males (que probablemente ocurran, pero este método no es lo suficientemente disuasorio).

- Ayudarle a reconocer los síntomas disfuncionales de la relación. Resulta útil proveer material de lectura sobre el tema o acercarle un testimonio escrito de alguien que haya pasado por esa situación o una similar.

- Si el joven o la joven pertenece a una comunidad de fe, resulta efectivo dar una charla general a todo el grupo de jóvenes sobre el tema de las relaciones de amistad y de noviazgo, los indicadores de pautas saludables y no saludables de los vínculos interpersonales, lo que Dios pretende y desea de nuestras relaciones para nuestro bien, etc. Muchas veces este método indirecto da mejores resultados. El joven o la joven que estén viviendo relaciones abusivas podrán sentir confianza de pedir ayuda a su líder o pastor, al saber que conoce del tema.

- Ofrecerle compañía para pedir ayuda a profesionales o instituciones especializadas en el tema que pueda existir en la comunidad.

- Seguir acompañando todo el proceso, fomentando sobre todo la autoestima y la concepción correcta sobre sí mismos, sobre la dignidad y el valor con que Dios nos ha creado, y clarificando los criterios saludables mínimos que cualquier relación de pareja debe reunir para felicidad de ambos miembros de la misma.

¿Qué pueden hacer las madres y los padres cuando detectan que su hija puede estar en una relación abusiva de noviazgo?

En principio, es posible que los padres no sean testigos presenciales del maltrato. Por lo general, las madres y los padres atentos comienzan a notar cambios en las conductas y en los estados de ánimo de sus hijas. Las chicas pueden mostrarse apagadas, tristes, deprimidas, temerosas, también irascibles cuando se les pide razones de ello. En cuanto a la conducta, pueden aislarse, tener comportamientos huidizos, evadir las reuniones familiares, decaer en el estudio o abandonarlos en casos extremos, abandonar actividades que les resultaban placenteras, dejar de ver a sus amistades y otros cambios de hábitos que tienen por objeto no molestar al novio, como vestirse diferente, por ejemplo. Recordemos que los novios que ejercen violencia tienen conductas de control, manifiestan celos, establecen relaciones de posesión con la novia, supervisan sus llamados telefónicos, las aíslan de sus entornos y los critican (familia, amigos, iglesia), con el fin de lograr el dominio sobre ellas. Gradualmente, ellas van perdiendo libertad y cambian negativamente. Dejan de ser quienes eran.

Sólo ocasionalmente, o más avanzada la relación, es posible que los padres y hermanos/as sean testigos del maltrato solapado del novio violento: miradas intimidatorias o de desaprobación, críticas a su vestimenta o actuación, chistes descalificatorios hacia la novia, silencio usado manipulativamente, falta de compromiso en la relación, y otros indicadores señalados con anterioridad. Todo esto puede estar mezclado (o alternado) con muestras de cariño o expresiones grandilocuentes sobre ellas, lo cual confunde a la novia y al entorno.

No es fácil para los padres intervenir en estas situaciones. Es posible que al principio se sientan desconcertados, inseguros, ya que se trata de una situación nueva. Cuando toman conciencia de lo que sucede (porque han leído sobre el particular, o han consultado con un profesional, o simplemente el maltrato va siendo más evidente), suelen experimentar angustia, frustración, culpa, enojo. Pueden entonces desesperarse o paralizarse.

Sin ánimo de dar recetas, porque no las hay y porque cada caso es diferente y complejo, y siguiendo algunas pautas sugeridas en la Guía para Madres y padres con hijas adolescentes que sufren violencia de género[6], cuya lectura completa recomendamos, mencionamos a modo de síntesis:

Los "NO":

- Actuar con violencia, imponer, prohibir.
- Intentar rescatarla y forzar la ruptura.
- Manipular, controlar.
- Juzgar. Desconfiar.
- Criticar al novio o hablar directamente con él o su familia, especialmente detrás de ella.
- Retirar el apoyo si ella no corta la relación de pareja. Distanciarse. Dejarla sola.

Los "SI":

Consigo mismos:

- Reconocer los propios sentimientos y despojarse de las cargas innecesarias: culpas (propias y mutuas), vergüenza, desesperación.
- Pedir contención en los vínculos de afecto.
- Recurrir a ayuda especializada para saber cómo manejar la situación particular.

Con la hija:

- Escuchar. Comprender, más allá de la propia lógica.

---

6 Instituto Andaluz de la Mujer. www.juntadeandalucia.es/institutodelamujer

- Respetar el ritmo de los vaivenes emocionales de la hija, recordando el ciclo de la violencia (lo que explica los cambios de momentos en la relación).

- Guardar la calma, sobre todo cuando ella se anima a hablar de lo que pasa en la relación.

- Recuperar el buen clima familiar y la confianza, a veces deteriorado por la crisis que se experimenta.

- Acompañar. Asegurar la incondicionalidad del afecto.

- Garantizar la confidencialidad.

- Tomar en cuenta si hay amenazas de parte del novio. Generalmente las hay. Tomar recaudos para proteger a la víctima si se ha llegado a la violencia física.

- Tolerar las recaídas después de una ruptura del noviazgo. Ser pacientes con las dudas y temores.

- En cuanto sea posible, derivar a profesionales especializados. O, al menos, consultarlos.

- En el peor de los casos... si la relación de pareja continúa y se formaliza en matrimonio: ¡nunca cortar los puentes!

- Es posible que esa hija necesite y quiera en un futuro –cercano muchas veces– volver a la relación con los padres, con los amigos y con los líderes, pero sienta vergüenza, culpa, humillación, sentimiento de fracaso. Debe saber que los puentes de amor siempre están tendidos para regresar y ser cobijada, abrazada, restaurada.

Es claro que las intervenciones parentales dependerán de la edad de la chica (a menor edad, mayor intervención) y también de la conciencia que ella tenga de la situación. Lógicamente, será más fácil ayudar cuando la hija sea consciente de lo que está viviendo y pide ayuda para salir de la relación abusiva. En cualquier caso, serán necesarias grandes dosis de paciencia, sabiduría, creatividad y asesoramiento adecuado para actuar con la prudencia que el caso requiere.

Dando vuelta la moneda...

Pensando en el novio... también puede ser nuestro hijo, nuestro nieto, nuestro amigo o nuestro alumno. Nadie está exento. ¿Qué actitud se debe tener?

- El joven que ejerce maltrato no es un monstruo, no es irrecuperable y no necesita ser rechazado y aislado. Por el contrario, claramente, él también necesita y merece ser amado y ayudado.

- A pesar de ser responsable por su conducta, igualmente es alguien que sufre.

- Sólo se puede trabajar con los agresores cuando se los ama profundamente y sobre todo cuando se cree que los cambios en los pensamientos y conductas son posibles.

- Debe recibir acompañamiento y ayuda especializada, como mencionamos en el capítulo anterior (Hacia la libertad).

- Si no recuperamos al joven que ejerce maltrato, aunque se corte su relación de pareja actual, muy probablemente seguirá violentando a la próxima.

- Ayudemos a cortar la cadena del maltrato. No estamos diciendo que es fácil, pero ¡es posible! En el próximo párrafo ampliamos el tema.

¿Es posible la recuperación de un noviazgo violento?

Siempre mantenemos una actitud esperanzadora hacia los cambios que los seres humanos podemos hacer. Sin embargo, no es realista esperar que éstos sucedan espontáneamente, en especial en el tema que nos ocupa. Los novios que tienen conductas abusivas (al igual que los maridos violentos) se muestran arrepentidos cuando se dan cuenta de que la relación puede desestabilizarse (por la firmeza de ella o por la intervención de terceros), pero los cambios de conducta son efímeros y al tiempo se vuelve a la pauta recurrente. Debemos recordar que, de acuerdo al esquema descripto por Leonore Walker, la violencia en la pareja se da en forma cíclica (fase de aumento de la tensión, fase de agresión, arrepentimiento y luna de miel). Esta característica dificulta la visualización clara del tema, sobre todo para las mujeres, ya que al período de descarga violenta le sigue un tiempo de reconciliación y cercanía. Ellas tampoco pueden separarse fácilmente, e incluso cuando han tomado la decisión de hacerlo no siempre la mantienen. Tanto el varón como la mujer necesitan ayuda.

Los dos miembros de la pareja necesitan reconocer que el maltrato no es una pauta normal ni saludable en ninguna relación y que no debe haber tolerancia al mismo. Muchas veces, aún formando otra pareja, ambos vuelven a repetir estas relaciones disfuncionales. De no mediar una instancia de clarificación y elaboración con ayuda externa, es casi seguro que él repetirá el mismo patrón o guión de relación que conoce. Lo mismo sucederá con ella. Aunque la mujer logre cortar una relación de este tipo suele quedar muy marcada, «golpeada» en su sentido más amplio: baja autoestima, creencias erróneas sobre su valor y habilidades, sentimiento difuso de culpa, sentimiento de no ser apta para satisfacer a un hombre, etc. Con estas vivencias grabadas a fuego, no es raro que vuelvan a establecer una relación de pareja similar, porque creen que hay algo malo en ellas y que por lo tanto no son merecedoras de un mejor trato por parte de su pareja. Es increíble el efecto destructor que tiene una relación de este tipo sobre el psiquismo. Pero, con todo, la restauración es posible.

Con el fin de ver cómo se entra a una relación violenta de noviazgo, pero también de apreciar cómo se puede salir de ella, incluimos a continuación el testimonio de Emily:

> *En casa las cosas no eran normales [...]. Mi mamá trabajaba cada vez más y subía escalones en la empresa, lo que requería más de su tiempo. Mi papá por otro lado cada vez tomaba más y yo lo empezaba a ver en situaciones más vergonzosas. No entendía muy bien qué sucedía, pero sí sabía que cosas semejantes no pasaban en la casa de mis amigas. También mi hermano parecía descargar conmigo toda su frustración por lo que estaba ocurriendo en casa. Podía simplemente*

estar en su camino que él venía y me pateaba, o si no hacía lo que él quería me pegaba. Mi hermana mayor me defendía de él y también intentaba mantenerme al margen de la conducta inapropiada de mi papá para que yo no sufriera, pero a medida que fui creciendo fui teniendo más claro lo que estaba pasando en mi casa. La realidad era que mi papá, cada vez que mi mamá no estaba por motivos laborales que la ocupaban en viajes de varios días, tomaba mucho y se olvidaba de nosotros.

A medida que pasaban los años aumentaba mi soberbia para poder ocultar y por algún lado enfrentar la situación de mi casa y de mi vida. Me sentía muy sola y mi mamá no me creía cuando yo le decía que mi hermano me pegaba y mi papá estaba todo el tiempo tomando. Yo me desesperaba y no sabía cómo hacer para que ella me escuchara, para que me creyera. Me sentía impotente y hasta en un punto pensé que podía llegar a estar volviéndome loca.

A los diecisiete años me puse de novia con Gerardo, un chico nueve años mayor que yo. Para mí era mi escape, era mi solución a todos los problemas, yo tenía alguien con quien hablar y sabía que no se sorprendería con las cosas que yo había vivido y que no me iba a dejar sola por esas razones. ¡Alguien se había fijado en mí! ¡Y encima alguien mucho más grande que yo! ¡Me sentía en las nubes! Por fin tenía a alguien que me abrazara y se preocupara por mí. A mi mamá no le gustó esa relación, pero yo estaba dispuesta a demostrarle que esa relación funcionaría. Como había tanta diferencia de edad yo me encontré haciendo cosas de adultos siendo adolescente. Me vestía como adulta, trabajaba, estudiaba y me manejaba todo el tiempo con adultos. Tuve «mi primera vez» a los dieciocho cuando sabía que no estaba lista, pero temía que él me dejara si yo decía que no a las relaciones sexuales. Me sentí presionada y mal conmigo misma después de haber cedido.

Mi mamá seguía sin aprobar esta relación, pero yo le ocultaba detalles de la misma para no darle la razón.

El primer año intentaba sacarle su manía de empujarme y agredirme. Con mucho sufrimiento lo logré, pero enseguida me encontré con otra sorpresa: él también tomaba mucho...

salíamos y él siempre terminaba borracho. Una vez más le preguntaba a Dios: ¿para qué? Y me era imposible no cuestionarme también: ¡¿por qué?! ¡¿Por qué otra vez?! ¡Yo pensé que él era el hombre de mi vida! ¿Por qué tenía que encontrarme con todo esto? ¿Por qué y para qué tenía que enfrentarme con mi mamá y decirle que ella tenía razón? ¡No entendía! Finalmente, pero con mucha dificultad, pude romper este noviazgo.

Por Gerardo había dejado de ver a mis amigos y ya no tenía a nadie en quien apoyarme. Una vez más me sentía sola. Pero Dios me sacó de esa situación a través de los amigos fieles que se acercaron a ayudarme, aunque yo los había descuidado y apartado. No fue nada fácil, pero nuevamente empecé a salir, a actuar y a vestirme acorde a mi edad.

No fue fácil pasar por todo eso, pero salí adelante una vez más. A esta altura mi papá ya no tomaba más, estaba en recuperación, pero igual era muy difícil convivir con él. Mentía todo el tiempo y era muy agresivo verbalmente. Dependiendo de la gente con la que él estaba, era la cara que presentaba. Para la iglesia y el trabajo de mi mamá éramos la familia perfecta, pero cuando nosotros no estábamos cerca él hacía cualquier cosa; mentir era lo más leve.

Ahora yo estaba trabajando muchas horas y también iba a la facultad, así que me fui alejando bastante de mis amigos de siempre. Había hecho amistades nuevas en el trabajo y me conformaba con eso, pero yo no estaba bien. De a poco me alejé de Dios y de la iglesia. Me olvidé que la iglesia está formada por seres humanos y por sentirme defraudada y sentir que habían defraudado a mi familia me aparté echándole la culpa a la iglesia entera. Esto me perjudicó mucho. Con la gente que estaba empecé a fumar y después empecé a tener relaciones con uno de mis compañeros que estaba casado. Sentía que lo único que yo podía dar era sexo. No estuve solamente con él... sino con otro también. Esos eran los únicos momentos en los cuales yo sentía una caricia, un abrazo y estaba dispuesta a entregarme así, sólo por eso.

Al año conocí a Franco, me puse de novia con él y sentí que esta vez de verdad había encontrado al hombre de mi vida. Él era atento, me trataba como una dama de verdad, me hacía regalitos lindos y super tiernos. Toda mi familia se enamoró de él en el instante que lo conocieron. A los 6 meses de novios él se fue de viaje a Europa y cuando volvió nos comprometimos. Me regaló un anillo tal como yo lo soñaba, ¡fue todo super romántico! Toda la familia estaba muy contenta; el comentario era que finalmente estaba encaminando mi vida.

Pero nuevamente era un error. Yo entregaba todo y estaba dispuesta a renunciar a todo por él. Él me decía qué ropa usar y decidía con quién y dónde salíamos. Después de dos años él perdió uno de sus trabajos y no hizo más que relajarse y esperar que le llegara otro. Mientras yo trabajaba muchísimas horas como para ahorrar para casarnos él se despertaba a cualquier hora y no hacía nada por conseguir un trabajo. En medio de esto yo decidí empezar a ir a la iglesia otra vez. Para él era muy gracioso eso y no entendía por qué yo me quería levantar temprano un domingo para ir, pero esta vez no iba a dejar que él me dijera nada sobre este tema.

Al poco tiempo mi mamá me dijo que se quería separar de mi papá y a mí, por más terrible que pueda sonar, me alegraba. Vivir en mi casa ya era imposible con la violencia que había. Lo primero que hice fue contarle a Franco y pedirle que mantuviera todo lo que yo le contaba en secreto porque nadie sabía todavía, ni mi papá, pero él no respetó eso: le contó todo a su familia, hasta nuestras cosas más íntimas. Cuando me enteré, me sentí terriblemente decepcionada. ¡Mi novio, mi confidente, mi futuro esposo no podía mantener mi vida en confidencia conmigo! Para colmo, lejos de comprenderme y pedirme disculpas, se burlaba de mis sentimientos. Me encontré a toda su familia opinando de la separación de mis padres. No lo podía creer, no sabía cómo hacer para aceptar esa situación. ¡La decepción era ENORME!

Una vez más, me di cuenta de que estaba muy sola, que no le podía contar nada a nadie, esta vez ni siquiera a mi hermana porque ella se ponía muy agresiva con el tema y yo no lo podía soportar. Desde ese momento me bloqueé, trataba de sentir lo menos posible, traté de hacerme la fuerte y hacerle *frente a todo defendiendo a mi familia hasta la muerte. Llegó un momento en que yo no me permitía ni sentir la más mínima emoción. Me sentía sola y con un terrible enredo de sensaciones, pero acompañé a mi mamá en todo lo que pude porque sabía que para ella era muy duro tomar esa decisión. Ella me contaba todo y yo no me podía desahogar con nadie. Empecé a bajar de peso cada vez más hasta estar pesando 10 kilos por debajo de mi peso mínimo, pero para Franco yo me veía muy bien. Yo sentía que los problemas de la separación de mis padres y el no poder contarle nada a nadie ya me llenaban lo suficiente como para no comer. Me podía pasar un día entero solamente con un vaso de leche a la mañana. Cada vez la ropa me quedaba más grande y la gente comentaba lo flaca que estaba. Para mí eso era lo más insignificante que podía llegar a estar pasando en mi vida.*

Cuando llegué al fin de mis fuerzas, me senté a hablar con mi mamá y le conté todas las cosas que siempre supe que hacía mi papá y que me hicieron daño. Le conté cómo en otro tiempo me sentaba con mi papá cuando estaba borracho a leerle la Biblia y él me prometía que no volvería a tomar y llorando me pedía perdón. Yo una y otra vez le decía que estaba todo bien, teniendo la esperanza que de verdad en algún momento dejara de tomar. Ese fue un momento muy duro para las dos, pero también muy importante. Ella me contó también algunas cosas, sobre todo de su confianza en Dios a lo largo de tantos años de sufrimiento y eso fue un ejemplo para mí.

En ese momento me sentí fuerte como para cortar con Franco. El no me la hizo fácil. Durante meses me perseguía para convencerme de que siguiéramos juntos, pero yo ya estaba segura de que no podía estar con alguien en quien no confiaba. No podía estar con una persona que pensaba que yo me veía linda cuando en realidad era puro huesos. No podía estar con él si no respetaba mi relación con Dios y no respetaba mi intimidad.

Poco a poco empecé a verme de otra forma. Empecé a verme como Dios me ve y me valora. Fui a una nutricionista que me ayudó a recuperar mi peso de a poco. También empecé a participar de un pequeño grupo de discipulado. Dos amigos me invitaron al grupo de jóvenes. Tardé en aceptar, pero finalmente fui y todos me hicieron sentir bien y aceptada. Empecé a encontrar un lugar sano donde relacionarme con gente que me quisiera bien. Pude por primera vez sentir la confianza de comenzar a hablar de mi vida y de mi pasado sin tener vergüenza o miedo al rechazo.

Hoy veo las cosas con otros ojos. Le pido a Dios que mi experiencia de vida pueda ser una herramienta para otros y que yo pueda estar lista para ayudar a cualquier persona que esté pasando por situaciones parecidas, dando el ejemplo, como el que me dio mi mamá a mí, de aferrarse a Él. Dios no deja de bendecir mi vida, a pesar de que mi papá decidiera armar su vida sin nosotros e ir por otro camino. Hoy puedo aceptar eso y agradecerle por la mamá espectacular que me dio y por todas las cosas que yo puedo compartir con ella, por mi hermana y mis dos hermosos sobrinos y porque poco a poco la relación con mi hermano se va sanando. Sé que Él nunca me dejó sola y tampoco lo hará. Desde que voy a la iglesia me regaló amigos que me ayudaron a sentir confianza en la gente, perder la vergüenza por mi pasado y a no tener miedo de decir: «te quiero».

De a poco también fui entendiendo por qué aceptaba parejas que me maltrataban. Ahora me estoy preparando para formar una pareja sana, en la que pueda amar y ser amada, respetar y ser respetada. Estoy agradecida por mi vida y porque Él la está guiando.

¿Cómo reconocer un noviazgo saludable?

A continuación, señalamos algunas características típicas de un noviazgo saludable:

- *Interdependencia madura.* El sentido de pertenencia en una relación afectiva saludable es constructivo. Ambos miembros de la pareja deben comprometerse a poner la cuota de responsabilidad, fidelidad, amor y cuidado necesarios. Ninguno controla al otro ni depende excesivamente del otro, ya que ambos tienen una autoestima medianamente lograda y una autonomía que les hace sentir seguros en sí mismos.

- *Relación con otros.* La relación de pareja es exclusiva pero no excluyente. Una relación de pareja saludable se nutre también con otras relaciones: la familia, los amigos, los compañeros. La relación con otros permite un saludable intercambio con el afuera, aportando y también recibiendo de las personas del entorno.

- *Respeto por la persona y la libertad del otro.* Esto incluye la posibilidad de desarrollar los proyectos de estudio y trabajo individuales, el respeto por los gustos, las opiniones, los intereses del otro, y también las relaciones que cada miembro de la pareja establezca con otras personas en sus distintos ámbitos de desempeño.

- *Resolución de los conflictos.* En toda relación interpersonal, y sobre todo en las que implican cercanía e intensidad, se presentan conflictos normales. El noviazgo es un tiempo oportuno para empezar a desarrollar la capacidad de resolver las diferencias de modos constructivos y maduros. La buena comunicación, en este sentido, es imprescindible e incluye la claridad en lo que se quiere expresar, la libertad para poder hacerlo sin temor a ser criticado, rechazado o forzado a pensar de otro modo, etc. Quedan descartadas todas las actitudes de coerción y violencia –emocional, sexual, física– como modos válidos para resolver conflictos.

- *Confianza mutua.* Es uno de los elementos vitales de una relación de pareja con miras al matrimonio, dado que el mismo es la relación de mayor exposición posible (física, emocional, espiritual). La confianza es el ingrediente que permite una apertura gradual hacia aspectos cada vez más íntimos del ser. Si hay confianza, habrá expresión abierta de los sentimientos, los agradables y los enojosos. Si hay confianza, cada uno experimentará el maravilloso sentimiento de ser aceptado y valorado por lo que en realidad se es. No hay necesidad de máscaras ni de temor a ser conocido en profundidad. La confianza en la pareja permite el descanso y el apoyo que todo ser humano necesita.

- *Crecimiento individual y como pareja.* Una buena relación de noviazgo y luego de matrimonio apunta a que cada uno de los miembros de la pareja desarrolle su máximo potencial. Esto implica dejar el egoísmo de lado y estar en posesión de una seguridad personal tal que deje crecer al otro sin sentirse amenazado, que confíe en la otra persona, que la ayude concretamente y que la estimule, etc.

Podemos ampliar estas características con aquellas que Norman Wright, en su libro *Las relaciones que funcionan (y las que no)*, menciona como los cuatro pilares de una relación de noviazgo o matrimonio, y que son: el amor, la confianza, el respeto y la comprensión[7]. Para Wright, el más duradero es el amor; el más frágil, la confianza; el más descuidado, el respeto u honra; y el que necesita de mayor tiempo para desarrollarse, la comprensión o conocimiento. Este autor considera que, para construir una base sólida sobre la cual edificar la relación de noviazgo y matrimonio, no debe faltar ninguno de estos pilares.

Algunas palabras para los muchachos

Una de las cosas más lindas de la vida es la relación de pareja, sobre todo en la etapa de noviazgo. A pesar de que las formas o las costumbres fueron cambiando con el paso del tiempo, el noviazgo sigue siendo una etapa de ilusiones, de sueños compartidos, de descubrimiento de sí mismo y del otro, de vivir la increíble aventura de compartir la vida con otra persona, en una relación íntima y exclusiva. Es un tiempo para disfrutar y para crecer.

Sin embargo, muchas veces esta experiencia se torna en una pesadilla para ambos miembros de la pareja. Aparecen los celos extremos, la inseguridad, las sospechas, la falta de control, y también el miedo no confesado de ser poco valorado, rechazado, traicionado, y hasta abandonado. Veamos por qué.

---

7 Norman Wright, *Las relaciones que funcionan (y las que no)*, Unilit, Miami, 2000, pp. 25-26.

Nada hay que ponga más a prueba tu masculinidad, tu ser hombre, que el relacionarte con una mujer en una pareja. Es aquí donde aparece de verdad el gran desafío: cómo ser verdaderamente un hombre que complazca a la mujer que eligió, y cómo dejar que ella, asimismo, te haga sentir bien con vos mismo.

Hay distintos modelos de hombre en nuestra sociedad. Por un lado, está el *hombre sometido* por una mujer caprichosa, dominante, hasta agresiva e intolerante. También está el *hombre «macho»*, que en nuestra cultura está concebido como el fuerte, el que no llora, el que no siente tristezas ni puede apenarse, el que «se la banca» (como decimos en Argentina), el que domina a la mujer y pretende que ella le obedezca y le complazca en todo. Pero hay otra opción, y es la del *hombre compañero*. Entre otras características, es el que se siente bien consigo mismo, seguro, capaz de expresar lo que siente y piensa, que valora y admira a la mujer que ha elegido sin por eso sentirse menos que ella, que puede mostrarse cariñoso y protector, que muestra afecto físico sin que necesariamente tienda a una relación sexual, que es comunicativo, que trata bien a la mujer en público y en privado también, que respeta sus propios derechos y también los de la novia; en definitiva, que puede lograr una relación de noviazgo con equidad, placentera, compartida, que signifique un disfrute y un crecimiento para ambos.

Cuando empezamos a desempeñar un rol nuevo en la vida, como por ejemplo, el ser novio o novia, sin saberlo lo hacemos desde un «modelo» que hemos aprendido de otros. Puede ser que lo hayamos aprendido de nuestros padres, líderes, ídolos de la televisión, etc.

> La violencia de género es un problema social, de carácter estructural, que tiene su raíz en el machismo y la desigualdad que se reproducen y perpetúan generación tras generación en toda sociedad, a través de múltiples vías: la cultura, la moda, la música, la literatura, la publicidad, los medios de comunicación, la religión, los videojuegos, las redes sociales. Hablamos de un problema presente en toda la sociedad, en todas las esferas

sociales y, por supuesto, en todas las capas de la sociedad, incluidas las más jóvenes.[8]

Especialmente lo que hemos vivido en nuestra familia de origen –aunque no en forma exclusiva– tiene una gran influencia en cómo actuamos al formar nuestra propia pareja y familia. Entonces, es bastante frecuente que un muchacho que ha visto a su papá o a los hombres de su familia ser compañero de las mujeres, en una relación de respeto mutuo y de convivencia armónica, se comporte parecido cuando él mismo esté con una mujer. Del mismo modo, tendemos a repetir los modelos de maltrato que pudimos haber presenciado o padecido en nuestra familia. Muchos chicos que han sido maltratados por sus padres o han visto a su papá maltratar a su mamá, incorporan esta forma de relación como normal, y de grandes la repiten con sus propias novias y esposas.

Siempre recuerdo a Nicolás, un joven de 23 años que había iniciado una relación de noviazgo hacía unos dos años. Estaba teniendo problemas con Josefina, su novia. Peleaban mucho y ambos sufrían. Poco a poco se fueron aislando de todos, de la familia, de los amigos, de las actividades de la iglesia. Los estudios universitarios de los dos empezaron a fallar. Él la controlaba en todo, desconfiaba de sus amigos, de sus actividades, la acusaba de no quererlo o no atenderlo lo suficiente, y la perseguía todo el tiempo. Cuando Josefina le proponía que hablaran seriamente de lo que les estaba pasando él no quería hacerlo, se enojaba y lo expresaba mostrándose indiferente, tomando distancia o no hablándole. Otras veces manifestaba su enojo gritando o rompiendo cosas, o pateando algún objeto que encontraba en el camino. En otras oportunidades, le decía cosas muy feas a ella, de lo que después se arrepentía. Cuando Josefina insinuaba que no quería seguir así y que tenían que pedir ayuda o cortar con la relación, entonces él se desesperaba, sufría mucho e intentaba convencerla de que no podían vivir uno sin el otro, y que él sería capaz de volverse loco o de matarse si eso sucedía. En-

---

8 Instituto Andaluz de la Mujer, *Guía para padres y madres de hijas adolescentes que sufren violencia de género*. 2014, p. 3.

tonces ella se asustaba, continuaba al lado de él, pero cada vez estaba más temerosa, desilusionada, triste, incapaz de disfrutar de su noviazgo como ambos habían soñado. Cuando Nicolás se arrepentía y decidía no volver a hacer las cosas que a Josefina no le gustaban, ella volvía a creer en él y pensaba que esta vez sí se produciría el cambio. Pero al tiempo, nuevamente él volvía con las mismas actitudes y reacciones. Un día, hasta él mismo se asustó mucho cuando le levantó la mano a Josefina. No llegó a pegarle. Algo lo detuvo. Sabía que si cruzaba esa línea, seguramente la perdería definitivamente. Nicolás en realidad no sabía qué hacer cuando se sentía enojado, presionado, inseguro, o celoso. Él también se sentía frustrado y desesperado. Le pedía ayuda a Dios porque él deseaba cambiar de verdad, pero no sabía exactamente qué pasaba con él ni cómo hacer el cambio. Un día escuchó, en su iglesia, una charla sobre violencia familiar. Allí empezó a brillar una pequeña luz en su interior. Nicolás se dio cuenta de que Josefina a veces hacía algo que a él no le gustaba o no comprendía, pero también aceptó para sí mismo que él reaccionaba muy parecido a lo que siempre hizo su papá con su mamá, y a lo que también hacían algunos otros hombres de su familia. Comenzó a darse cuenta de que quizás estaba repitiendo el modelo que había aprendido en su familia, y que representaba la única forma que conocía de ser hombre. ¿Acaso los hombres no deben ser rudos y fuertes? Aunque aún no lo tenía muy claro y no sabía si era muy apropiado para un hombre hacerlo, tuvo la valentía de tomar una de las decisiones más importantes de su vida: decidió pedir ayuda. Primero habló con uno de sus líderes juveniles, alguien a quien él respetaba y quería. Aunque estaba asustado y avergonzado, se sintió más aliviado después de hablar con su líder de confianza, quien no solamente no lo censuró, sino que lo comprendió y lo invitó a que oraran juntos. Entonces el líder también lo ayudó a que hiciera una consulta con un psicólogo que sabía sobre violencia familiar, y allí empezó la restauración de Nicolás. Se reunía regularmente con su líder para orar y charlar, y también se comprometió con la terapia psicológica. Poco a poco fue comprendiendo qué había dentro de su corazón. Dentro de su cuerpo de hombre había un niño todavía asustado frente a la violencia de su papá, sintiéndose culpable al pensar que no supo o no pudo defender a su mamá, lidiando con el miedo a no ser suficientemente hombre si no se comportaba como lo hacía su papá, albergando la ansiedad y el temor de ser abandonado o rechazado por Josefina. Uno a uno fue tratando con éstos y otros sentimientos e ideas. Aprendió también que la violencia no soluciona nada y que hay otras formas de resolver los conflictos normales que se presentan en cualquier relación íntima con otra persona. Aprendió a reconocer lo que pasaba por su mente y corazón, lo que le disgustaba o le atemorizaba, y a expresarlo en palabras; también aprendió a escuchar a Josefina. Aprendió que podía identificarse con Jesús como un hombre normal. Jesús tenía una personalidad firme, tenía convicciones, «se la jugaba», era valiente, pero también era amable, tierno y compasivo con los más débiles: los niños, los enfermos o las viudas, por ejemplo. Sabía tratar con hombres y con mujeres, con todo respeto y cuidado. Jesús había sido un hombre de verdad. Nicolás empezó a disfrutar su noviazgo de otra forma, y Josefina también. Poco a poco aprendieron a comunicarse mejor entre ellos, a cuidarse y respetarse, a ver qué hacían con sus diferencias y cómo solucionaban los conflictos normales que iban apareciendo, en vez de echarse culpas mutuas. Restablecieron sus vínculos con familiares y amigos, y se sintieron más enriquecidos.

Vos también, como Nicolás, podés evaluar tu noviazgo. Si reconocés que tenés problemas que no podés solucionar solo, también es de hombre valiente e inteligente buscar ayuda. Cuando se es joven, todo el camino está por recorrerse y vale la pena hacer los cambios necesarios que te hagan más feliz a vos y a la novia que elijas para ser tu esposa.

> *Diviértete, joven, ahora que estás lleno de vida; disfruta de lo bueno ahora que puedes. Déjate llevar por los impulsos de tu corazón y por todo lo que ves, pero recuerda que de todo ello Dios te pedirá cuentas. Aleja tu mente de las preocupaciones y echa fuera de ti el sufrimiento, porque aun los mejores días de la juventud son vana ilusión. [...] Acuérdate de tu Creador ahora que eres joven y que aún no han llegado los tiempos difíciles [...]*
>
> *Ec 11:9-10; 12:1*

Una palabra para los líderes de adolescentes y jóvenes

Ser un líder de adolescentes y jóvenes hoy constituye un gran desafío. ¡Es para valientes y apasionados! Transitamos una época de grandes y veloces cambios sociales, políticos y económicos que ni siquiera alcanzamos a comprender y metabolizar. El mundo se presenta incierto e inseguro. Las problemáticas familiares y sociales son cada vez más complejas. Mientras los adultos se retiran, a veces por indiferencia y desidia, otras por impotencia, y las más de las veces por estar demasiado ocupados en resolver sus propios asuntos, los chicos quedan a la deriva, sin anclajes que los contengan y afirmen.

Los focos de trabajo con los más jóvenes son muchos y complejos. En este caso, queremos animar a que los/las líderes asuman una responsabilidad ineludible en el tema de la violencia en la pareja porque creemos que ellos ocupan un lugar en la primera línea de ayuda al estar cerca naturalmente de adolescentes y jóvenes, en una época evolutiva en donde los padres y las madres ya no son tan relevantes para ellos.

Además de las sugerencias brindadas en párrafos anteriores (*Cómo ayudar a alguien que está sufriendo violencia en una relación de noviazgo*), mencionamos otros puntos a tener en cuenta:

Capacitación. Para cumplir eficientemente esta labor, creemos que los/las líderes deben capacitarse en el tema delicado que nos convoca en este libro. La lectura de algunos de los materiales que fuimos citando en capítulos precedentes más los sugeridos al final de éste podrían ser un buen punto de partida.

Reflexión sobre las propias creencias y prácticas en torno al tema. Ya que formamos parte de una cultura donde el machismo todavía impera, es necesario hacer una revisión de nuestras propias ideas y praxis al respecto. También, es necesario que los líderes –mujeres y varones- reconozcan sus propias historias familiares donde pudo haberse desarrollado el maltrato, y los rasgos de violencia o de sometimiento a ella que –como consecuencia- aun pudieran perdurar en algunos de ellos/ellas. Necesitan sanidad y plenitud de vida.

Conocer y vivir lo que Dios espera de la relación entre hombres y mujeres, libres de cualquier tipo de violencia. Es importante apropiarse del sustento bíblico pertinente para contrarrestar las pautas culturales erradas que conducen a las relaciones abusivas en la pareja humana. Asimismo, desde su lugar pueden ayudar a develar los estereotipos de masculinidad y femineidad en la cultura a la que pertenecen y que ellos mismos pueden estar encarnando. Los jóvenes deben ver en sus líderes cómo ellos mismos viven en sus propios noviazgos y matrimonios la relación hombre-mujer saludable y equitativa que Dios propone. Es la mejor enseñanza que pueden brindarles y además pueden funcionar como modelos alternativos para los chicos y las chicas que no han tenido buenos ejemplos en sus familias de origen en ese sentido.[9]

Ser proactivos en el tema. Esto significa que, dada la magnitud que la violencia de género tiene en la actualidad, especialmente entre los jóvenes, este tema debe formar parte de la agenda permanente de los grupos juveniles. Esto se traduciría en los programas que se lleven a cabo con adolescentes y jóvenes, en la intencionalidad de la consejería, en la prevención y en el acompañamiento que se haga. Por ejemplo, por su cercanía a los chicos a quienes acompañan, los/las líderes pueden estar más atentos y trabajar en especial con la así llamada "población de riesgo": chicos y chicas que han vivido situaciones de maltrato en sus propias familias y que pueden, entonces, estar más predispuestos a repetir esas pautas disfuncionales aprendidas.

No se espera que los líderes juveniles de las iglesias sean especialistas en violencia familiar o de género. Se espera que sean sensibles y que se sientan apelados en su responsabilidad por un tema altamente preocupante, dentro y fuera de la iglesia. Sobre todo, porque trabajan con un público todavía permeable a los cambios. Por lo tanto, es promisorio y gratificante prevenir e in-

---

9 Se sugiere consultar, por ejemplo, los estudios sobre masculinidad propuestos por la organización cristiana *Restored*. Ver www.restoredrelationships.org. Otro material muy útil para la acción y la reflexión es "Las iglesias dicen "NO" a la violencia contra la mujer". https://www.lutheranworld.org/sites/default/files/Las%20Iglesias%20dicen%20No%20a%20la%20violencia%20contra%20la%20mujer.pdf, pp. 26-27.

tervenir antes de que las relaciones de maltrato en la pareja se consumen y establezcan.

Resulta práctico, además, conocer los recursos de ayuda específica (Centros especializados en asistencia a víctimas de violencia de género, o iglesias que posean servicios de ayuda sobre este tema) que puedan contarse dentro de la comunidad a la que pertenecen. A esos lugares pueden recurrir en busca de asesoramiento o acompañar a quienes necesiten una ayuda especial (legal, psicológica, etc.).

La tarea de los líderes de adolescentes y jóvenes no es fácil. Pero el Dios de Jesucristo que los llama a ejercer esta vocación no los deja solos/as. Está comprometido con el ser humano hasta el fin. El está dispuesto a fortalecerlos y darles luz.

Dios nos tenga compasión y nos bendiga; Dios haga resplandecer su rostro sobre nosotros, para que se conozcan en la tierra sus caminos, y entre todas las naciones su salvación" (Salmo 67:1-2).

Para seguir leyendo

Graciela B. Ferreira, *Hombres violentos-mujeres maltratadas*, Sudamericana, Buenos Aires, 1992, especialmente el capítulo 4 («Novias maltratadas»).

Robin Norwood, *Las mujeres que aman demasiado*, Suma de Letras S.L., Barcelona, 2001.

Instituto Andaluz de la Mujer, *Guía para padres y madres de hijas adolescentes que sufren violencia de género*, 2014.

5

La familia de Dios y la violencia en la familia

¿Por qué un capítulo sobre el papel de la iglesia en una obra acerca de la violencia familiar?

Evidentemente la familia constituye el medio privilegiado donde un ser humano nace, crece y se desarrolla. Sin ser perfecta, debería constituir un espacio de amor y cuidado especial entre sus miembros, un espacio que posibilite que ese desarrollo sea pleno y normal. Sin embargo, la naturaleza imperfecta del ser humano hace que diversos problemas aparezcan y provoquen distorsiones, tristeza, pérdidas y dolores de todo tipo.

El Padre Celestial no está al margen de nuestras luchas. Por eso nos ha provisto de recursos notables para que las enfrentemos, y la iglesia es uno de ellos. La iglesia es la familia de Dios aquí en la tierra. Somos incorporados en esta familia por adopción. Los cristianos podemos llamarnos hermanos porque todos tenemos un Padre en común, así que estamos vitalmente relacionados unos con otros, y tenemos también en común una herencia y un destino eternos (cf. 1Jn 3:1; Ef 2:17-19; 1:5-6, 11-12). Dios nos ha llamado a vivir un evangelio de carácter relacional, contrapuesto al espíritu individualista, competitivo y carente de esperanza que caracteriza nuestra época posmoderna. Si bien la salvación es personal y Dios trata con el individuo, él sabe que necesitamos vivir en compañía, sosteniendo y siendo sostenidos por los otros.

En el Nuevo Testamento se usan varias expresiones que aluden a la fraternidad de los cristianos. Por ejemplo, «cuerpo» y «edificio», que denotan que cada uno de los hijos de Dios forma parte de un todo organizado y armónico. Otra figura utilizada es «familia de Dios». También da una idea de un todo, y no meramente de partes aisladas, pero le agrega el toque afectivo de interrelación profunda e intimidad, propio de una familia.

> El concepto de familia añade una dimensión de calor, ternura, cuidado y lealtad; en suma, emoción y devoción humanas. Para decirlo de otro modo, al usar la analogía del «cuerpo» Pablo emplea los aspectos físicos para ilustrar la necesidad de que cada miembro participe en la iglesia, pero cuando usa la analogía de la «familia» estaba ilustrando los aspectos psicológicos de un cristianismo relacional.[1]

El carácter comunitario del evangelio se evidencia en la cantidad de interrelaciones sugeridas por el Padre para sus hijos en la expresión «unos a otros», usada unas 58 veces en el Nuevo Testamento, sin contar los Evangelios. Es evidente que Dios desea que tengamos una relación personal con él, pero también que gocemos y seamos responsables de relaciones horizontales, expresadas en acciones concretas, tales como orar unos por otros, considerarnos unos a otros, aceptarnos unos a otros, perdonarnos unos a otros, sostener los unos las cargas de los otros, exhortarnos unos a otros, soportarnos unos a otros, animarnos y consolarnos unos a otros, cubrir las necesidades unos de otros, etc. Éstas y otras expresiones por el estilo son nada más y nada menos que el amor puesto en acción, ya que el sello distintivo de una familia debe ser el amor. *«Por encima de todo, vístanse de amor, que es el vínculo perfecto»* (Col 3:14). El amor no es un sentimiento que se declama, ni un concepto teórico que se piensa, sino acción que se realiza en la práctica. Es lo que Dios hizo por nosotros. Nos amó e hizo algo concreto por nosotros: dio a su Hijo y, en él, todas las cosas que necesitábamos. *«Así manifestó Dios su amor entre nosotros: en que envió a su Hijo unigénito al*

---

1 Gene A. Getz, *Edificándoos los unos a los otros*, CLIE, Barcelona, 1980, p. 29.

mundo, para que vivamos por medio de él» (1Jn 4:9). *«El que no escatimó ni a su propio Hijo, sino que lo entregó por todos nosotros, ¿cómo no habrá de darnos generosamente, junto con él, todas las cosas?»* (Ro 8:32).

La consecuencia lógica es que como hijos agradecidos imitemos al Padre: *«Ustedes, como hijos amados de Dios, procuren imitarlo. Traten a todos con amor, de la misma manera que Cristo nos amó y se entregó por nosotros, como ofrenda y sacrificio de olor agradable a Dios»* (Ef 5:1-2; DHH). *«Amados, si Dios nos ha amado así, debemos también nosotros amarnos unos a otros»* (1 Jn 4:11).

Resulta claro que el intenso dolor producido por la violencia en el hogar de nuestros hermanos, amigos y vecinos no nos resulta indiferente y que, como expresión del amor fraterno, algo tenemos que hacer con las personas y las familias que sufren este mal y están cerca de nosotros.

> La iglesia es la comunidad del Reino de Dios en la tierra, viviendo bajo la tensión de ser pueblo de Dios y, sin embargo, no habitando plenamente en su presencia; gozando de la nueva vida en Cristo, pero sufriendo todavía la enfermedad y la realidad de la muerte siempre presente. Este pueblo débil e imperfecto es la familia que Dios ha dado a sus hijos para vivir en comunidad, para enfrentar la enfermedad y la muerte. La iglesia es el dato más concreto de la realidad de Dios presente en la tierra. Surge así una nueva dimensión de la función sanadora de la iglesia: no sólo preserva al mundo de la destrucción y la muerte espiritual definitiva, sino que es la promotora de la salud de sus miembros [...] Seguirá habiendo enfermedad entre sus miembros; el dolor, la depresión, el sufrimiento en cada una de sus formas volverá vez tras vez. Pero algo va a cambiar, y esto es que en la comunidad de la iglesia, el individuo no enfrentará la enfermedad solo, sino acompañado por la familia de Dios.[2]

---

[2] Ricardo Zandrino, *Sanar es también tarea de la iglesia*, Asociación Bautista Argentina de Publicaciones, Buenos Aires, 1987, pp. 55-56.

Formas en que la iglesia puede ayudar en el problema de la violencia en la en la familia

Prevención

La tarea más importante de la iglesia en relación con la violencia familiar podría definirse en términos de *prevención mediante la enseñanza y la práctica de relaciones interpersonales acordes a los parámetros divinos.* Dios creó originalmente seres humanos sanos, libres y capaces de amar y ser amados. Seres humanos hechos a su imagen y semejanza–hombre o mujer–, para vivir en armonía, en complementación y deleite mutuos, y en obediencia hacia Dios cumpliendo sus mandatos. Sin embargo, los seres humanos decidieron vivir por su propia cuenta, de espaldas a su Creador. Las consecuencias fueron tremendas y se han transmitido de generación en generación hasta nuestros días. Se rompió la natural armonía que existía entre ellos, con su Dios y con la creación toda. Entre otros males, los seres humanos tuvieron que sufrir, a lo largo de los siglos, la opresión, el agravio y el abuso de poder ejercidos por otros seres humanos. Las relaciones familiares no quedaron al margen de esta realidad: también fueron corrompidas, lo que desató toda clase de sufrimientos dentro del ámbito íntimo del hogar y de otras relaciones cercanas y produjo un dolor mayor.

> Se me estremece el corazón dentro del pecho, y me invade un pánico mortal. Temblando estoy de miedo, sobrecogido estoy de terror. ¡Cómo quisiera tener las alas de una paloma y volar hasta encontrar reposo! Me iría muy lejos de aquí; me quedaría a vivir en el desierto. Presuroso volaría a mi refugio, para librarme del viento borrascoso y de la tempestad. [...] Si un enemigo me insultara, yo lo podría soportar; si un adversario me humillara, de él me podría yo esconder. Pero lo has hecho tú, un hombre como yo, mi compañero, mi mejor amigo, a quien me unía una bella amistad, con quien convivía en la casa de Dios. [...] ¡Dios, que reina para siempre, habrá de oírme y los afligirá! Esa gente no cambia de conducta, no tiene temor de Dios. Levantan la mano

> *contra sus amigos y no cumplen sus compromisos. Su boca es blanda como la manteca, pero sus pensamientos son belicosos. Sus palabras son más suaves que el aceite, pero no son sino espadas desenvainadas.*
>
> Sal 55:4-8, 12-14, 19-21

Desde entonces, la violencia y el maltrato en la familia junto con el abuso sobre mujeres, niños y todo ser más débil están enraizados en la cultura humana, pervertida y alejada de los parámetros divinos. Ante una realidad tan alarmante respecto a la violencia en la familia, cada vez resalta más la necesidad de trabajar en su *prevención* desde todos los ámbitos posibles: los medios de comunicación, la escuela, la familia, la iglesia, las diversas organizaciones comunitarias, etc. Dentro de estas instancias, la iglesia –familia de Dios–, sin ser perfecta, aparece como un ámbito privilegiado. Por un lado, muchas veces provee, por medio de las familias que la componen, figuras alternativas de identificación y de modelo a personas y familias que las necesitan. Por otro lado, puede aportar conceptos fundamentales para el desarrollo humano, que forman parte del sistema de creencias personales y familiares: cómo es ser un hombre o una mujer conforme al corazón de Dios, cómo deben ser las relaciones familiares y humanas en general, cómo se ejerce la autoridad en la familia y en la iglesia, entre otros. Las creencias que sustentamos sobre estos y otros tópicos son de vital importancia en el tema que nos ocupa, ya que las creencias, sean más o menos conscientes, constituyen nuestro paradigma de vida y dan sustento a nuestras prácticas cotidianas.

Reconociendo justamente la ascendencia que las comunidades religiosas tienen sobre los fieles y su importancia para la formación y desarrollo de creencias, la Asociación de Prevención de la Violencia Familiar de Argentina, en su *Cartilla para religiosos y religiosas*[3], recomienda lo siguiente:

---

3 Graciela Ferreira, *Cartilla para religiosos y religiosas*, Asociación Argentina de Prevención de la Violencia Familiar, Buenos Aires, 1999, pp. 9-10. Versión electrónica disponible en: http://www.aapvf.com.ar/archivos/download/Religiosos.pdf

Frente al uso discrecional de los principios o conocimientos religiosos y también frente a creencias distorsionadas, las personas que tienen funciones pastorales han de iluminar cuestiones básicas como:

- Dios ha dado la vida para cuidarla y respetarla y esto es mutuo en un matrimonio.
- Dios no dispuso el matrimonio como una relación de abuso de poder sino como un vínculo sagrado y amoroso.
- Dios no desea el sufrimiento de sus criaturas.
- Dios ha creado seres libres para que valoren su vida y su dignidad humana.

[...] El daño, la enfermedad y la muerte que se originan en los cuadros de violencia familiar *son evitables* si todos/as contribuimos a prevenir, difundir y asesorar con solidaridad a las víctimas.

Hay que considerar algunos elementos respecto al «potencial de violencia en una familia»:

- Grado de verticalidad de la estructura familiar.
- Grado de rigidez de las jerarquías.
- Creencias en torno de la obediencia y el res-peto.
- Creencias en torno de la disciplina y del valor del castigo.
- Grado de adhesión a los estereotipos de género.
- Grado de autonomía relativa de los mimbros.[4]

Podemos apreciar que la mayoría de estos temas, quizás expresados en otro lenguaje, son frecuentemente materia de enseñanza en la iglesia; y no sólo de enseñanza, sino de práctica en nuestras interrelaciones cotidianas. ¿Qué pensamos sobre cada uno de esos temas? ¿Cómo los vivimos? ¿Cuál es el «potencial de

---

4 Autores varios, *op. cit.*, 1994, pp. 29-30.

violencia» de nuestros hogares y de nuestra comunidad eclesial? En definitiva, ¿cuán saludables estamos?

Transcribo a continuación un artículo de mi autoría, publicado en la revista *Kairós*[5], sobre pautas saludables para la familia y la iglesia.

> Familia e iglesia. Dos realidades muy cercanas a nuestro corazón. Tan cercanas, que Dios reunió a sus hijos en la «familia de la fe». La familia y la iglesia pueden formarnos o deformarnos, ayudarnos a crecer o impedir el sano desarrollo, causarnos gozo o sufrimiento. ¿De qué dependen estas alternativas? ¿De qué depende la salud –incluida en un concepto más amplio de «salvación»– de cada una de ellas? ¿Cómo es una familia biológica saludable? ¿Cómo es la iglesia –familia de Dios– saludable?
>
> - En una familia biológica saludable cada uno de sus miembros tiene el mismo valor y recibe la misma consideración, no importa la edad que tenga o el rol que ocupe. En la iglesia que sueño también. *«Ámense los unos a los otros con amor fraternal, respetándose y honrándose mutuamente»* (Ro 12:10).
>
> - En una familia saludable se alienta y ayuda al crecimiento y la madurez de cada uno de sus miembros sin distinción, y ello no constituye una amenaza al vínculo. En la iglesia que sueño también. *«[...] al vivir la verdad con amor, creceremos hasta ser en todo como aquel que es la cabeza, es decir Cristo. Por su acción, todo el cuerpo crece y se edifica en amor, sostenido y ajustado por todos los ligamentos, según la actividad propia de cada miembro»* (Ef 4:15-16).
>
> - En una familia saludable la unidad no pasa por falsas lealtades ni porque todos piensen o actúen igual, sino simplemente por pertenecer y amarse mutuamente. En la iglesia que sueño también. *«Por encima*

---

5 «Salud en la familia y en la iglesia... ¿algo más que un sueño?», en la revista *Kairós*, Número 3 (septiembre, 2003): 17-19.

de todo, vístanse de amor, que es el vínculo perfecto» (Col 3:14).

- En una familia saludable se puede hablar francamente sobre los conflictos y las diferencias (normales en todas las relaciones humanas), en un clima de mutua aceptación y de búsqueda conjunta de las soluciones mejores para todos. En la iglesia que sueño también. «*Por eso confiésense unos a otros sus pecados, y oren unos por otros, para que sean sanados [...]*» (Stg 5:16).

- En una familia saludable no hay mentiras ni secretos que impidan la sana construcción de la identidad, ya que las relaciones son transparentes y genuinas. En la iglesia que sueño también. «*Por lo tanto, dejando la mentira, hable cada uno a su prójimo con la verdad"* (Ef 4:25).

- En una familia saludable existe la posibilidad de equivocarse, pidiendo y dando perdón como la forma de la verdadera restauración. En la iglesia que sueño también. «*[...] de modo que se toleren unos a otros y se perdonen si alguno tiene queja contra otro. Así como el Señor los perdonó, perdonen también ustedes»* (Col 3:13).

- En una familia saludable también hay administración de disciplina justa como expresión de amor. En la iglesia que sueño también. «*Hermanos, si alguien es sorprendido en pecado, ustedes que son espirituales deben restaurarlo con una actitud humilde. Pero cuídese cada uno, porque también puede ser tentado»* (Gá 6:1).

- En una familia saludable los puentes de amor siempre están extendidos para recibir sin reproche al que se ha extraviado, pero vuelve arrepentido. En la iglesia que sueño también. «*[...] todavía estaba lejos cuando su padre lo vio y se compadeció de él; salió corriendo a su encuentro, lo abrazó y lo besó"* (Lc 15:20)

- En una familia saludable se protege al más débil y vulnerable, y cada uno de sus miembros puede ocupar este lugar alternativamente según sus circunstancias de vida. En la iglesia que sueño también. «*Hermanos, también les rogamos que [...] estimulen a los desanimados, ayuden a los débiles y sean pacientes con todos.*» (1Ts 5:14).

- En una familia saludable hay flexibilidad para adaptarse y cambiar, cuando las circunstancias de la vida lo requieren. En la iglesia que sueño también. « [...] *He aprendido a vivir en todas y cada una de las circunstancias [...]*» (Fil 4:12).

- En una familia saludable los límites y los roles son claros y flexibles, y la autoridad se ejerce sin abusar del poder para permitir el sano crecimiento de todos los miembros. En la iglesia que sueño también. «A *los ancianos que están entre ustedes [...] cuiden como pastores el rebaño de Dios que está a su cargo [...] con afán de servir, como Dios quiere. No sean tiranos con los que están a su cuidado, sino sean ejemplos para el rebaño. Asimismo, jóvenes, sométanse a los ancianos. Revístanse todos de humildad en su trato mutuo [...]*» (1P 5:1,2,3,5).

- En una familia saludable se comparten y se aceptan todos los sentimientos. En la iglesia que sueño también. «*Alégrense con los que están alegres; lloren con los que lloran*» (Ro 12:15).

- En una familia saludable hay disposición para salir de las propias fronteras y ser solidarios con otros. En la iglesia que sueño también. «*No se olviden de hacer el bien y de compartir con otros lo que tienen [...]*» (Heb 13:16).

Pensándolo bien... ¡cómo se parece una familia saludable a la iglesia que sueño! ¿Será sólo un sueño o un sueño que puede transformarse en realidad? La respuesta depende de cada uno de nosotros.

Siempre decimos que los cristianos tenemos mucho para decir y aportar sobre cuestiones de familia, y es cierto, aunque no siempre lo hacemos bien. Estela Somoza dice:

> [...] la lectura de la Biblia, base de la fe evangélica, debería producir un efecto de valorización y dignificación del ser humano, y favorecer el cambio de tendencias culturales que vayan en contra de los valores de dignidad, amor, respeto, solidaridad, igualdad y otros. De ser así, ayudaría a las personas y familias a vivir en el contexto actual, promovería el desarrollo de cada uno de los miembros individuales y de la familia como un todo. De otro modo, podría validar, sin proponérselo, pautas culturales tradicionales vinculadas con un modelo autoritario, que afectaría la salud integral de las familias.[6]

«*No se amolden al mundo actual, sino sean transformados mediante la renovación de su mente. Así podrán comprobar cuál es la voluntad de Dios, buena, agradable y perfecta*» (Ro 12:2). Este mismo pasaje en la versión *Dios Habla Hoy* de la Biblia dice: «*No vivan ya según los criterios del tiempo presente; al contrario, cambien su manera de pensar para que así cambie su manera de vivir* [...]». El apóstol Pablo nos exhorta a vivir de una manera diferente a la del «sistema mundo», motivados por criterios diferentes que se gestan a través de una mente renovada. Como se mencionó en otros capítulos, el maltrato en la familia en general y la violencia de género en particular, aunque muy lamentable, es moneda corriente y se basa en gran parte en el sistema de creencias que sustentamos y sobre la repetición de una práctica nefasta e impune de la cultura en que vivimos. Sobre esto los cristianos también tenemos que renovar nuestra mente, rechazar los «criterios del tiempo presente» para que nuestra práctica en las relaciones familiares, como también en el resto de nuestros

---

[6] Estela Somoza, «Familia, género y creencias religiosas», en Marisa Strizzi, Nancy Bedford, Mercedes García Bachmann (editoras), *Puntos de encuentro*, Instituto Universitario ISEDET, Buenos Aires, 2005, pp. 215-238. El capítulo completo de Estela Somoza se incluye en el Anexo 2 de este libro.

vínculos interpersonales, se conforme cada vez más al diseño original de Dios.

No cabe duda de que es necesario superar esta oscura historia de inequidad en que tanto varones como mujeres padecen por su condición de género. Y no se trata de invertir los lugares, como aparece en la historia de aquellos que sufren. Tampoco dar lugar a temores que despiertan los progresos obtenidos por las mujeres en los ámbitos sociales, laborales, intelectuales, etc. Se trata de compartir, reestructurar las relaciones entre varones y mujeres, con el fin de que ambos tengan una mejor calidad de vida y puedan gozar creativamente de la diversidad que ambos poseen.

Es necesario revisar desde la valoración crítica qué responsabilidad le cabe a cada uno de los géneros con el fin de avanzar hacia una forma vincular más justa y equitativa entre varones y mujeres. [7]

«El reino del revés», así se titula una conocida canción para niños de la brillante poetisa argentina María Elena Walsh. En su prolífica fantasía, describe en la primera estrofa:

Me dijeron que en el Reino del Revés
nada el pájaro y vuela el pez,
que los gatos no hacen *miau* y dicen *yes*
porque estudian mucho inglés.

El coro sigue: «Vamos a ver cómo es el Reino del Revés...». Nos hemos acostumbrado a vivir en el «reino del revés», admitiendo todo tipo de maltrato entre los seres humanos como natural, normal y aceptable. A lo sumo nos provoca un momentáneo y tibio rechazo. Y esto no es ninguna fantasía. Es la penosa realidad en la que estamos insertos y de la cual formamos parte.

Daniel Schipani usa una expresión similar, «reino al revés», pero para referirse al reino de Dios:

---

[7] Elsa Beatriz Agüero, *En búsqueda de relaciones igualitarias: Puntos de Encuentro*, ISEDET, Buenos Aires, 2005, p. 185.

El Reino de Dios involucra una transformación social de raíz, incluyendo cambios profundos en la propia existencia personal. La palabra «conversión» (*metanoia*) corresponde al concepto bíblico que alude al proceso que interpretamos como una dimensión de la revolución total y estructural del viejo orden, que el Reino presupone. Como bien señala Boff, Cristo tiene dos exigencias fundamentales: él demanda una conversión personal y postula una reestructuración del mundo humano. La conversión significa cambiar el modo de pensar y actuar de uno a tono con Dios, por lo tanto revolucionándonos interiormente [...] Convertirse no consiste en ejercicios piadosos sino en una nueva forma de existir delante de Dios y de las buenas nuevas anunciadas por Jesús. Conversión siempre implica una ruptura [...] (Lc 12:51-52). Sin embargo, este viraje en el modo de pensar y actuar de uno es vivificante, es para conducir a la persona a una crisis y a decidirse por el nuevo orden que ya está en nuestro medio y es Jesucristo mismo (Lc 17:21).[8]

En el mismo sentido, Westerhoff postula:

> La vida convertida es una existencia revolucionaria contra lo establecido, una vida comprometida con la visión de una comunidad futura que pertenece al Dios de liberación, justicia, paz, una comunidad plena y el bienestar de toda la gente [...] Dios llama a su pueblo para ser la señal de *Shalom*, la vanguardia de la comunidad venidera de Dios, una comunidad de cambio cultural. Alcanzar la convicción de que esta vida contracultural es nuestra vocación cristiana, y ser capaz de vivir esta existencia corporativa en el mundo pero no mundana, precisa de la conversión así como de la formación [...] La iglesia es llamada por Dios, no para ser una comunidad de continuidad cultural en apoyo del

---

[8] Daniel Schipani, *El ministerio educativo de la iglesia*, Editorial Caribe, México, 1993, p. 94.

orden establecido, sino una comunidad contracultural de cambio social.⁹

Las pautas culturales que tanto nos cuesta discernir y cuestionar –ya que no sólo hemos nacido y crecido en ellas sino que aun las encarnamos y transmitimos– también deben ser filtradas a través de una nueva cultura: la cultura del evangelio. Lo que así resulta podría llamarse una «contracultura cristiana», una contracultura que cuestiona y renueva nuestros paradigmas humanos –el conjunto de nuestras creencias– y que por ende transforma nuestra manera de sentir y de actuar. Una contracultura que cambia nuestra propia vida e impacta la de los demás.

En este sentido, en los tiempos que corren la «no violencia» en nuestras relaciones interpersonales es evidentemente una pauta contracultural. ¿Vivimos la cultura de la paz en nuestras comunidades de fe?

> Porque demasiado a menudo lo que [los jóvenes] ven en la iglesia no es contracultura sino conformismo; no una nueva sociedad que encarna los ideales que ellos tienen, sino otra versión de la antigua sociedad a la que han renunciado; no vida, sino muerte. Hoy adjudicarían con prontitud lo que Jesús dijo de una iglesia en el primer siglo: «Tienes nombre de que vives, y estás muerta» (Ap 3:1).
>
> En la medida en que la iglesia se conforma al mundo, y las dos comunidades parecen al espectador como dos versiones de lo mismo, la iglesia contradice su verdadera identidad. Ningún comentario podría ser más hiriente para el cristiano que el contenido en las palabras, «Pero si no eres diferente de los demás».
>
> Porque el tema esencial de toda la Biblia, del principio al fin, estriba en que el propósito histórico de Dios es llamar a un pueblo hacia sí mismo; que este pueblo es un pueblo «santo», apartado del mundo para pertenecerle y obedecerlo; y que su vocación debe ser con-

---

9 John H. Westerhoff, *¿Tendrán fe nuestros hijos?*, La Aurora, Buenos Aires, 1978, pp. 58-59, 89.

gruente con su identidad, es decir, ser «santo» o «diferente» en toda su apariencia y conducta.

Dios lo dijo así al pueblo de Israel poco después de haberlo rescatado de la esclavitud egipcia y de hacerlo su pueblo especial por medio del pacto: «Yo soy Jehová vuestro Dios. No haréis como hacen en la tierra de Egipto, en la cual morasteis; ni haréis como hacen en la tierra de Canaán, a la cual yo os conduzco, ni andaréis en sus estatutos. Mis ordenanzas pondréis por obra, y mis estatutos guardaréis, andando en ellos. Yo Jehová vuestro Dios» (Lv 18:1-4). Este llamamiento de Dios a su pueblo, como se puede ver, comenzó y terminó con la afirmación de que él era el Señor su Dios. Porque era el Dios del pacto de ellos, y porque ellos eran su pueblo especial, debían ser diferentes de todos los demás. Tenían que obedecer sus mandamientos y no dejar que los dirigieran las normas de aquellos que los rodeaban [...]

Sólo cuando la comunidad cristiana viva según el manifiesto de Cristo el mundo será atraído y Dios será glorificado. Así pues, cuando Jesús nos llama hacia sí mismo, es a esto que nos llama. Porque él es el Señor de la contracultura.[10]

La nueva humanidad representada por la iglesia de Jesucristo, la familia de Dios, también puede y debe reflejar este nuevo modo de pensar y de obrar en el ámbito de las relaciones en la familia humana.[11]

¿En qué sentido el evangelio representa una «contracultura» para ser vivida en nuestras relaciones familiares?

En primer lugar, en Jesucristo tenemos la posibilidad de restaurar nuestras relaciones como seres humanos, y más específicamente la relación hombre-mujer, ya que como mencionan René y Catalina Padilla: «En la relación hombre-mujer y mujer-hombre

---

10 John Stott, *El Sermón del Monte*, Certeza Unida, Buenos Aires, 1998, pp. 13-14, 261.
11 Recomendamos sobre este tópico la lectura del trabajo escrito por el pastor y psicólogo argentino Jorge Galli, publicado en la *Revista Kairós* [Número 2 – 2004 (junio): 1-2, 4-7] y reproducido en el Anexo 1 de este libro.

se sintetizan todas las relaciones humanas, con todos sus conflictos y tensiones, sus posibilidades y poder creativo».[12] El propósito original de Dios fue crear al hombre y a la mujer iguales en dignidad y valor, y que ambos y juntos expresaran su imagen y semejanza. Ambos recibieron la bendición del Creador que los habilitaba para desarrollar una tarea en equipo (Gn 1:26-28) y que los hacía responsables ante Él. Este plan recibió la aprobación y el agrado explícitos de Dios: «*Dios miró todo lo que había hecho, y consideró que era muy bueno*» (Gn 1:31). Queda claro, entonces, que en el origen, en el ideal de Dios, si bien hombre y mujer no eran idénticos –se diferenciaban en su sexualidad–, sí eran iguales en su humanidad como expresión de ser creación suprema de Dios. De los mismos autores citados en el párrafo inmediato superior leemos:

> Así, pues, la relación hombre-mujer no puede definirse en términos de una diferenciación jerárquica entre un ser superior y un ser inferior, sino en términos de una diferenciación funcional entre dos seres humanos en pie de igualdad. Según la enseñanza bíblica, la intención central de Dios en la creación de la pareja fue que entre el hombre y la mujer se estableciera un compañerismo íntimo, una dependencia mutua basada en la naturaleza complementaria de los cónyuges. Porque el hombre y la mujer son iguales, ya que ambos fueron creados a imagen de Dios y comparten una común vocación en el mundo, deben respetarse y amarse mutuamente. Porque son diferentes, ninguno de ellos debe negar su función distintiva, querer usurpar el rol del otro, o pretender realizarse en total independencia del otro.[13]

La concepción cristiana sobre la diferencia de sexos no induce a la superioridad y al dominio masculino esgrimidos por el machismo ni autoriza en ningún modo el abuso de poder de

---

12 Catalina F. de Padilla y C. René Padilla, *Mujer y hombre en la misión de Dios*, Ediciones Puma, Lima, 1994, p. 7.
13 *Ibid.*, p. 18.

ningún ser humano sobre otro, sea éste hombre, mujer, adulto, niño o anciano.

Si recordamos que la violencia se expresa en el abuso de poder de los más fuertes sobre los más débiles, y que en una familia, justamente por tratarse de una organización jerárquica y de relaciones asimétricas, compuesta por personas de diferentes sexos, diferentes edades y diferentes roles, se puede propiciar o favorecer la emergencia del maltrato de unos sobre otros, entonces las palabras del Nuevo Testamento nos proponen no sólo un nuevo tipo de relación entre los seres humanos, sino también un nuevo modelo de familia:

> *Así que Jesús los llamó y les dijo: Como ustedes saben, los que se consideran jefes de las naciones oprimen a los súbditos, y los altos oficiales abusan de su autoridad. Pero entre ustedes no debe ser así. Al contrario, el que quiera hacerse grande entre ustedes deberá ser su servidor, y el que quiera ser el primero deberá ser esclavo de todos. Porque ni aun el Hijo del hombre vino para que le sirvan, sino para servir y para dar su vida en rescate por muchos. Mr 10:42-45.*

> *No sean tiranos con los que están a su cuidado, sino sean ejemplos para el rebaño. [...] Revístanse todos de humildad en su trato mutuo, porque «Dios se opone a los orgullosos, pero da gracia a los humildes». 1P 5:3,5.*

> *En esta nueva naturaleza no hay griego ni judío, circunciso ni incircunciso, culto ni inculto, esclavo ni libre, sino que Cristo es todo y está en todos. Por lo tanto, como escogidos de Dios, santos y amados, vístanse de afecto entrañable y de bondad, humildad, amabilidad y paciencia. Col 3:11-12.*

Este nuevo enfoque de la autoridad y de las relaciones humanas en general, aplicado a la familia, permite una transformación de los vínculos en su seno. Si en las relaciones interpersonales el patrón es la mutua sumisión y no la unilateral, en la familia operará el mismo principio. Además, la autoridad no es dada para ejercer dominio y abuso, sino para proteger, guiar, cuidar y ser especialmente considerado con el más débil o el que está en desventaja por cualquier motivo. Debe ser concebido como *liderazgo de servicio*. Así, varones y mujeres podemos encontrar en el evangelio de Jesucristo un nuevo modo de relacionarnos y complementarnos, tanto para felicidad y crecimiento de ambos, como para ser un testimonio viviente de lo que Dios puede hacer en los hogares de los que lo convocan.

Sin embargo, y pese a la riqueza del evangelio en este sentido, la iglesia no siempre asume su tarea de encarnar y fomentar el modelo relacional cristiano en el ámbito de las comunidades humanas en general, mucho menos en el de la familia. Por eso Carlos Pinto, pastor y psicólogo clínico y familiar, desafía a la iglesia para que ayude, en la presente situación de crisis de la institución familiar, a recuperar el sentido de familia saludable.

> En el contexto actual, la iglesia necesita ayudar a construir nuevamente el significado de ser familia [...] Es cierto que los conflictos sociales y económicos han generado una crisis de valores, pero la iglesia está llamada a ser un espacio donde se aprenda cuál es el verdadero papel de la familia y la forma de relacionarse en ella. Por eso, ante los movimientos feministas oblicuos, el incremento del divorcio y el aumento de la violencia intrafamiliar, la iglesia debe desarrollar su rol profético y estimular el aprendizaje del diseño de Dios para la familia.

En otro párrafo añade:

> La Iglesia necesita volverse también proactiva en cuanto al tema de género. La población femenina ha sido impactada por las ideologías feministas y las relecturas teológicas desde el enfoque de género [...] Por eso la Iglesia tiene el deber de acompañar tanto al hombre como a la mujer a releer el significado de ser varón, mujer, esposa, madre, esposo y padre. Debe además ayudar a despejar la confusión sobre roles que ha producido la presente

crisis en la familia, y plantear su propuesta pastoral desde el enfoque de género para corregir ciertas enseñanzas que han promovido relaciones asimétricas y han perpetuado tanto la ideología machista como la violencia que el hombre ha ejercido sobre la mujer.[14]

En la misma línea, la Federación Luterana Mundial también convoca al compromiso de la iglesia cristiana:

> La religión puede servir a menudo de herramienta para oprimir a la mujer. La tarea de la comunidad de fe consiste en afirmar el potencial liberador de la religión tal como se dice en la *Declaración y Plataforma de Acción de Beijing:* "La religión, el pensamiento, la conciencia, las creencias podrían, y de hecho pueden, contribuir a satisfacer las necesidades morales, éticas y espirituales de las mujeres y los hombres y a realizar su pleno potencial en la sociedad". Tenemos que vivir esta expresión y tomar medidas para corregir aquellas teologías, políticas y prácticas que puedan implicar lo contrario... Como comunidad llamada a liberar a todos los oprimidos, es imperativo que la iglesia contribuya a que hombres y mujeres se liberen de una cultura de violencia para llegar a la plenitud de la vida y la comunión. Para desempeñar un rol profético, la iglesia debe perturbar al tranquilo y tranquilizar al perturbado... Como comunidad que influye en los valores, la iglesia tiene que dotar a hombres y mujeres a fin de que no sólo se valoren a sí mismos sino también la imagen de Dios en uno y otro.
>
> La iglesia en cuyo seno se comparten esperanzas y se prodigan cuidados, la iglesia, instrumento de Dios, tiene que ofrecer esperanza y alternativas de vida nueva a las víctimas, y posibilidades de arrepentimiento, reforma y enmienda a los agresores. También tiene que garantizar que las futuras generaciones crezcan en una

---

14 Carlos Pinto, «La Iglesia frente a la realidad de la familia», en *Apuntes pastorales*, Vol. XXIII, Número 2 (enero - marzo 2006): 50-51.

verdadera comunión, no sólo de oyentes de la palabra sino de ´artífices´ del evangelio...

Al mismo tiempo, la iglesia tiene que abrirse a la autocrítica de sus estructuras, políticas, teología y prácticas, porque haciéndolo realizará plenamente su compromiso de ser una comunidad testimonial transformada y transformadora.[15]

Que la participación de la iglesia es fundamental en el tratamiento de la violencia familiar, se ve hasta en la importancia que se le concede en los estudios seculares sobre tema. Incluso en el *Informe Mundial sobre la Violencia y la Salud*[16], entre las principales recomendaciones que la OMS da, se afirma que «se debe prestar más atención a la prevención primaria de la violencia en la relación de pareja», instando a «habilitar a las familias, los círculos de amigos y los grupos de la comunidad, incluidas las comunidades religiosas, para que puedan hacer frente a los problemas de la violencia en la relación de pareja».

La iglesia tiene entonces un importante rol en la *prevención de la violencia familiar* y puede hacerlo prácticamente, por ejemplo, a través de la enseñanza de los parámetros correctos para la relación entre los seres humanos, y más específicamente en la relación hombre-mujer; también en temas que ayuden a adquirir destrezas en la resolución de los conflictos normales que se plantean en la vida familiar. En fin, este rol puede ser desempeñado a través de los programas de educación cristiana por edades, de los talleres para adolescentes y jóvenes, del asesoramiento sistemático y continuado a parejas de novios, del acompañamiento a los matrimonios, etc.

Sin embargo, la acción preventiva de la iglesia no sólo se ejerce puertas adentro del templo, sino también al salir a la comunidad con estos temas tan necesarios a través de charlas abiertas, desayunos para mujeres y para hombres, presencia en los medios de

---

15 Federación Luterana Mundial, *Las iglesias dicen "NO" a la violencia contra la mujer*, pp. 8 y 9. Versión electrónica: https://www.lutheranworld.org/sites/default/files/Las%20Iglesias%20dicen%20No%20a%20la%20violencia%20contra%20la%20mujer.pdf.
16 OMS, *op. cit.*, p. 122.

comunicación (gráficos, radiales, televisivos, Internet), aportes diversos en otras instituciones (por ejemplo, escuelas, asociaciones y centros de salud), etc.

En este sentido me han resultado particularmente interesantes las experiencias en varios emprendimientos promovidos por distintas iglesias evangélicas locales. Por ejemplo en Zárate, provincia de Buenos Aires, lo mismo que en Gobernador Virasoro, provincia de Corrientes, se organizaron conferencias y mesas formadas por distintos especialistas, cristianos y no cristianos, dirigidas a los distintos segmentos etarios de la población, dentro y fuera del ámbito del templo (en el edificio de la Intendencia, en las escuelas, en los medios de comunicación local, etc.). Además de llevar una palabra de esperanza a las víctimas de violencia intrafamiliar, estas intervenciones realizan un aporte importante en materia de prevención de la problemática, especialmente entre la población más joven. Al mismo tiempo, en estos casos la iglesia se presenta, dentro de su comunidad, como un referente lúcido y sensible en el tratamiento del problema de la violencia en la familia. Ante la enorme carencia de recursos educativos, legales y asistenciales, muchísimas veces la iglesia local constituye el único o casi el único lugar de luz y verdad capaz de dar respuestas eficaces a las personas y familias que necesitan orientación y asistencia.

Denuncia y compromiso con la justicia

Como hemos visto, algunos de los peores efectos de la violencia en la familia son el aislamiento, el pacto de silencio y la impotencia que impiden salir del problema y que conducen a asumir un destino casi inexorable. Por eso, además de trabajar en su prevención, la iglesia debe ayudar en el problema de la violencia doméstica mediante la denuncia y un profundo compromiso con la justicia.

Vivir en una sociedad violenta causa los mismos efectos en la población en su conjunto. Llegamos a creer que no podemos hacer nada... sólo callar, protegernos como podemos, encerrarnos –o aislarnos– y soportar pasivamente. Sin embargo, Dios viene en nuestra ayuda, rompe desde fuera el círculo vicioso de silencio e impotencia, y nos encomienda la tarea de poner voz, palabras y acciones a la realidad que vivimos y padecemos.

> Los maestros y pastores de la iglesia de hoy tienen ante sí una inmensa tarea de ayudar a los cristianos a conocer al Dios de la justicia. Nuestros eruditos bíblicos, teólogos e historiadores necesitan cavar hondo en las Escrituras para ayudarnos a entender cómo es que Dios, en su santidad, trata el abuso pecaminoso del poder, y cómo podemos nosotros hacer nuestra parte para «poner en libertad a los oprimidos». Durante el siglo 20 crecimos en nuestra comprensión de la curación de los enfermos. También aprendimos cómo ser una voz de integridad moral en el contexto de una sociedad idólatra y promiscua. Pero tenemos por delante un maravilloso recorrido para comprender el papel del cristiano en un mundo donde el poder se usa para maltratar a los débiles. Y el cuerpo de Cristo no puede asumir su legítimo ministerio de justicia si su mente no ha sido renovada a cabalidad por la Palabra de Dios y echado sus raíces en esa Palabra.[17]

«Ayudar a los cristianos a conocer al Dios de la justicia», dice Haugen. En este sentido podríamos hablar del «rol profético» que la iglesia debe asumir y ejercer responsablemente también en el caso de la problemática de la violencia familiar.

Juan Carlos Carrasco, en su artículo sobre el rol profético de la educación, menciona tres funciones del rol profético: *función formativa, función crítica y función esperanzadora*.[18]

La *función formativa* tiene que ver con ayudar a conocer y aplicar los principios que Dios desea que gobiernen la vida cotidiana de los seres humanos. Ya vimos que la formación de los conceptos e ideas que dan luego sustento a nuestras prácticas

---

17 Gary Haugen, *Buenas Noticias acerca de la injusticia*, Ediciones Kairós, Buenos Aires, 2002, p. 217.
18 Juan Carlos Carrasco, «El rol profético de la educación», en *Revista Kairós*, Número 1 - 2004 (febrero): 17-19.

tiene un alto valor preventivo si son consonantes con la verdad de Dios.

La *función crítica* –no autoritaria– justamente se ejerce a través de la denuncia de aquello que es contrario a los propósitos benéficos de Dios para nosotros. Si bien puede implicar una cuota de incomodidad y desajuste al confrontar nuestras ideas y prácticas equivocadas, es indispensable para no conformarnos a un estado de situación que de tan habitual termina pareciéndonos normal.

Sin embargo, si no existiera una esperanza cierta de cambios a partir del verdadero arrepentimiento de nuestras conductas equivocadas, el cuadro estaría incompleto. El reconocimiento de una problemática, sin la debida salida y sin opciones saludables, genera angustia, desesperanza y ausencia de sentido. Debemos recuperar, como individuos y como sociedad, la esperanza de que se puede ser y actuar de forma distinta a como lo estamos haciendo. A ese tercer elemento del rol profético Carrasco lo llama *función esperanzadora*.

Para Carrasco, estos tres aspectos del rol profético de la iglesia pueden ejercerse desde la educación bíblica, que puede tomar formas diversas y creativas pero que, en definitiva, siempre resulta sanadora.

Ahora bien, ¿en qué consiste la denuncia profética? Sintéticamente, en primer lugar reside en conocer lo que Dios dice sobre la violencia y el abuso de poder entre los seres humanos; en segundo lugar, en ayudar a que se conozca lo que Dios piensa a través de nuestras palabras y nuestras prácticas coherentes con lo que decimos creer en cada uno de los ámbitos en los que nos toca actuar. Denunciar es participar de este doble movimiento hacia Dios y hacia nuestro contexto. Con todo, nuestro compromiso cristiano con la justicia y con la denuncia del abuso de poder que se ejerce sobre los más débiles en el ámbito del hogar se basa en el conocimiento vivencial de un Dios comprometido en este mismo sentido.

Asistencia a personas y familias que sufren violencia intrafamiliar

El compromiso con la justicia no sólo está relacionado con la denuncia y la proclamación de las verdades de Dios, sino que se expresa también en cómo asistimos a quienes sufren violencia.

El amor en una familia saludable se expresa, entre otras cosas, en el cuidado, la atención y la protección del más débil o necesitado. Y ésta debe ser una característica de la familia de Dios. Ya desde el Antiguo Testamento Dios instruyó a su pueblo para que cuidara a los desprotegidos, ya que espera que sea un rasgo distintivo de aquellos que conocen personalmente al Dios que es amor. «*Y al extranjero no engañarás ni angustiarás* [...] *A ninguna viuda ni huérfano afligiréis* [...] *al pobre que está contigo* [...] *no le impondrás usura. Y cuando él clamare a mí, yo lo oiré, porque soy misericordioso*» (Ex 22:21-27, RV60). «*Porque Jehová vuestro Dios es Dios de dioses y Señor de señores, Dios grande, poderoso y temible que no hace acepción de personas* [...] *que hace justicia al huérfano y a la viuda* [...]» (Dt 10:17-18, RV60). En el Nuevo Testamento, el principio de solidaridad y compromiso se renueva y acentúa. Sólo por dar un ejemplo: «*La religión pura y sin mácula delante de Dios el Padre es esta: Visitar a los huérfanos* [también a los hijos abandonados] *y a las viudas* [también a las mujeres divorciadas, madres solteras y solas en general] *en sus tribulaciones* [...]» (Stg 1:27). Y podríamos añadir en el mismo sentido: a todos los que padecen violencia en cualquier forma.

El aislamiento y la soledad aumentan la vulnerabilidad de la persona que padece violencia, porque queda aun más desprotegida, indefensa y carente de esperanza. Justamente la presencia o no de una sólida red de relaciones interpersonales es lo que marca la diferencia al evaluar cualquier situación de sufrimiento y para hacer un pronóstico favorable o desfavorable. Es por eso que, más allá de la familia extendida, los amigos, los compañeros, y aun los profesionales que pueden estar ayudando, es necesario que la familia de Dios se haga presente también como provisión de Dios para el que sufre violencia en el hogar. «*Él librará al indigente que pide auxilio, y al pobre que no tiene quien lo ayude. Se compadecerá del desvalido y del necesitado, y a los menesterosos les salvará la vida. Los librará de la opresión y la violencia, porque considera valiosa su vida»* (Sal 72:12-14). Los cristianos somos la mano extendida de Dios en la tierra, y si consideramos la vida humana de gran valor, nos compadeceremos y prestaremos ayuda a las personas que están oprimidas por el maltrato familiar. Es una de las maneras en que Dios mismo se hace presente en la vida de sus criaturas más débiles o vulnerables.

Y hablando de vulnerabilidad, es bueno recordar una vez más que entre las víctimas de violencia de género, los niños y las niñas, los ancianos y ancianas, las mujeres pobres, las inmigrantes y las que tienen alguna discapacidad están en una línea de aún mayor riesgo. Merecen un cuidado y una cobertura muy especial, tanto en el trato que les damos como en la asistencia integral que requieren (medios económicos, asistencia legal, médica, y todo cuanto haga falta para su recuperación).

Recuerdo gratamente a la joven esposa de un pastor, formada para la docencia hacia personas con capacidades diferentes, que concurría a las instancias de capacitación que *Eirene* ofrecía sobre maltrato en la familia. Ella lo hacía, justamente, con el propósito de asistir en particular a las mujeres sordas víctimas de violencia de género, en especial cuando debían recurrir a los juzgados en búsqueda de soluciones legales. También podría mencionar a maestras con el mismo tipo de capacitación que compran con mucho esfuerzo propio materiales adecuados para sus alumnos sordos sobre prevención del abuso sexual de niños, niñas y adolescentes. Son áreas muy específicas y difíciles en las que muchas mujeres cristianas comprometidas están dispuestas a servir. Son ejemplos a imitar.

Para todo esto se requiere de disposición y sensibilidad hacia las necesidades de las personas. «*Alégrense con los que están alegres y lloren con los que lloran*» (Ro 12:15, DHH). Este texto nos habla de un corazón capaz de empatizar con los tonos emocionales de las personas y de acompañar a otros de manera integral y apropiada en diversas situaciones.

También es necesario romper con el egoísmo que proviene de nuestro propio corazón y de pertenecer a una sociedad individualista y hedonista que promueve la satisfacción personal a cualquier costo. «*Ustedes, hermanos, han sido llamados a la libertad. Pero no usen esta libertad para dar rienda suelta a sus instintos. Más bien sírvanse los unos a los otros por amor. Porque toda la ley se resume en este solo mandato: "Ama a tu prójimo como a ti mismo"*» (Gá 5:13-14, DHH).

Para que la asistencia que intentamos brindar sea útil y adecuada, es necesario pedir la ayuda de Dios para actuar con sabiduría en cada caso, y que el efecto sea restaurador y que no produzca más daño a la víctima de violencia. A la hora de ser más específicos, también son importantes y pertinentes la información y el conocimiento sobre las distintas situaciones que pueden presentarse.

Por otro lado, al ayudar debemos evitar la manipulación y, con ello, la violencia que a veces puede filtrarse junto con la asistencia que deseamos brindar. Podemos manipular al forzar a la persona que viene por ayuda a hacer cosas que no quiere o para las cuales no está preparada. Podemos manipular al esperar que la persona responda como nosotros queremos que responda, o como pensamos que sería correcto que lo hiciera. Podemos manipular al no dar la libertad necesaria para que la persona elija. Podemos manipular al pretender que las cosas se hagan en el tiempo que nosotros esperamos o deseamos. Podemos manipular al inducir culpa y someter de alguna manera a la persona que intentamos ayudar. Resulta claro que no podemos ayudar efectivamente a nadie a liberarse de la violencia intrafamiliar ejerciendo nosotros mismos, desde nuestro rol, algún tipo de maltrato o violencia, por mínimo que sea o parezca. Y la manipulación es justamente maltrato.

Por el contrario, recibir un trato amoroso, respetuoso y dignificante será una experiencia emocional de alto impacto sanador en la persona víctima de maltrato familiar. "Las personas pueden olvidar lo que les dijiste; las personas pueden olvidar lo que les hiciste; pero nunca olvidarán cómo las hiciste sentir" (frase atribuida a Goethe, poeta y dramaturgo alemán). Poco a poco, ellas también irán percibiendo que tienen derechos: a recibir buenos tratos, a ser respetadas, a hablar con libertad, a no tener temor de expresar lo que necesitan y desean, a poner límite a las conductas abusivas de otros, a desarrollar y expandir su experiencia de vida, etc. En el capítulo 3 ya mencionamos algunas maneras prácticas en las que, motivados por el ejemplo de un Padre celestial amoroso e interesado en aquellos que sufren, todos podemos ayudar a los que padecen violencia en el hogar.

La experiencia indica que en las iglesias que tratan donde estos temas en talleres o charlas expuestas desde el púlpito bajo la luz de la Palabra de Dios, y donde se viven saludablemente las relaciones de autoridad y particularmente la relación hombre-mujer, es más factible que las personas –en especial las mujeres– se animen a admitir problemáticas de este orden que posiblemente estén viviendo en los hogares.

La publicación de la Alianza Luterana Mundial referida con anterioridad, especifica a este respecto:

> Medidas positivas que se pueden tomar:
>
> - Manifestar en declaraciones públicas que todas las formas de violencia son pecado porque hacen caso omiso de la imagen de Dios tanto en el autor como en la víctima y que ello nunca debería tolerarse ni excusarse.
>
> - Informar a las congregaciones sobre la realidad de las diversas formas de violencia contra la mujer en la iglesia y en la sociedad, propias del respectivo contexto.
>
> - Fijar un momento preciso del año para abordar la cuestión.
>
> - Incluir la cuestión de la violencia contra la mujer en sermones y programas de catequesis y teología.
>
> - Hacer de la iglesia un lugar seguro donde las víctimas de la violencia pueden dirigirse en busca de seguridad, apoyo y curación.
>
> - Ofrecer posibilidades de curación tanto a las víctimas como a los autores de violencia.

- Asegurar acciones de apoyo y colaboración por parte de los organismos reguladores locales.[19]

Asimismo, en los ámbitos profesionales seculares se reconoce y se valora la función de escucha, consejo y sostén que tiene la iglesia. Por ejemplo, en la *Cartilla para religiosos y religiosas*, publicada por la Asociación Argentina de Prevención de la Violencia Familiar, se afirma que

> según relatan un gran número de víctimas, la iglesia, el templo, la sinagoga, el lugar de culto, es uno de los sitios a los que se dirigen en su desesperación para pedir ayuda y consuelo. Quienes cumplen funciones pastorales y/o eclesiásticas han de tener una capacitación básica y realista de lo que significa un cuadro de violencia familiar para poder orientar eficazmente a quienes pueden estar en peligro de muerte y que ya hayan sufrido graves daños, dado que las víctimas tardan bastante en relatar a alguien lo que sucede en sus hogares.

En este mismo sentido, continúa diciendo:

Las investigaciones demuestran que:

- El 42% de las personas que consultan a profesionales de la salud, buscan primero la ayuda del clero en su comunidad.

- Los hombres y las mujeres que desarrollan tareas en los ámbitos religiosos, reciben, en promedio y por año, casi tantas personas como los profesionales de la salud en la práctica privada.

- En base a lo anterior, los religiosos y religiosas cumplen funciones como protectores de primera línea para gente en crisis, proporcionando primeros auxilios psicológicos y espirituales.

Desde muy antiguo, es tradicional este trabajo de consejería, pero en el siglo XX se fue desarrollando como una

---

19 Federación Luterana Mundial, *op. cit.*, p. 13.

disciplina que requiere entrenamiento apropiado y supervisión. Esta clase de función ministerial insume una importante cantidad de tiempo y de energía, porque muchas personas buscan alivio a sus aflicciones en los templos, iglesias o sinagogas confiando en la palabra de los religiosos o las religiosas como representantes de Dios. También porque se puede acudir con mayor facilidad y economía, ya que, por lo general, se recibe a la gente de la congregación, se la escucha, se la orienta y se la continúa viendo y apoyando. Se trata por lo tanto de un liderazgo constructivo, que recibe mucha información, proporciona alivio a la ansiedad y un marco de contención que favorece la liberación emocional. Por el contacto con la congregación, los y las líderes religiosos/as pueden establecer redes de apoyo social, hacer visitas domiciliarias, reunir recursos, ofrecer la fe como contrapeso a los sentimientos negativos, dar un sentido de apoyo y pertenencia a quienes están solos y aislados, simbolizar una dimensión de significado fundamental para la vida humana. [20]

De igual forma, en el informe de la OMS sobre la violencia y la salud, al final del capítulo 4, se recomienda el fortalecimiento de las fuentes informales de apoyo mediante su ampliación incluyendo, entre otras, las redes de vecinos y de amigos, los grupos religiosos y otros sectores de la comunidad, y los lugares de trabajo: «La manera en que estos grupos informales e individuos respondan determinará si una víctima de la violencia en la pareja adopta medidas o se refugia en el aislamiento y la culpa»[21].

Por lo tanto, además de enseñar, denunciar y vivir con esperanza las verdades del evangelio de puertas adentro, la iglesia de Jesucristo está llamada a ser un testimonio viviente de la verdad de Dios para todo ser humano, extendiendo la esperanza de salud a la sociedad en la que le toca vivir y actuar.

Pero ustedes son una familia escogida, un sacerdocio al servicio del rey, una nación santa, un pueblo adqui-

---

20 Graciela Ferreira, *op. cit.*, pp. 3-4.
21 *Informe mundial sobre la violencia y la salud, op. cit*, p. 123.

> rido por Dios. Y esto es así para que anuncien las obras maravillosas de Dios, el cual los llamó a salir de la oscuridad para entrar en su luz maravillosa. 1P 2:9 (DHH).

Los cristianos, seguidores de Jesucristo, estamos llamados a anunciar vida en una cultura de muerte. «*El ladrón no viene más que a robar, matar y destruir; yo he venido para que tengan vida, y la tengan en abundancia*» (Jn 10:10). La «cultura de vida» que Dios desea de un pueblo que le honra y sirve tiene que ver con el *amor puesto en acción:* la forma respetuosa en que nos tratamos, el ejercicio de una autoridad responsable y que cuida, la protección de los más débiles y necesitados, la promoción de la dignidad y el valor de la vida humana en todas sus formas, la solidaridad que caracterice nuestras acciones, el compromiso con la vida de nuestro prójimo, la voluntad para ser la voz de los que no tienen voz, para denunciar la injusticia y la opresión, para ser luz donde hay oscuridad.[22]

El hecho de ser «extranjeros y peregrinos» en este mundo no nos exime del propósito de Dios de ser sal y luz en la comunidad, de ser un factor de salud y bendición en la misma.

> *Así dice el Señor todopoderoso, el Dios de Israel, a todos los que hizo salir desterrados de Jerusalén a Babilonia:... Trabajen a favor de la ciudad a donde los desterré, y pídanme a mí por ella, porque del bienestar de ella depende el bienestar de ustedes.* Jer 29:4,7 (DHH).

Dice Catalina Feser de Padilla:

> Aunque cautivos y exiliados en un país extraño, el pueblo de Dios tiene ciertas obligaciones y una misión que cumplir en la gran ciudad [...] La palabra de Dios a su pueblo en una sociedad pagana incluye cierta identificación con la gente, una meta en común y una misión: buscar la paz, el bienestar, la vida plena y abundante,

---

22 María Elena Mamarian, «Anunciar vida en una cultura de muerte». *Revista Kairós*, Número 1 - 2004 (febrero): 22-23.

para todos los que habitan la ciudad. El desafío que aquí se le plantea al pueblo de Dios es a no encerrarse en su pequeño círculo, sino trabajar por la paz de nuestra ciudad [...] También a nosotros Dios nos llama a involucrarnos más en actividades de nuestra comunidad que «busquen el bienestar» de nuestra ciudad, en nuestro barrio [...] Babilonia nos desafía a tomar en serio las palabras de Jesús en su oración a Dios registrada en Juan 17: «*No te pido que los quites del mundo, sino que los protejas del maligno. Ellos no son del mundo, como tampoco lo soy yo. Santifícalos en la verdad; tu palabra es la verdad. Como tú me enviaste al mundo, yo los envío también al mundo...*».[23]

Hoy la sociedad se moviliza con mucha efectividad a través de las organizaciones intermedias. Trueques, sociedades cooperativas, comedores y merenderos, grupos de apoyo, y toda clase de asociaciones se crean para la ayuda mutua, para cubrir las necesidades tanto materiales como afectivas de las personas. Como cristianos, si es que vamos a tomar en serio el envío de Jesús, podemos y debemos estar presentes en estos emprendimientos comunitarios, pero también nuestras iglesias locales deben ser especiales espacios de amor y contención, cumpliendo con el diseño de Dios para su pueblo. *«Así que, según tengamos oportunidad, hagamos bien a todos, y mayormente a los de la familia de la fe»* (Gá 6:10, RV60).

Recuerdo particularmente a Sarita (a quien me refiero también en el capítulo 6, dirigido a los profesionales de la salud), y especialmente a la familia cristiana que la cobijó en su hogar y la estimuló a buscar ayuda, colaborando en romper con el abuso al que era sometida en su propio hogar. Esta familia fue un factor decisivo en el proceso de restauración de la joven, haciendo práctico el amor de Dios y la compasión del Padre celestial hacia todos, y en particular hacia los más débiles o desamparados, como es el caso de las víctimas de violencia. Como en el ejemplo que acabamos de mencionar, el papel que asuma una familia o

---

23 Catalina F. Padilla, «La misión de buscar el bien de la ciudad», versión electrónica disponible en http://www.kairos.org.ar/articulo.php?ID=397

una iglesia puede representar la salida y la oportunidad para la víctima de violencia, pero su desinterés y ausencia la pueden hacer cómplice de la continuidad de los golpes. La familia o la iglesia pueden, y por tanto deben, volverse «refugio» para ellas:

> En el mundo desarrollado, los centros para ayuda de mujeres en crisis y los albergues para mujeres golpeadas han sido la piedra angular de los programas de ayuda a las víctimas de la violencia doméstica [...] Desde principios de los años ochenta, en muchos países en desarrollo también han surgido albergues y centros de crisis para las mujeres [...] Donde no es posible organizar un albergue formal, las mujeres suelen encontrar otras maneras de tratar las urgencias relacionadas con el maltrato doméstico. Un método consiste en establecer una red informal de «hogares seguros», por medio de la cual las mujeres en dificultades pueden encontrar albergue temporal en la casa de algún vecino. Algunas comunidades han designado sus lugares de culto –templos o iglesias, por ejemplo– como refugio donde las mujeres pueden pasar la noche con sus hijos para escapar de un compañero borracho o violento.[24]

Las personas que padecen violencia necesitan no sólo comprensión, sino también ayuda práctica. A veces necesitan dinero para resolver alguna necesidad concreta; otras veces, un empleo que las haga más independientes y dignas; otras veces, amparo en nuestras casas o templos; otras más, acompañamiento en la búsqueda de recursos legales y psicológicos específicos.

Como podemos ver, la sensibilidad en el tratamiento del tema, la información y la capacitación adecuadas, junto con la compasión de Cristo, nos harán ayudadores eficaces y nos permitirán demostrar el amor de Dios de manera práctica. Este es el deber y la tarea de la iglesia que invoca el nombre de aquel que nos llama a seguir su ejemplo y a reconocer que nada de lo recibido es para aprovecharlo de manera egoísta, sino para compartirlo con otros:

---

24 *Informe mundial sobre la violencia y la salud*, op. cit., pp. 113-114.

¿Debo agradecer a Dios, si me da de comer y beber solamente a mí? Mi vecino sufre hambre y sed ¿cómo puedo decir entonces: «Señor, gracias por el alimento...»?

¿Debo alabar a Dios si viste solamente mi cuerpo y le da vivienda solamente a mi familia? Mi vecino está desnudo y duerme a la intemperie, ¿debo decir entonces: «Alabada sea la bondad de Dios...»?

¿Debo enaltecer a Dios, si me ofrece salud y libertad sólo a mí y mi vecino está enfermo y oprimido? ¿Debo decir, entonces: «Enaltecida sea la misericordia de Dios...»?

¿Debo realmente agradecer a Dios por haberme escogido justo a mí, mientras miles de hombres viven en tinieblas, y debo orar, entonces: «Gracias, o Señor porque pertenezco a los elegidos»?

Respuesta del Señor

¡Hijo mío! No te doy de comer y de beber tan sólo para que te satisfagas y puedas ser feliz.

Te lo doy para que compartas tu comida con tu vecino hambriento. Satisfecho por ti, él reconocerá mi cuidado y me agradecerá.

¡Hijo mío! No te doy vestimenta y casa para que vivas confortablemente y orgulloso por esto. Te los doy para que protejas a tu vecino del frío y para que tu casa también sea refugio para personas necesitadas; si tienen la experiencia de mi bondad a través de ti, me alabarán.

¡Hijo mío! No te doy salud y libertad para que puedas gozar de la vida sin quejas... Si eres sano, entonces podrás servir a enfermos y viejos y, por ser libre, ayudarás a los oprimidos; si sienten mi misericordia a través tuyo, me enaltecerán.

¡Hijo mío! No te elegí para que te sientas calmo y seguro ahora y por la eternidad. Te escogí como colaborador. Si das testimonio de mi amor manifestado a través de la muerte y resurrección de Cristo junto a tus semejantes, sabrán de mi presencia y de mi perdón y sus tinieblas serán luz y contigo me agradecerán, alabarán y enaltecerán – no sólo en esta vida, sino por toda la eternidad.

¡Delante de ti hay una puerta abierta![25]

Un ejemplo práctico de este compromiso en Buenos Aires es el proyecto llamado "Hechas percha: mujeres unidas contra la violencia". "Hechas percha" significa, en el contexto argentino, estar lastimado, maltrecho, deteriorado, arruinado. De algún modo, es como decir "sobrevivientes", en el caso de la violencia de género.

"Hechas percha" es un emprendimiento de la Comunidad Kairós que tiene como objetivo acompañar a mujeres que han vivido situaciones extremas en sus relaciones de pareja. Algunas de ellas llegan al Centro Kairos lastimadas (física y emocionalmente), extenuadas, solas o con sus hijos muy pequeños, buscando un espacio donde ser contenidas, abrazadas, cuidadas, huyendo de la muerte.

Al poco andar tuvieron la iniciativa de abrir una feria de ropa usada como modo de procurarse un medio de vida para sí mismas y para sus hijos. Esto les permitió tener contacto con las personas del barrio que fueron conociendo y apoyando la iniciativa, y también encontrando un espacio donde informarse sobre la violencia de género.

Nos dice Elisa Padilla, Directora del Centro Kairós y representante legal de la Fundación Kairós:

> La feria `Hechas percha` me parece una experiencia muy válida porque es más que una feria. El contacto con las mujeres es casi cotidiano y es en esta convivencia diaria, con modelos diferentes, contención afectiva, trabajo compartido y muchos mates de por medio, que a lo largo de estos tres años vamos viendo cambios, no solo en las mujeres y sus hijos sino también en los integrantes de la Comunidad Kairos. Dudo que esto hubiera sido posible con encuentros ocasionales. Hay una función de comunidad terapéutica y escuela

---

25 Autor desconocido.

de vida que va gestando entre los participantes un modelo nuevo, no solo de autovaloración sino también de vínculos, educación de los hijos, economía familiar, valores y propósito de vida. La violencia de género (como todo mal humano) es un combo, por lo cual la respuesta también precisa ser un combo.

El problema con nuestras iglesias es que se han convertido en simples comunidades litúrgicas que no ofrecen el roce cotidiano y la práctica diaria del amor. Podemos proveer capacitación y hacer docencia sobre relaciones saludables entre hombre y mujer, y esto puede ayudar a muchos, pero en casos de mujeres tan "hechas percha" dudo que alcance. Justamente hoy nos enteramos de que una familia que anda pidiendo en la calle no vino al culto de la iglesia porque el muchacho (que golpea regularmente a su mujer) esta vez le dio una paliza muy fuerte, aun con su bebé de dos meses en brazos. Justo pasó un patrullero policial y lo encerró por dos días. Sabemos que lo que esta mujer y sus cuatro hijos necesitan es salir urgentemente de ese contexto y que una comunidad la ayude a volver a construir su vida. La experiencia con mujeres en esta situación nos indica que el acompañamiento tendrá que ser súper intensivo, que tendrá que involucrar mucho más que ir a la iglesia los domingos.

Además está todo lo que genera la feria "Hechas percha" alrededor: la feria es un símbolo en el barrio; explicita algo que por lo general se mantiene oculto; concede permiso y ofrece la plataforma para hablar del tema; presenta un lugar seguro donde las mujeres pueden contar lo que les pasa. Lo ideal sería proveer otros servicios en ese espacio, como atención psicológica profesional y asesoramiento legal, pero vamos de a poco. Quizás algún día se cumpla este sueño.[26]

---

26 Elisa Padilla, Fundación Kairos Caseros 1275, (B1602EAF), Florida, Buenos Aires, Argentina. (54) 011-4796-3306, www.Kairos.org.ar

Curación de las heridas: restauración y recuperación de la esperanza

Junto con la prevención, el compromiso con la justicia y la asistencia a personas que sufren la violencia familiar, la iglesia también está llamada a participar plenamente en el proceso de restauración de las personas involucradas en esta problemática.

La expresión máxima de la provisión de Dios para el ser humano es la persona de Jesucristo, quien al iniciar su ministerio terrenal, leyó la profecía que Isaías anunció sobre él:

> *El Espíritu del Señor está sobre mí, porque me ha consagrado para llevar la buena noticia a los pobres, me ha enviado a anunciar libertad a los presos y dar vista a los ciegos; a poner en libertad a los oprimidos; a anunciar el año favorable del Señor.* Lc 4:18,19.

Su breve pero eficaz ministerio dio prueba de ello. Hoy, en ausencia física de Jesucristo, los que hemos decidido seguir sus pasos y pertenecemos a su familia estamos llamados a servir a los demás anunciando las buenas nuevas de salvación integral (que alcanzan todas las dimensiones del ser humano) y llevando consuelo, esperanza y libertad a los necesitados, esto es, en el caso que nos ocupa, a las víctimas de la violencia en la familia, ya que una de las consecuencias de padecer violencia familiar, entre tantas otras, es la pérdida de la dignidad y la esperanza.

Como iglesia de Jesucristo podemos ayudar a recuperar la dignidad de la persona violentada y herida de muchas maneras. No solamente explicándole o informándole que Dios la ama, sino demostrando este amor de manera práctica. Las personas vivimos el amor de Dios no solamente en una relación vertical, sino y especialmente en nuestras relaciones horizontales. El amor de Dios se hace palpable y tangible a través de nuestros vínculos de amor fraternal. Las personas víctimas de la violencia necesitan sentir que Dios mismo condena toda forma de maltrato humano y se compadece de su situación, tanto actual como pasada, a través de nuestra propia compasión.

> *Pues él salvará al pobre que suplica y al necesitado que no tiene quien le ayude. Tendrá compasión de los humildes y salvará la vida a los pobres. Los salvará de la opresión y la violencia, pues sus vidas le son de gran valor.* Sal 72:12-14.

Las personas percibirán que tienen gran valor para Dios y que, por lo tanto, a partir del trato amoroso que les demos, pueden recuperar su propio sentido de valoración, sentido perdido paulatinamente en el trance de la violencia hogareña o directamente nunca tenido.

Del mismo modo se puede recuperar la esperanza. ¿Por qué habrían de tener esperanza las víctimas de violencia familiar, si las evidencias parecen indicar que no pueden salir de esa situación y que todo intento de defensa y cambio está destinado al fracaso? Sin embargo, «*el Señor está cerca, para salvar a los que tienen el corazón hecho pedazos y han perdido la esperanza*» (Sal 34:18, DHH). Dios es experto en restauraciones y devuelve el amor y el sentido a un corazón hecho pedazos. Lo hace especialmente a través de sus hijos, por medio de quienes se acercan a las personas heridas y así les devuelven la esperanza de que, aunque difíciles, se producirán cambios reales en su situación. Esta apropiación de la esperanza es gradual y se hace posible al acompañar a las personas y familias en el proceso de sanidad de las pautas violentas que los han gobernado por tanto tiempo. La esperanza no resulta sólo de palabras de ánimo y aliento y de buenas intenciones del corazón, sino de acciones concretas que permitan transitar un camino de recuperación.

Recientemente conocí a Julia. Es una joven de treinta y cuatro años, que tiene una hijita de tres años. Me provocó sentimientos encontrados. Por un lado, y como siempre frente a estos casos, la pena y la indignación frente a otra historia de violencia de género que pudo haber terminado en muerte. Julia literalmente huyó de la casa donde vivía con su marido –quien la maltrataba y había amenazado con matarla– para salvar su vida y la de su pequeña hija. Sin contexto familiar que la acogiera, vivió por tres meses en la casa de Sandra y Santiago, tan jóvenes como ella, que también tienen una hija. No eran amigos de toda la vida, ni compañeros de trabajo, ni parientes. Se habían conocido ocasionalmente no hacía mucho tiempo. En la casa de este matrimonio cristiano Julia pudo encontrar mucho más que un techo y comida. Encontró cariño, sostén emocional, calor de familia en las fiestas de Navidad y fin de año, cuidado hacia la hija cuando tenía que buscar trabajo y hacer trámites, y el acompañamiento eficaz para lograr que las autoridades proveyeran un amparo perimetral para protegerla. Como corolario, Julia experimentó un renovado sentido de dignidad y valor, a la par de recuperar la esperanza perdida. La iglesia a la que concurren Sandra y Santiago proveyó el dinero necesario para algunas cuestiones básicas de supervivencia (como la garantía para un contrato de alquiler) y también asistencia espiritual: un grupo de oración como apoyo semanal y de presencia diaria, charlas pastorales y más tarde la presentación formal del evangelio que ella ya había leído en las palabras, actitudes y acciones de esas personas cristianas. Hoy Julia tiene un trabajo digno y puede sostenerse a sí misma y a su hija. Continúa necesitando ayuda en otras cuestiones hasta que regularice situaciones legales. La iglesia fue familia para ella y seguirá estando comprometida hasta la recuperación total de Julia. ¡Es posible!

Otras consecuencias muy frecuentes de la violencia padecida son la pérdida de la confianza en Dios y el surgimiento de dudas sobre su carácter amoroso y sobre su interés en sus criaturas. Esto les acontece tanto a cristianos como a no cristianos. Frente a un intenso sufrimiento, es fácil que afloren preguntas de este tipo: *Si Dios es amor y si es todopoderoso, ¿por qué no evitó que estas cosas malas me sucedieran? ¿Hacia dónde mira Dios cuando yo sufro? ¿Por qué Dios me abandonó? ¿Se olvidó de mí? ¿Me está castigando? ¿Por qué Dios permite que cosas injustas les sucedan a sus criaturas? ¿Por qué prosperan los malos y sufren los justos?* Estas y otras preguntas, no siempre confesadas abiertamente, no son una novedad ni constituyen una originalidad. Son algunas de las preguntas que durante siglos se han hecho los hijos de Dios frente a su propio sufrimiento o el del prójimo.

Cuando sufrimos un golpe tan doloroso y devastador, como cristianos nos vemos afectados en dos niveles.

Está el dolor crudo de la pérdida misma, la pena, la amargura, la herida abierta. Pero nuestra pena también está mezclada con preguntas acerca de dónde está Dios cuando sufrimos así. Creemos que él nos ama. Eso es lo que enseña la Biblia. Pero cuando ocurre algo que nos quebranta y nos deja desconcertados, nos preguntamos: «Dios, ¿dónde estás? ¿Por qué me has abandonado? ¿Por qué no respondes? ¿No me oyes? ¿No te importo?». La más profunda agonía para todos nosotros tal vez sea el temor que experimentamos, el temor que aparece cuando nos preguntamos si realmente habrá alguien allá que nos oye y se preocupa por nosotros.[27]

Incluso el texto bíblico contiene este tipo de oraciones:

> *Le digo a Dios, mi defensor: «¿Por qué me has olvidado? ¿Por qué tengo que andar triste y oprimido por mis enemigos?» Hasta los huesos me duelen por las ofensas de mis enemigos, que a todas horas me preguntan: «¿Dónde está tu Dios?»* Sal 42:9-10 (DHH).

> *Señor, ¿hasta cuándo me olvidarás? ¿Me olvidarás para siempre? ¿Hasta cuándo te esconderás de mí? ¿Hasta cuándo mi alma y mi corazón habrán de sufrir y estar tristes todo el día? ¿Hasta cuándo habré de estar sometido al enemigo?* Sal 13:1-2 (DHH).

> *[...] En mi interior medito y me pregunto: ¿Acaso va a estar siempre enojado el Señor? ¿No volverá a tratarnos con bondad? ¿Acaso su amor se ha terminado? ¿Se ha acabado su promesa para siempre? ¿Acaso se ha olvidado Dios de su bondad? ¿Está tan enojado, que ya no tiene compasión? Lo que más me duele es pensar que el Altísimo ya no es el mismo con nosotros.* Sal 77:6-10 (DHH).

> *Señor, ¿hasta cuándo gritaré pidiendo ayuda sin que tú me escuches? ¿Hasta cuándo clamaré a causa de la violencia sin que vengas a librarnos? ¿Por qué me haces ver tanta angustia y maldad? Estoy rodeado de*

---

27 Tom Eisenman, *Trece tentaciones que enfrenta tu familia*, Certeza Argentina, Buenos Aires, 2000, pp. 254-255.

> *violencia y destrucción; por todas partes hay pleitos y luchas. No se aplica la ley, se pisotea el derecho, el malo persigue al bueno y se tuerce la justicia.* Hab 1:2-4 (DHH).

A veces estas preguntas se formulan explícitamente y frente a Dios. Otras se expresan dándole la espalda y guardándole rencor. En otros casos se esconden tras una religiosidad sin vida. Aún en otros se desplaza la ira hacia uno mismo o hacia otros, generando malestar en las relaciones interpersonales. En cualquier caso, abunda la desilusión producida por la aparente ausencia de Dios en medio del dolor, percepción que resulta de la espera de la intervención del cielo y de la aparente falta de ésta, con lo que se comienza a abrir una brecha entre el que sufre y Dios. Obviamente, no porque el propósito de Dios sea no intervenir a favor de los seres humanos, sino porque esta desilusión constituye una reacción humana común frente al dolor, aunque no siempre consciente o deliberada.[28]

Solemos alarmarnos cuando escuchamos en boca de cristianos sufrientes estas preguntas y otros cuestionamientos a Dios, y somos rápidos en censurarlos o acallarlos con respuestas quizás teológicamente apropiadas, pero generalmente carentes de comprensión y de gracia.

Sin embargo, la mayor parte de las veces el que sufre no está esperando una respuesta a sus preguntas en el terreno racional, ya que ellas son una expresión cargada de emoción frente al dolor experimentado y a la ausencia de sentido del mismo. Aquí cobra interés la reflexión de Haugen:

> Con el paso del tiempo he llegado a considerar las preguntas acerca del sufrimiento en el mundo, no tanto como preguntas acerca del carácter de Dios, sino como preguntas acerca de la obediencia y la fe del pueblo de Dios... «¿Por qué Señor, te mantienes distante? ¿Por

---

28 Por otra parte, no podemos ignorar o minimizar el papel del diablo, que pone dudas en el corazón del cristiano justamente sobre el carácter bondadoso de Dios. «*El diablo ha sido un asesino desde el principio. No se mantiene en la verdad, y nunca dice la verdad. Cuando dice mentiras, habla como lo que es; porque es mentiroso y es el padre de la mentira*» (Jn 8:44, DHH).

qué te escondes en momentos de angustia?» (Sal 10:1). Pero gradualmente he llegado a comprender que el problema puede no ser que Dios se mantenga distante; el problema puede ser que el pueblo de Dios se mantiene distante.[29]

Si las sucesivas experiencias de maltrato pueden tergiversar la imagen del Dios de justicia y de amor, los cristianos, expresión tangible de la justicia y del amor de Dios en la tierra, tenemos la responsabilidad de ayudar en la recuperación de la relación con Dios, encarnando nosotros mismos su carácter bondadoso, compasivo y justo. Esto hará más probable que los que sufren estén en condiciones de experimentar la cercanía y el interés personal de Dios en ellos.

> Algunos aspectos de la teología tradicional tienden a condicionar a la mujer a una vida de sufrimiento, sacrificio y servidumbre. Ello ha dado lugar a que el sufrimiento se considere bendición de Dios para edificación personal y expiación de los pecados de los demás. La interpretación errónea del hecho de que Dios enviara a su hijo unigénito a sufrir se ha utilizado a veces para justificar y permitir un sufrimiento injusto. Una teología semejante ha acallado a las víctimas, obligándolas a soportar el dolor... El hecho de que la resurrección de Jesús fue una victoria sobre su victimización puede liberar a las mujeres de una identificación unilateral con el sufrimiento de Jesucristo. ¡Pueden, en cambio, identificarse con el Cristo victorioso! Las alienta a salir del círculo vicioso de la violencia, el temor, modelos y hábitos relacionados con el papel de víctimas. [30]

A continuación transcribimos una reflexión de la pastora metodista Margarita Lais Tourn, una reflexión que si bien fue pensada para sensibilizar a las iglesias sobre la violencia hacia las mujeres, puede hacerse extensiva a cualquier persona que padece violencia u otras injusticias. En el texto la autora propone

---

29 Haugen, *op cit.,* p. 122.
30 Las iglesias dicen "NO"...*op. cit.,* pp. 39-40.

un ejercicio de empatía con el fin de revisar las imágenes y los discursos sobre Dios que muchas veces justifican la violencia o impiden su denuncia. Esta meditación, surgida en el marco del «Día internacional de no violencia hacia las mujeres», se titula *En nombre de Dios*:

> Necesito orar, pero no sé a quién, me falta encontrar el nombre de Dios.
>
> Me han dicho que ore al Padre todopoderoso, pero no puedo. Es que nunca pude sentir que mi padre me escuchara y él también era un dios en casa. Decidía nuestro destino a su capricho, definía por nosotras lo que estaba bien o mal, establecía las leyes...
>
> Necesito orar, sin embargo.
>
> No puedo orar a Jesús, cabeza de la Iglesia (su esposa imperfecta), porque ahí radica mi dolor. Permanentemente se me recuerda que soy tonta, que no sirvo para nada. Hago todo mal y hago enojar a mi marido.
>
> Es desde los magullones del cuerpo y del alma que necesito orar.
>
> ¿Cómo orar al juez implacable si me da más miedo que seguridad?
>
> Tampoco puedo orar al dios que el pastor dice que aprecia mi sometimiento y sacrificio como prueba de fidelidad.
>
> ¿Será realmente mi culpa todo esto? Debo ser yo la que está mal y la única en el mundo tan mala, por eso nadie puede imaginarse que un hombre tan agradable me lastima.
>
> Necesito orar, ¿pero a quién?
>
> Me han dicho que ore al Creador, pero también me dijeron que es quien hizo a las mujeres inferiores, tentadoras, malas. ¿Cómo orar a quien me dio un cuerpo tan imperfecto que justifica tanta represión, que sólo sirve para ser usado, que me hace responsable del acoso que sufro?

¿Cómo orar al Señor, al superior? Si es como mi jefe, no se le puede decir más que halagos, exige buena presencia, sumisión, que haga todas las tareas con excelencia y, además, que le prepare el café por un sueldo menor que el de cualquiera de mis compañeros.

Sin dudas algo está mal y necesito orar.

Orar a la divinidad que me ame, me acepte, me restaure. A la divinidad en cuyo regazo pueda sentirme protegida, segura.

Necesito orar a quien me valore y me ayude a valorarme, a no rechazarme, a saberme capaz de pensar, de hacer.

Necesito orar a la divinidad que me haga digna de dar y recibir amor, digna de ternura. Merecedora del bienestar y el disfrute de mi cuerpo.

Necesito orar a quien me dé discernimiento y no reglas. Me dé amor y no más castigos.

¿Alguien sabe su nombre? ¿Alguien puede decírmelo?[31]

La teología puede ser un poderoso instrumento social y económico. Escuchar las conexiones con la fe que hacen las víctimas puede ser un aprendizaje importante para usted... Sepa que la gracia está presente en la curación y el apoyo de la comunidad para con quien ha sido lastimado. Dios nos llama "a publicar libertad a los cautivos y a los prisioneros apertura de la cárcel" (Is 61:1).[32]

Que cada uno de nosotros que nos llamamos cristianos ilumine, a través de sus actitudes, el camino que lleva a Dios a quienes padecen violencia y necesitan restaurar y recuperar la esperanza perdida.

---

[31] Margarita Lais Tourn, «En nombre de Dios», usado con permiso. Versión electrónica disponible en http://www.selah.com.ar/new/verrecurso.asp?CodigoDeItem=4024.
[32] Federación Luterana Mundial, *Las iglesias dicen "NO" a la violencia contra la mujer. Plan de acción para las iglesias*, p. 53.

Hombres y mujeres, juntos sirviendo a Dios

Quisiera dedicar un párrafo especial para convocar a que hombres y mujeres nos comprometamos a trabajar juntos por el buen trato entre los seres humanos, a la vez que a tomar una postura clara y definida a favor de las víctimas de violencia en la familia.

Como mencionamos en capítulos precedentes, cada vez hay mayor acuerdo en que éste es el mejor camino, ya que no se trata de hombres contra mujeres o de mujeres contra hombres, sino hombres y mujeres a favor de relaciones justas y equitativas, promoviendo juntos el desarrollo de ambos géneros y de las familias que conforman.

Por otra parte, no es un camino que a los cristianos nos sea ajeno. A través de todos los tiempos, y particularmente en Jesucristo, Dios nos ha llamado a hombres y mujeres sin distinción a la reconciliación con él, con el prójimo y con la creación.

> *Por lo tanto, si alguno está en Cristo, es una nueva creación. ¡Lo viejo ha pasado, ha llegado ya lo nuevo! Todo esto proviene de Dios, quien por medio de Cristo nos reconcilió consigo mismo y nos dio el ministerio de la reconciliación: esto es, que en Cristo, Dios estaba reconciliando al mundo consigo mismo, no tomándole en cuenta sus pecados y encargándonos a nosotros el mensaje de la reconciliación. Así que somos embajadores de Cristo, como si Dios los exhortara a ustedes por medio de nosotros: "En nombre de Cristo les rogamos que se reconcilien con Dios".* 2Cor 5:17-20.

Ponemos ahora el énfasis en los hombres porque ya hay muchas mujeres comprometidas en esta causa, y otras muchas que seguramente se añadirán. También es alentador percibir que poco a poco se van sumando más hombres, conscientes de que la lucha contra la violencia de género debe ser una lucha compartida porque hace al valor y dignidad humanas, que Dios pensó para hombres y mujeres por igual.

En ocasión de una consulta regional sobre relaciones de género donde se abordó el tema "Violencia hacia la mujer y misión integral", Peter Grant, Co-Director de *Restored* (Gran Bretaña), hizo una valiente confesión, seguida de una propuesta concreta:

> Estoy aquí como un hombre y cristiano evangélico. Me siento orgulloso de ser evangélico, me regocijo en la gracia que Dios me ha mostrado. Sin embargo, hoy también me avergüenzo de ser hombre y ser evangélico pues por ser varón me siento cómplice de la violencia que se ha generado en todo el mundo contra las mujeres. También me siento también avergonzado de ser evangélico, porque las iglesias se han quedado calladas frente a esta maldad y frente a este abuso. Siento esta vergüenza y esta rabia frente a lo que está sucediendo. Me hago la pregunta: ¿Cómo vamos a cambiar esta vergüenza y esta rabia en acción para transformar la realidad?
>
> En la Biblia hay dos enseñanzas fundamentales sobre las relaciones de género. La primera llama a tratar de mitigar la situación cuando enfrentamos circunstancias que no podemos cambiar. Pero la segunda llama a transformar las circunstancias, transformar la sociedad en lo que Dios anhela...
>
> Este cambio empieza con Jesús... Jesús modeló en su vida relaciones de respeto entre hombres y mujeres, él vino a servir a todos y a dar su vida por todos y creemos que el corazón del evangelio es ceder poder; y la violencia contra la mujer es expresión de poder abusivo. Por lo tanto, el evangelio, bien entendido, es la respuesta al problema de la violencia contra la mujer. Si la iglesia pudiera modelar lo que significa ceder el poder, estaríamos respondiendo a esta problemática: tenemos un modelo que ofrecerle al mundo.
>
> ¿Qué podemos hacer los hombres? Tres cosas:
>
> 1. Lamentarnos. En la Biblia, existen varios casos de personas confrontadas con la maldad, y lamentarse significa ser valiente para aceptar la realidad y no

negar la situación. Significa estar dispuestos a llorar, a sufrir por el daño, por la violencia, por el mal que tiene lugar en el mundo y clamar a Dios por un cambio, orar y buscar su rostro para que esta situación cambie.

2. Arrepentirnos. Pues como hombres hemos sido cómplices de lo que ha sucedido, de nuestras actitudes y de nuestro comportamiento. Arrepentirnos de la pornografía que hay en la sociedad, de la violencia en las familias, aun cuando no las practicamos.

3. Actuar. Acompañar a las mujeres para terminar con la violencia, confrontar a los hombres y modelar buenas relaciones; ceder el poder que tenemos y animarlas, apoyarlas para que presenten su voz en las iglesias y criar a nuestros hijos varones para que la próxima generación sea una generación diferente. Podemos hacerlo juntos.[33]

Es contundente lo que acota Mandy Marshall, Co-Directora de la misma organización, en el trabajo mencionado: "En los lugares donde se han ofrecido los recursos de *Restored*, la primera respuesta ha sido: `así es nuestra cultura´. Como si la cultura fuera algo sagrado e intocable, algo que no se puede cambiar. Cuando vemos el accionar de Jesús en el Nuevo Testamento, encontramos que Jesús fue siempre contracultural. Cuando la cultura mata, la cultura debe cambiar".

La organización cristiana *Restored*, a la que hicimos referencia precedentemente, cuenta con un Programa –*First Man Standing*– dirigido particularmente a los hombres. Lo hace a través de videos, estudios bíblicos y propuestas de toma de conciencia y de acción concreta. Junto con el paquete de recursos para iglesias, son materiales valiosos para consultar e implementar. La ma-

---

[33] Red Miqueas, Consulta regional sobre relaciones de género, *Violencia hacia la mujer y misión integral*, pp. 51-54.

yoría de estos recursos están en inglés, pero algunos ya han sido traducidos al español y están disponibles en su página. [34]

Por su parte y, en la misma línea, la Federación Luterana Mundial también convoca a una "red de solidaridad masculina" y, entre otras cosas, propone:

> *Leer, reflexionar y comprender* sobre el proceso y efecto de las relaciones sociales en la familia, la sociedad y la iglesia; la desigualdad por cuestiones de género; el concepto de poder y de relaciones de poder; las raíces de la violencia.
>
> *Analizar* los propios actos y actitudes que pueden perpetuar el sexismo y la violencia, y esforzarse por modificarlos.
>
> *Condenar* públicamente los comentarios y las bromas sexistas que denigran a la mujer.
>
> *No comprar* revistas, libros, videos, carteles, discos o cualquier otro objeto de arte que reduce a la mujer a un objeto sexual u objeto de violencia.
>
> *Abogar* por una mayor inversión en refugios para mujeres maltratadas. Ofrecerse como voluntario cuando se necesitan hombres para defender la causa, hablar en instituciones educativas, en centros para jóvenes y en reuniones políticas partidarias.
>
> *Organizar* grupos de hombres, o unirse a ellos, en la iglesia y en la sociedad para trabajar contra el sexismo y la violencia contra la mujer. [35]

Algunas de estas propuestas son compartidas por la organización secular *Lazo Blanco*, que desarrolla su acción en varios países del mundo con hombres que están motivados para trabajar unidos en esta causa.

---

34 www.restoredrelationships.org/firstmanstanding
35 *Las iglesias dicen "NO" a la violencia contra la mujer: Plan de acción para las mujeres, op. cit.*, p. 54.

Ban Ki-moon, ex-Secretario General de la ONU, también hizo un llamado a los hombres: "Rompe el silencio. Cuando seas testigo de la violencia contra las mujeres o las niñas, no te quedes de brazos cruzados. Actúa". UNETE es una campaña global promovida por Naciones Unidas para poner fin a la violencia contra las mujeres. Los tres pilares de UNETE de América Latina y el Caribe son:

- No más impunidad. Se refiere a la necesidad de implementar leyes y servicios públicos que den asistencia a víctimas y sobrevivientes.

- No más víctimas. Se insta a promover un enfoque preventivo para transformar las relaciones de género y animar a la resolución de conflictos, sin usar la violencia, tal como mencionamos como rol de la iglesia también.

- Es responsabilidad de todos. Y en este sentido "alienta a la movilización social y participación proactiva de socios no tradicionales, especialmente hombres jóvenes". [36]

Como podemos apreciar, desde distintos sectores de la sociedad se está motivando a una participación más activa de los hombres en la prevención y tratamiento del maltrato contra las mujeres y niñas. Recomiendo ver la presentación TED, de Jackson Katz, "La violencia contra las mujeres: un asunto de hombres". [37]

Sería alentador que los hombres y las mujeres de cada iglesia local –alineándose con el sentir y actuar de Jesús– decidan tomar juntos un compromiso explícito para trabajar a favor de las víctimas de violencia familiar y desarrollar programas tendientes a la prevención del maltrato en cualquier vínculo humano.

Un párrafo final para pastores y líderes

> *No fortalecisteis las débiles, ni curasteis la enferma; no vendasteis la perniquebrada, ni volvisteis al redil la descarriada; ni buscasteis la perdida, sino que os ha-*

---

36 http://www.un.org/es/women/endviolence/latin_america_and_the_caribbean.shtml

37 Ver https://youtu.be/ElJxUVJ8blw

> béis enseñoreado de ellas con dureza y con violencia. Y andan errantes por falta de pastor, y son presa de todas las fieras del campo, y se han dispersado. Ez 34:4-5 (RV60).
>
> Antes fuimos tiernos entre vosotros, como la nodriza que cuida con ternura a sus propios hijos. Tan grande es nuestro afecto por vosotros, que hubiéramos querido entregaros no sólo el evangelio de Dios, sino también nuestras propias vidas; porque habéis llegado a sernos muy queridos [...] así como también sabéis de qué modo, como el padre a sus hijos, exhortábamos y consolábamos a cada uno de vosotros. 1Ts 2:7-8, 11 (RV60).

Al comenzar este apartado tengo en mi mente dos experiencias grabadas a fuego en mi corazón, que quisiera compartir con los lectores.

Paloma

Nunca podré olvidar a Paloma. La conocí a sus veintiocho años de edad. Alta, esbelta, atractiva, preciosa. Sus bonitos ojos azules escondían una tristeza enorme, y sus chistes irónicos sobre sí misma reflejaban una enorme desvalorización de sí misma, incompatible con la realidad percibida desde fuera. Un amigo suyo la había ayudado a realizar una consulta psicológica con motivo del maltrato verbal y emocional que sufría por parte de su esposo, y que día a día estaba deteriorándola en su autoestima y en su salud física. Tanto ella como su esposo eran cristianos. Ella provenía de un hogar donde había recibido maltrato en su niñez. En su infancia temprana perdió a su papá y a su mamá, así que ella quedó a cargo de otros familiares. Además del maltrato emocional por parte de la familia en general, un primo mayor abusó sexualmente de ella durante varios años cuando era niña. En su adolescencia, ella sólo se consolaba esperando el día en que llegara su «príncipe azul» y la rescatara de su triste e injusta realidad. Finalmente, creyó que él había llegado en la persona de Guillermo. Era joven, apuesto, buen mozo, de buena posición económica y un distinguido profesional. Paloma sintió haber alcanzado el cielo con las manos, tanto que no notó durante el noviazgo las incipientes muestras de maltrato que irían en aumento durante el matrimonio. A ella no le molestaba esperarlo largas horas cuando se citaban. Tampoco le molestaba que él la dejara volver sola a su casa a altas horas de la noche, que la subestimara ironizando sobre distintos aspectos de su persona, o tantas otras señales que pasó por alto entonces. No obstante, la desilusión comenzaría muy pronto después casarse. La desconsideración de él durante las relaciones sexuales, las referencias permanentes a su origen humilde, las amenazas de abandono que revivían en ella las tempranas pérdidas sufridas, tocando intencionalmente uno de los puntos más sensibles de su alma; las bromas que escondían siniestras amenazas –como, por ejemplo, insinuar que podría «sufrir un accidente»–, son sólo una pequeñísima muestra del maltrato que ella recibía casi a diario. Sin familia que la respaldara, le sugerí que charlara con su pastor sobre el problema matrimonial que estaban atravesando, pensando que como pareja podrían recibir orientación espiritual junto con la del tratamiento psicológico que ella había encarado. ¡Lamentable error de mi parte! Su pastor desestimó totalmente su relato, minimizó la conducta inapropiada y violenta del esposo y ¡la invitó a someterse aún más! El esposo de Paloma era un influyente miembro de su congregación y obviamente esto tuvo un peso particular en el consejo. Ella se sintió nuevamente maltratada, humillada y decepcionada. Como resultado, Paloma terminó rompiendo su matrimonio y alejándose de la iglesia. Tiempo después, volvió a casarse con un hombre que no era cristiano pero que supo conquistar su corazón tratándola con respeto, cariño y admiración. Nunca olvidaré a Paloma. Es mi oración que, a pesar de que los llamados «ministros de Dios» han hecho lo posible para alejarla de la fe, castigándola y destruyendo la confianza que puso en ellos al abrir su intimidad y relatar su situación, ella vuelva a la fe y pueda ver a Dios como un Padre de amor que abre sus brazos para recibirla y protegerla.

Ágata

La otra historia que difícilmente yo olvide es la de Ágata, una preciosa joven de treinta y dos años. Cuando la conocí, sufría un grave estado depresivo, lo que obligó a que, además de recibir tratamiento psicoterapéutico, fuera medicada. Poco a poco fue relatando el maltrato conyugal del que había sido objeto durante sus años de matrimonio y de noviazgo con Gerónimo. Más allá del tratamiento psicológico y farmacológico que se le administró durante un largo tiempo, la ayuda espiritual que recibió por parte de su pastor fue una pieza vital en el proceso de su recuperación, la misma que también alcanzó a su esposo y obviamente a su matrimonio. Este siervo de Dios supo ver que ella necesitaba ayuda profesional y la guió hacia ella con toda paciencia y amor, estimulando su confianza en un tiempo cuando ella no podía tomar decisiones. No le puso más cargas que las que ya tenía, y fue para ella un respaldo incondicional. Además, supo confrontar al esposo por su conducta equivocada, pero apuntando también a su sanidad. Propició un trabajo de equipo con los profesionales intervinientes, acompañando todo el proceso, sin rivalidades ni competencias. Hoy el resultado es precioso: dos jóvenes restaurados que disfrutan de su matrimonio libre de violencia y en condiciones de ser, juntos, útiles también a otros en el marco de la familia de Dios.

Es claro que la intervención pastoral, funesta o adecuada, marcó una diferencia notable en el desenlace de cada una de las historias relatadas.

Es también indudable que el pastor o el líder de la iglesia (maestro de Escuela Dominical, líder de célula, encargado de la obra, etc.) tiene una gran ascendencia sobre las personas que son miembros de una iglesia o simpatizantes que asisten a los cultos. Por este motivo, suelen ser consultados sobre problemas familiares, de acuerdo con la recepción que las personas encuentren en ellos y en la congregación en general, abrirán ante otros, con mayor o menor dificultad, los temas de violencia que pueda haber en la familia.

Las funciones del liderazgo nos ponen, por lo tanto, frente a grandes desafíos que debemos enfrentar para bendición de los que se acercan heridos y golpeados. Seamos responsables por las tareas que nos fueron confiadas y actuemos como se espera de quienes sirven al Dios que recibe, escucha y protege a las víctimas. ¡Rompamos el silencio!

HOY TENEMOS ALGO QUE PEDIR

Perdón. Por haber aceptado en nuestras iglesias prácticas que silenciaron a las mujeres. Y doctrinas que las menospreciaron, y un doble mensaje de amor + sometimiento del que debimos haber sospechado hace mucho, porque traiciona el espíritu y el ejemplo de Jesús.

Quizás sea tarde. Quizás no. Es hoy.

25/11 Eliminación de la violencia contra la mujer

Pablo Alaguibe, casadelciruelo.wordpress.com

6

Carta abierta a los profesionales de la salud

Los niveles más bajos del infierno están reservados para aquellos que, en tiempos de crisis moral, se mantienen neutrales.

Dante Alighieri

Con suma frecuencia los profesionales de la salud tenemos contacto, en nuestros diferentes ámbitos de trabajo, con personas que padecen violencia familiar. Es posible que un paciente o su familia nos consulten por diversas dolencias, físicas o emocionales, que estén encubriendo relaciones familiares abusivas. En mi experiencia profesional, a excepción de las personas que, coincidiendo con un momento oportuno en el propio proceso de reconocer su situación, se acercaron al terminar de escuchar un seminario o charla sobre el tema, muy pocas me consultaron teniendo claro el diagnóstico de violencia familiar. Como psicóloga, las más de las veces me consultaron por lo que en realidad eran algunos de los efectos que el maltrato sufrido suele causar: depresión, trastornos de ansiedad, dificultades de concentración, trastornos de aprendizaje, labilidad emocional, disfunciones sexuales, inestabilidad laboral, dificultades para lograr un embarazo, estrés, problemas de relación en la pareja, síntomas diversos en los hijos, etc.

Dos profesionales que trabajan en el Hospital Borda, un neuropsiquiátrico de la ciudad de Buenos Aires, refieren una experiencia análoga en el ámbito hospitalario:

> En nuestras observaciones sobre el tema de la violencia desde los Consultorios Externos del Hospital José T. Borda, podemos concluir que, [de los ingresados,] sólo [...] 10 casos [lo hicieron] por vía judicial y de los 30 casos que lo hicieron solicitando espontáneamente tratamiento, sólo 3 fueron derivados por otros servicios y por juez, y en estos casos se necesitó el apoyo de trabajadores sociales y seguimiento judicial. El tema de la violencia no constituía el motivo central del pedido de consulta, si bien se la podía observar tangencialmente en sus discursos y observar en sus signos durante las sesiones, pero en su mayoría no se consolidaban a modo de síntoma para las familias y parejas. Más bien estaban presentes actos agresivos del tipo de las provocaciones, desafíos, injurias, actos hostiles. Tampoco había una clara noción de lo que significaba la violencia, vivenciada como una conducta que formaba parte de los hábitos familiares.[1]

Entiendo que psicopedagogos, médicos en sus diferentes especialidades, odontólogos, etc., también reciben pacientes con diversos síntomas que deben ser tratados intentando develar, si es que lo hubiera, su sentido más oculto. Esto es así debido a que, en la gran mayoría de los casos, las víctimas de violencia en la familia tienen vergüenza y temor de revelar el «gran secreto». Tal «ocultamiento» se debe, por un lado, a que pueden estar bajo amenazas explícitas del abusador, pero por el otro, a que también se suelen sentir amenazadas ante la posibilidad de que la intervención externa en su hogar cause su desmoronamiento, con la consiguiente pérdida de su única «seguridad» (y la conducta abusiva en el hogar, en tanto que conocida y repetida, es «segura»). Debido a que el maltratador así las hace sentir,

---

[1] Mónica Fudin y Gabriel Espiño, «Aportes del psicoanalisis a la consulta hospitalaria de violencia familiar: De la impulsión a la palabra», versión electrónica en http://www.efba.org/efbaonline/fudin-03.htm

las víctimas de violencia familiar suelen sentirse culpables de una situación que no provocan pero de la cual se hacen cargo: creen que seguramente han hecho algo malo como para merecer el castigo de ser abusadas. Es por eso que, incluso cuando son invitadas a denunciar el maltrato, se sienten desleales porque piensan que no deben contar lo que sucede en el seno del hogar.

Sin embargo, otro motivo del silencio de las víctimas es que temen que nadie crea su historia. De hecho, quizás se han atrevido a contar algo en algún momento, pero se han sentido nuevamente maltratadas al no haber sido contenidas, creídas, ayudadas efectivamente... ¡y muchas veces quienes han ocasionado este nuevo maltrato han sido los mismos profesionales de la salud!

A raíz de este ocultamiento de la violencia familiar, el rol que el profesional de la salud desempeña en el tratamiento de sus síntomas inevitables adquiere singular importancia. Si además consideramos que, debido a las terribles consecuencias sobre la salud de la población en general y las implicancias sociales que las características de esta problemática conllevan, la Organización Mundial de la Salud ya no la considera un problema privado, sino uno de salud pública, entonces el problema de la violencia en la familia, además de ponernos frente a la necesidad de una formación adecuada en el tema, nos compromete con cuestiones de ética profesional. Al respecto, dice la reconocida terapeuta familiar Cloé Madanes:

> Un terapeuta no es un observador neutral. Tenemos nuestros propios objetivos, y uno de los más importantes es proteger los derechos humanos de las personas con quienes trabajamos, en particular de los niños [...] Los terapeutas están siendo convocados para proteger los derechos humanos de los individuos, pero también para organizar a los miembros de la familia de modo que éstos hagan lo que es moral y éticamente correcto. La moralidad ha entrado en la terapia. Comenzamos a comprender que lo que es éticamente correcto también es terapéutico. En ningún caso se necesita tanto un enfoque ético como en los problemas de violencia y

abuso, los cuales han alcanzado proporciones críticas en nuestra sociedad. Los terapeutas de la actualidad no pueden eludir tratar a los victimarios y a las víctimas. Al trabajar con estos problemas, debemos adoptar una posición clara sobre las cuestiones éticas. Por lo general somos llamados a decidir sobre cuestiones tales como si un niño fue maltratado, quién podría ser el agresor y cuáles serían las consecuencias para éste y para la familia. Entonces debemos sanar a la víctima, rehabilitar al agresor y evitar futuros abusos. Para ser capaces de hacer todo esto, debemos guiarnos por un fuerte sentido de lo que está bien y lo que está mal.[2]

Sin embargo, en el tema que nos ocupa no sólo se juega el cuerpo y el alma, sino el espíritu. Si los terapeutas tenemos una responsabilidad moral con respecto a las víctimas, los terapeutas cristianos también debemos asumir nuestro llamado a una tarea espiritual en su tratamiento. Sobre la dimensión espiritual de la terapia Madanes señala lo siguiente:

> El incesto y la violencia familiar son los temas de la tragedia griega, la Biblia y de cada religión antigua. Comprendí que en los seres humanos la violencia y la espiritualidad están vinculadas, por lo que ciertas clases de ataques a una persona son ataques al espíritu de ese individuo. Por lo tanto, al entrenar a los terapeutas para trabajar con problemas de violencia y abuso sexual, les enseño a tratar casos de dolor espiritual. Y también observo lo difícil que les resulta a los terapeutas hablar de espiritualidad [...]
>
> Toda nuestra capacitación como terapeutas parece haber sido diseñada para negar la existencia de lo espiritual. Al reflexionar sobre las razones de esto, pensé en el origen del campo de la psicoterapia. En realidad, somos muy jóvenes, ya que nacimos hace apenas cien años. Probablemente, la psicoterapia como campo de investigación se inició con la publicación de los pri-

---

2 Cloé Madanes, *Violencia masculina*, Granica, Barcelona, 1995, pp. 30-31.

meros trabajos de Freud. Cuando éste comenzó a luchar para establecer la psicoterapia como profesión, tuvo que tener cuidado de diferenciarse de la hipocresía que caracterizaba a la religión organizada en la era victoriana. Pero al desechar la religión, también excluyó todo el concepto de espiritualidad.

Hoy, cien años más tarde, nos hemos establecido como profesión, y ya no existe el riesgo de que nos confundan con la religión. Por lo tanto podemos traer de vuelta la espiritualidad al campo de la terapia, y aceptar que nuestra misión no se limita a curar la mente; debe ocuparse también del espíritu, y que sin sanar el espíritu no podemos vivir en armonía unos con otros.[3]

Evidentemente, además de implicar un compromiso con los derechos humanos y con la ética, nuestro trabajo en el campo de la violencia familiar debe incluir al espíritu, tanto el de los pacientes como el nuestro. Si los profesionales cristianos no nos ocupamos de la espiritualidad de nuestros pacientes, ¿quiénes lo harán?

Quisiera ahora compartir algunas vivencias personales y profesionales relacionadas con el tema de la violencia familiar.[4]

No a la violencia familiar: un reencuentro con una vida digna

A pesar de haber tenido a cargo varias presentaciones durante el año sobre violencia familiar, encontré dificultades para abordar el tema en este espacio. ¿Qué podría decirles que ustedes no conozcan? ¿Qué de nuevo podría aportarles? ¿Nuevas estadísticas, cada vez más estremecedoras y contundentes? ¿Líneas teóricas para entender mejor la problemática? ¿O bien repasar con ustedes los aportes teóricos más recientes o controversiales? ¿O recorrer juntos cualquiera de nuestros periódicos con las no-

---

3 *Ibíd*, pp. 31-32.
4 Lo que sigue es una transcripción íntegra de una ponencia que presentara en Colonia del Sacramento, Uruguay, en ocasión del «Encuentro de Profesionales Cristianos de la Salud» (del 10 al 12 de octubre de 2003).

ticias caratuladas «drama pasional» y otros títulos igualmente sensacionalistas, pero que muestran sólo el aspecto más espectacular del drama?

Mientras pensaba en estas cosas, me llamó la atención una palabra: *Encuentro*. «Encuentro Internacional de Profesionales Cristianos de la Salud – Capacitación y servicio a la comunidad.»

Y ahí encontré la punta del ovillo del tema encomendado: violencia familiar. La violencia –¡*familiar*, justamente!– es un *des-encuentro* desde su misma denominación. *Violencia* (cuyos sinónimos son *abuso, maltrato*), significa «uso de la fuerza para someter al otro». Por otra parte, *familiar* deriva de «familia», y a ésta la comprendemos, más allá de la definición que adoptemos y de cómo esté configurada (cada vez en forma menos típica), como el ámbito afectivo diseñado por Dios para que las personas puedan crecer y desarrollarse a través de los vínculos humanos más íntimos: esposo-esposa, padres-hijos, hermano-hermano, etc.

¿Cómo unir «naturalmente», entonces, *violencia – familia*? Es que no se pueden *encontrar* en forma natural ambos conceptos sin «violentar» el sentido que «familia» debería tener. Sin embargo, la realidad nos golpea –nunca más apropiada la figura– todo el tiempo. No ignoramos que la violencia asume características más globales y polifacéticas (entre países, entre clases sociales, en las instituciones, entre equipos deportivos, etc.), pero en este «Encuentro de Profesionales Cristianos de la Salud» nos centraremos en la violencia dentro de la familia, el desencuentro humano más cruel y patogénico.

Recientemente la Asociación Civil *Eirene-Armonía plena* organizó una serie de talleres sobre diversos temas. Me tocó ocuparme, casualmente, del de violencia familiar. Pedí a los talleristas que pensaran en metáforas, imágenes, frases, que vinieran a su mente al mencionar «violencia familiar». Luego tuvieron que plasmarla en un dibujo o representación. Aparecieron así graficadas personas quebradas, hogares divididos, corazones rotos, niños infelices, una gran bota que aplastaba a alguien en el suelo, etc. Pedí entonces palabras que surgieran a partir de los gráficos: fuertes y débiles, control, abuso, poder, dominio, sumisión, indefensión, división, desgarro, sangre, llanto, dolor, tristeza, angustia, soledad, miedo, desborde, preguntas sin respuesta, impotencia, y finalmente *silencio*.

Silencio. He allí una clave. «De eso no se habla», como el título de la famosa película argentino-italiana. El silencio es un pacto siniestro que perpetúa la violencia en la familia. El silencio y el aislamiento son característicos de las familias con serias disfuncionalidades. Y en las sociedades disfuncionales también se hace silencio sobre cosas que deberían hablarse, sacarse a la luz. Aun los profesionales podemos ser víctimas y cómplices del pacto de silencio. Me alegra que en este *Encuentro* no pactemos con la violencia del silencio, o con el silencio de la violencia. Me alegra que no seamos sus cómplices.

Pasemos ahora a considerar algunos fragmentos de historias de vida.

Creo que mi historia profesional comienza cuando aún era muy chica como para comprender cabalmente el sufrimiento humano. Mi historia profesional en realidad no es algo muy diferente de mi historia personal. Pienso que empezó cuando mi madre me sugería, cursando la escuela primaria, que me acercara a mis compañeras más solitarias, a las que tenían algún problema, a las que estaban tristes, a las que las demás rechazaban, etc. Es así que muy pronto aprendí, entre otras cosas, a interesarme por escuchar y ver; *escuchar y ver más allá de las apariencias*. En ese momento no sabía que esto marcaría mi vocación tan fuertemente. Este ejercicio fue practicado por muchos años. Lenta pero vigorosamente, entre juegos, amistades y tareas de servicio fue incorporado a mi identidad. Hasta que, varios años más tarde, se plasmó en el estudio de una carrera universitaria: Licenciatura en Psicología. Pero eso era sólo el comienzo de un largo recorrido que no finalizó aún.

Este *escuchar y ver más allá de las apariencias* me resultó imprescindible a la hora de entender y operar en la problemática de la violencia familiar. Una problemática mucho más frecuente de lo que me hubiera gustado saber y admitir. Una problemática que me desafió a estudiar más de cerca el padecimiento de mis pacientes, y para la cual la Universidad de Buenos Aires, en su carrera de grado, no me había preparado adecuadamente. Una problemática que obliga a ir todo el tiempo más allá de las apariencias, viendo y escuchando lo que muchas veces está escondido entre las cuatro paredes de un hogar, lo que no se muestra en el afuera.

Por ejemplo, esta actitud me ayudó a ir más allá de los síntomas fóbicos y de la personalidad escurridiza de *Sabrina*, quien a pesar de estar casada y tener un hijo, se mostraba temerosa y huidiza como una niña. A ir entonces al trasfondo familiar de origen, y a ver a su papá golpeando a su mamá, y a ésta abusando emocionalmente de la niña. Aprendí entonces que la violencia familiar crea una cadena donde muchos maltratados terminan maltratando a otros, repitiendo una historia sin fin.

O ver que el trastorno de estado de ánimo depresivo con ansiedad de *Analía* era sólo una de las expresiones de un maltrato psicológico cruel, porque no deja huellas «visibles», un maltrato al que había estado sometida por 10 años por parte de su pareja (3 años de noviazgo y 7 de matrimonio). Pero mirando un poco más allá todavía, descubrir que había sido una niña que sufrió abuso emocional también por parte de su mamá, creando entonces un terreno fértil de baja autoestima y culpabilidad para aceptar posteriores maltratos. Aprendí entonces que la violencia familiar es terrible, entre otras cosas, por su poder multiplicador en forma de «modelos aprendidos» que, a menos que alguien rompa la cadena, se repiten de generación en generación. Y también aprendí con *Analía* que el maltrato emocional (en forma de críticas constantes, amenazas, burlas, desprecios, palabras crueles, exigencias desmedidas e interminables, etc.) puede dejar huellas más duraderas que el maltrato físico, y que es difícil de probar y mostrar. Sólo lo puede ver el que se anima a ver un poco más allá.

Ver y escuchar más allá de las apariencias me permitió entender por qué tres hermanos de una misma familia padecían diversos trastornos, aparentemente inconexos, pero fuertemente enlazados a su historia en común. *María* comenzó con un trastorno de ansiedad grave poco después de casarse; *Soledad*, a pesar de estar medicada, tenía crisis epilépticas repetidas no totalmente justificables orgánicamente, y no podía quedar embarazada; y *Marcos*, el hermano mayor, tenía serias dificultades sexuales en su matrimonio. Los tres hermanos se habían sentido culpables y responsables por el bienestar de sus padres desde muy chicos. Los tres hermanos pertenecían a una familia en la que las fronteras individuales, físicas, emocionales y sexuales no eran respetadas. La madre transgredía activamente la intimidad de cada uno de los hijos, manipulándolos y violentándolos, mientras el padre se mantenía pasivo frente a tal situación. Aprendí, a través del sufrimiento de los tres hermanos, que nadie queda a salvo en una familia donde hay maltrato, aunque las consecuencias tengan distintas expresiones.

Ver y escuchar más allá de las apariencias me sirvió para entender que lo que se presentaba como un caso de homosexualidad masculina en *Roberto* era también una triste expresión del abuso sexual padecido reiteradamente por parte de los hombres de su familia, y del abuso emocional que ejercían padres débiles y cómplices, que «miraban para otro lado». Aprendí, entonces, que el maltrato no sólo es de hombres contra mujeres, sino de cualquier ser humano contra cualquier otro ser humano más vulnerable, ya sea por su condición (por ejemplo, discapacitados), edad (niños y ancianos), sexo o el rol que ocupa. O sea, se trata del abuso de poder ejercido dentro de la familia, entre cualquiera de sus miembros, y en cualquiera de sus formas: físico, psicológico o sexual.

Ver y escuchar más allá de las apariencias también me ayudó a entender que la incapacidad de *Viviana* de concebir un hijo, así como sus frecuentes estados depresivos cercanos muchas veces al suicidio, se relacionaban con el abuso sexual del que había sido víctima por parte de su padre durante toda su infancia, con la complicidad y el silencio de la madre. También me pregunté por qué los pediatras que la habían atendido en su niñez no vislumbraron que sus múltiples síntomas físicos podían obedecer a la causa mencionada. Aprendí, entonces, que los profesionales muchas veces no contamos con los conocimientos específicos sobre el tema, o no sabemos cómo «meternos» y actuar dentro de un ámbito supuestamente privado como es el de la familia.

Ver y escuchar más allá de las apariencias me permitió ver que en el matrimonio de *Sandra y Javier*, a pesar de que decían amarse y no poder vivir separados, había violencia cruzada, violencia ejercida desde ambos lados de la pareja. Claro, se trataba de un amor enfermizo o inmaduro, y en él ambos eran víctimas y victimarios a la vez. A pesar de ser tan diferentes tenían una cosa en común: no habían aprendido, en su hogar de origen, a comunicarse de manera efectiva y solucionar los conflictos normales de cualquier relación humana. Ella lo agredía verbalmente para lograr su atención, y él la «mataba» con la indiferencia, porque pensaba que ese era el modo de no «tirar más leña al fuego». Así aprendí que muchas veces la violencia aparece como un modo equivocado de resolver los conflictos y aliviar las tensiones propias de la vida.

Ver y escuchar más allá de las apariencias también me permitió vislumbrar que detrás de la fachada seductora y simpática de *Marcelo*, o de la compostura, coherencia y buenos modales de *José Ignacio*, y aun de la religiosidad y escrupulosidad de *Matías*, se escondían la violencia y el abuso de poder contra sus esposas propios del machismo, expresado en conductas de control del dinero, de las amistades, del tiempo y de las actividades de ellas, y en los celos y las actitudes posesivas, llegando incluso a la violencia física y sexual. Pero si me esforzaba un poco más, también podía ver al niño maltratado, física o emocionalmente, que había dentro de los cuerpos adultos de estos hombres, sin que ellos mismos lo supieran o admitieran. Aprendí, entonces, que detrás de un maltratador hay siempre una persona débil, con una concepción equivocada de lo que es ser un hombre, con una gran incapacidad para conectarse con sus estados emocionales profundos, con pocos recursos afectivos y efectivos para desarrollarse satisfactoriamente en relaciones significativas de intimidad. Carencias graves y dolorosas que, con el fin de lograr sentirse fuerte y seguro, el maltratador encubre con toda clase de maniobras para dominar y someter al otro.

Ver y escuchar más allá de las apariencias me sirvió para desconfiar de los arrepentimientos rápidos y conmovedores después de las descargas violentas de *José*, especialmente cuando su esposa hablaba de contar al pastor de su iglesia lo que sucedía o consultar con un profesional de la salud. Aprendí que la violencia siempre produce daños, incluso cuando no se ha tenido la intención explícita de provocarlos; pero también que siempre hay que dar un voto de confianza a la persona que quiere cambiar, aunque «buenas intenciones no bastan», por lo que este propósito debe traducirse en una búsqueda de ayuda externa capacitada y sostenida, que sea garante real de los cambios que han de producirse, y que debe incluir un buen tiempo de rehabilitación y nuevo aprendizaje en ambos miembros de la pareja.

Ver y escuchar más allá de las apariencias me ayudó a sentir compasión y ternura por *Julián*, quien cargaba con la etiqueta de abusador emocional que le puso su esposa, según le habían dicho, pero sin entender de qué se trataba ni cómo solucionarlo. Su silencio, su introversión, su aparente indiferencia e incapacidad para tratar adecuadamente a su esposa, que él mismo llamaba egoísmo, escondían a un niño abandonado primero por su padre al que nunca conoció y luego por su madre que lo dejó al cuidado de una familia que sólo le proveyó alimento material; un niño que tuvo que aprender a comerse su tristeza y soledad para sobrevivir. Aprendí a trascender los rótulos con que muchas veces los profesionales etiquetamos las dolencias humanas, y que con paciencia, comprensión y cariño se puede ayudar a crecer a una persona que se vio detenida en su crecimiento por falta de estímulo y amor, elementos vitales para el desarrollo emocional humano.

Ver y escuchar más allá de las apariencias también fue útil para vislumbrar que, en el hogar de *Marta y Facundo* o en el de *Teresa y Rogelio*, eran ellas las que desplegaban una violencia activa sobre sus esposos e hijos. Ambas habían sido testigos de la violencia entre sus padres cuando eran niñas. Ambas, sin saberlo, se habían identificado con el papá violento y habían asumido el rol de defensa que sus madres no ocuparon. Ambas habían decidido no ser mujeres golpeadas como sus madres, pero no pudieron salir de la trampa del maltratado que se convierte en maltratador. Aprendí entonces que ser testigo de violencia en la infancia también es padecer violencia y que es un modelo que puede copiarse asumiendo alguno de los roles contemplados: el de la víctima o el victimario. Aunque en proporción ínfima respecto del maltrato masculino, a veces las mujeres pueden ejercer violencia en la pareja y, en muchos casos, ser la maltratadora de los hijos.

Ver y escuchar más allá de las apariencias me sirvió para comprobar el fenómeno de la «naturalización» de la violencia. Naturalización de la violencia a través de frases tales como «todas las mujeres de mi casa fuimos abusadas sexualmente», «los hombres son así», «nací sufriendo y éste es mi destino», «todos los alcohólicos lo hacen», «en esta provincia es muy común», «algo de esto siempre pasa en las familias», «los hombres tenemos que mostrarnos fuertes», «a las mujeres hay que tenerlas cortitas», «les pego a mis hijos por su bien», etc. A través de todas las consecuencias indeseables y dolorosas, físicas, emocionales, espirituales y relacionales que el maltrato familiar produce en las personas, en las familias y en la sociedad toda, aprendí que la violencia no es natural, que es una conducta aprendida que se puede desaprender, y que es posible volver a aprender nuevos modos sanos de relación entre los miembros de una familia.

También me conmovió profundamente la historia de *Juana*, que padecía múltiples trastornos físicos, al mostrarme cómo los que sufren o han sufrido violencia pueden padecer una «doble victimización» cuando las personas que supuestamente están para ayudarlas (psicólogos, médicos, consejeros, religiosos, o los representantes de la ley) sospechan de su relato y no les creen, minimizando su experiencia o incluso culpabilizándolas por lo vivido, por no haber salido de la situación antes, por permitirla o aun por haberla provocado de alguna forma, mostrando así su ignorancia sobre el tema. Dupliqué, entonces, mis esfuerzos para tratar con mucho respeto y cuidado a la víctima de maltrato, sabiendo que mi indignación puede ayudarla a recuperar su dignidad injustamente perdida. Pero también aprendí que, para evitar una mala praxis que resulte en mayor dolor para la víctima que viene en busca de mi ayuda, a la sensibilidad humana hay que agregarle –responsablemente– una buena dosis de capacitación.

Escuchar y ver más allá de las apariencias me permitió advertir que la problemática en la zona rural de una de las provincias más pobres de la Argentina, Tucumán, es similar a la de los barrios más ricos de la ciudad de Buenos Aires, o a la de la zona norte de la ciudad en la que viven comerciantes y profesionales muy ilustrados que también ejercen violencia dentro de su propia familia. Y que el maltrato en la familia tampoco es privativo del tercer mundo, por carecer de recursos económicos o educativos. Lo vi de cerca en el país supuestamente más poderoso del mundo. Aprendí que la violencia familiar no reconoce ni fronteras geográficas, ni económicas, ni sociales, ni educativas, ni siquiera religiosas.

Pero también *escuchar y ver más allá de las apariencias* me permitió conocer no sólo las miserias y tribulaciones del ser humano, sino también su poder de recuperación más allá de las terribles adversidades a las que puede estar sometido. Esa es la capacidad que hoy las ciencias humanas y sociales llaman «resiliencia», concepto que originalmente acuñó la Física para describir la cualidad de ciertos metales para recuperar su forma original luego de haber sido sometido a presiones de todo tipo.

Hace poco pude ver tal potencial de resiliencia al vivir una experiencia imborrable con 350 adolescentes de un lugar del interior de mi país. Estos chicos, después de escuchar atentamente una charla sobre violencia familiar durante 40 minutos, ¡hicieron 150 preguntas relacionadas! Aprendí que los adolescentes y jóvenes, a veces violentos, también padecen violencia en sus hogares, y que sufren por sí mismos y por sus padres y hermanos. Observé que los adolescentes y jóvenes, acusados muchas veces de ser los protagonistas de la violencia, son ellos mismos, a través de políticas de marginación y exclusión, el blanco de la violencia social. Noté que el sufrimiento que les causa, a veces lo intentan apagar con el alcohol o con las drogas, pero que no saben con quién ni cómo compartirlo para recibir la ayuda adecuada. Aprendí que hay que hacer mayores esfuerzos en la prevención pero también en la provisión de alternativas sanas para que las generaciones jóvenes tengan otros modelos de relación entre los seres humanos, más equitativos y dignos. Aprendí que es bueno unir esfuerzos desde los distintos ámbitos de la comunidad, como los que reúnen a las Mujeres Bautistas en Argentina en el marco de cuyo programa de prevención de la violencia familiar a nivel nacional pude encontrarme con los adolescentes mencionados, en un esfuerzo común entre la escuela pública, la iglesia evangélica, y los medios masivos de comunicación locales.

Otra persona con capacidad de resiliencia admirable es *Miriam*, que luego de transitar 30 años de su vida al lado de su esposo, un profesional muy capaz intelectualmente pero también con mucha capacidad destructiva, hoy resurge, a los 50 años, habiendo criado hijos preciosos bajo situaciones emocionales muy adversas, y recuperándose gradualmente, ella y sus hijos, del maltrato psicológico y patrimonial sufrido. El secreto de su capacidad de resiliencia es su fe, que la mantuvo viva y con la capacidad de soñar sueños de restauración. En esos años en los que ella estuvo prácticamente recluida en el hogar sin acertar con la salida adecuada, hubo una persona que se mantuvo cerca, compartiendo su fe y sus oraciones, ayudándola a seguir fortalecida y esperando el tiempo en que *Miriam* pudiera salir del maltrato crónico. *Miriam* es una sobreviviente, como Víctor Frankl lo fuera de los campos de concentración, por su sentido de trascendencia, lo que le permitió ver más allá de sus circunstancias y proyectarse a un futuro lleno de esperanza. Hoy está más libre y sana que nunca, ayudando a otras mujeres que también transitan por este proceso de encuentro consigo mismas y de recuperación de la dignidad.

Sara ilustra brillantemente un ejemplo más de esta capacidad de resiliencia. *Sarita* es una joven preciosa. Nació en un hogar violento; convivió con la violencia conyugal de sus padres hasta los cinco años de edad, cuando ellos se divorciaron. Tiempo después, y durante parte de su infancia y adolescencia, *Sarita* tuvo que soportar el abuso sexual de parte de un familiar cercano. El miedo, la culpa, la humillación y la confusión la acompañaron siempre. Hoy, cada vez son menos frecuentes las pesadillas y los «flashbacks», propios del estrés postraumático crónico que suelen padecer las personas que han sido víctimas de abuso sexual. Pero hubo un dato en su historia que afirmó su capacidad de supervivencia y recuperación: una amiga y su familia la cobijaron, la abrigaron, la consolaron, la respaldaron y la ayudaron a pedir ayuda especializada. Aprendí con *Sarita* que también la resiliencia puede fomentarse a través del apoyo de personas que se interesen de verdad en el otro, que ayuden a reparar la autoestima dañada, a volver a confiar en una misma y en el prójimo, a superar la indefensión aprendida creyendo que la recuperación es posible. Hoy *Sarita* está a punto de terminar su carrera universitaria. Está casada y tiene un hogar feliz. Parte de su recuperación consistió en confrontar a su madre con lo sucedido y en alentar a su hermano a pedir ayuda externa. Confrontado con su responsabilidad por el aberrante abuso cometido, también el agresor está recibiendo atención especializada. Ahora, el mayor interés de *Sarita* es que en su familia pueda cortarse definitivamente esta sucesión generacional de maltrato, y ser ella misma una promotora de resiliencia al ejercer su profesión.

Habíamos comentado al comenzar que la violencia familiar es un *desencuentro amparado en el silencio*; un desencuentro donde las personas pierden la dignidad y el valor que les son esenciales. Les agradezco porque en este Encuentro de Profesionales Cristianos de la Salud se ha permitido romper el silencio.

Que este Encuentro sea un verdadero encuentro con los verdaderos valores de la vida, un encuentro entre profesionales comprometidos con su vocación de servir al prójimo, un encuentro con la dignidad y el respeto por el ser humano, un encuentro más allá de los roles y el género, un encuentro con la salud de las relaciones interpersonales en todos los ámbitos.

Un encuentro, dentro y fuera de la familia, con nuestros semejantes y con nuestro Creador, de quien proviene nuestro sentido de trascendencia y valor.[5]

La idea de compartir este recorrido es que todos los profesionales cristianos de la salud podamos comprometernos, desde nuestra preciosa función, a capacitarnos mejor, y que así ayudemos a prevenir, detectar y acompañar a las víctimas de la violencia en la familia. La capacitación adecuada también nos permitirá, cuando la situación exceda nuestras posibilidades, ser oportunos en la derivación.

---

5 Hasta aquí el texto de la ponencia.

Para terminar, qué bueno sería hacernos eco de la declaración de Jesús, quien resumió el foco de su ministerio en estas palabras:

> *El Espíritu del Señor está sobre mí,*
> *por cuanto me ha ungido*
> *para anunciar buenas nuevas a los pobres.*
> *Me ha enviado a proclamar libertad*
> *a los cautivos*
> *y dar vista a los ciegos,*
> *a poner en libertad a los oprimidos,*
> *a pregonar el año del favor del Señor.*
>
> Lc 4:18-19

Que así sea.

ANEXO 1

FAMILIA, IGLESIA, VIOLENCIA... [1]

Por Jorge Galli

Hace ya tiempo que se sabe que en algunos hogares e iglesias hay nichos de violencia. Por vergüenza, impotencia o comodidad, hemos preferido silenciarlo. *Es tiempo de que los cristianos evangélicos empecemos a enfrentarnos con nuestras partes enfermas.*

¿Por qué relacionar la violencia con dos instituciones como la iglesia y la familia? Porque en gran parte de la sociedad occidental, ambas realidades sociales mantienen entre sí relaciones de correspondencia y simetría, pero también de tensión y oposición: Familia e iglesia intercambian términos entre sí; Dios es llamado Padre, y «padre», a su vez, es el sacerdote. Los miembros de una comunidad religiosa son «hermanos» y «hermanas» entre sí, al igual que en las relaciones entre miembros de una misma prole. En algunas confesiones tampoco puede faltar la referencia a una «madre».

La mayoría de las metáforas utilizadas en libros sagrados como la Biblia para referirse a la relación de Dios con el ser humano se toman del ámbito familiar.

Familia e iglesia comparten una normativa que les es común, en ambas existen creencias, ritos, costumbres, preceptos, tabúes y celebraciones integradoras de todos sus miembros.

---

[1] Publicado originalmente en *Revista Kairós*, Número 2 - 2004 (junio): 1-2, 4-7.

Familia e iglesia pueden ser legitimadoras del orden establecido, pero también pueden ser generadoras de luchas y resistencia, y motivar cambios en la sociedad a la que pertenecen.

Familia e iglesia pueden adquirir diferentes formas y finalidades según el momento histórico o el sector social al que pertenezcan. Lo llamativo es que tales diferencias generalmente las encuentran unidas. Lo que interesa a una atrae también a la otra.

Es indudable que estas dos instituciones sociales cumplen funciones esenciales a lo largo de gran parte del desarrollo de la humanidad, de modo que ninguna de las dos podría concebirse en su estado actual sin la intervención de la otra.

1. EL MITO

Ahora bien ¿cómo es posible hablar de violencia en dos comunidades que nacieron para el refugio, el abrigo, la contención y el consuelo?

Esta contradicción no deja de entristecernos e incomodarnos, pero precisamente por eso es necesario instalarla como tema de debate con un doble propósito: el de máxima, desactivar hasta donde nos sea posible la violencia residual que se incuba en ambas instancias; el de mínima, destruir el mito de la familia y la iglesia ideales, que la Biblia nunca alentó a creer.

Ni los datos empíricos ni las Sagradas Escrituras permiten idealizar ambas instituciones. Desde Caín y Abel, Jacob y Esaú, por mencionar sólo algunos ejemplos de fraticidio y violencia, hasta pleitos en iglesias como la de Corinto, *la Biblia siempre ha sido franca con nosotros: ambas instituciones están atravesadas por el estigma de la violencia.*

La historia también muestra amargos exponentes de violencia, tanto eclesial como doméstica: las Cruzadas y la Inquisición, por el lado de la Iglesia Católica; el Consistorio, en Ginebra, y la Guerra de los Campesinos, en Alemania, por el lado de la iglesia protestante.

Si estas cosas ocurren, ¿por qué hemos tardado tanto tiempo en hablarlas? La declaración de la Unión Femenil Bautista de

América Latina (UFBAL) indica una serie de mitos o utopías que han silenciado o postergado el debate sobre el tema:

- La *utopía idealista* de que la familia cristiana está exenta de interacciones violentas.
- La *utopía ingenua* de que una familia, por ser cristiana, está libre de conflictos.
- La *utopía ilusoria* de una paz familiar basada en relaciones de poder y desigualdad.
- La *utopía absurda* de que para estabilizar la familia de hoy es necesario volver a los antiguos modelos de familia patriarcal.
- La *utopía incoherente* de que la evangelización excluye la misión integral del ser humano.
- La *utopía cándida* de que el cristiano está obligado a soportar el maltrato y no hacer nada para protegerse y evitarlo.
- La *utopía evasiva* de pensar que la violencia no es asunto nuestro.
- La *utopía conformista* de que si nos resignamos y aceptamos el maltrato, Dios nos premiará.
- La *utopía fantasiosa* de que la salvación nos promueve de la casa al cielo.

Agregan las cristianas bautistas latinoamericanas: «Es tiempo de que la iglesia rompa el silencio, ya que la violencia intrafamiliar es un problema social del que todos tenemos que responsabilizarnos».

2. Origen de la violencia eclesial y doméstica

«¿De dónde surgen las guerras y los conflictos entre ustedes?» (Stg 4.1). Parafraseamos: ¿De dónde viene la violencia en la iglesia y en la familia?

En primer lugar, comencemos por lo más profundo del ser humano: el inconsciente. El creador del psicoanálisis, Sigmund

Freud, señaló que *en el hombre habitan dos pulsiones opuestas entre sí, una destructiva y otra creativa: tánatos y eros, pulsión de muerte y pulsión de vida, y ambas se entretejen en un mismo corazón o en una misma comunidad.* El hombre puede llegar a ser la criatura más tierna de la creación, pero también puede llegar a ser más cruel que los lobos. Que la especie humana haya sobrevivido a sus ansias de exterminarse unos a otros podría entenderse como un verdadero milagro, si no fuera por esa otra capacidad del ser humano de crear y amar.

Ni en la familia ni en la iglesia las personas tienen inmunidad contra esta pulsión destructiva. *Todos llevamos un genio salvaje dentro nuestro y es bueno ser conscientes de ello, si es que al menos queremos domesticarlo.* Lutero lo sabía: «Creí haber ahogado al viejo hombre, pero el muy maldito sabía nadar.»

El consejo de Pablo a los padres (Ef 6.4) de no hacer enojar a los hijos, ¿no sería un límite a la furia desatada de un padre? La amonestación de Pedro a los pastores: «No sean tiranos con los que están a su cuidado» (1P 5.3), ¿alcanzaría para contener lo arrebatos autoritarios de algún presbítero? *Sea en la iglesia o la familia, parece que la tendencia agresiva que todos llevamos adentro no conoce de límites sacros o domésticos: irrumpe en ambas por igual.*

En segundo lugar, si queremos determinar el origen de este instinto de muerte, debemos mirar la familia y la iglesia como organizaciones sociales que tienen en común el ser altamente conservadoras.

En un trabajo de investigación reciente (2003), que realicé sobre treinta familias pertenecientes a una congregación evangélica del conubarno bonaerense, detecté la vigencia del 75% de las costumbres, tradiciones y valores que los reformadores del siglo 16 enseñaban a las familias de sus congregaciones. En efecto, familia e iglesia tienen en común ser sostenedoras de lo establecido.

Los conservadores se preocupan de conservar la identidad; los progresistas, de encarnarla y renovarla con dinamismo y creatividad. Ordinariamente, los conservadores son los que tienen el poder y la autoridad. En general, la mayoría de los que pasamos los cuarenta años tendemos a ser más conservadores que progresistas. Y es natural que así sea: tendemos a *conservar, retener y guardar* aquello que ya sabemos, hemos alcanzado y dominamos. *El problema surge cuando las personas e instituciones conservadoras se imponen de formas violentas para mantener sus tradiciones y el statu quo institucional.* Y cuando pensamos en los tres jinetes de la violencia institucional religiosa –el fundamentalismo, el dogmatismo y el autoritarismo–, no nos referimos necesariamente al extremo talibán.

3. Dormir con el enemigo

En su reciente libro *Las redes del odio,* Marcos Aguinis analiza las formas violentas dentro de la iglesia y la familia, y desenreda la trama oculta del protestantismo en Ginebra. En esta ciudad, Calvino –quien había dicho: «Dios me ha dado la gracia de declarar qué es bueno y qué es malo»– creó una policía eclesiástica que tenía la prerrogativa de invadir el espacio doméstico. Toda la familia tenía que someterse a estos husmeadores profesionales. Se examinaba a sus miembros para ver si sabían de memoria las plegarias, y éstos debían explicar porqué no habían concurrido a una prédica de Calvino. Los visitadores no se conformaban con hacer preguntas. También medían los vestidos de las mujeres para determinar si eran demasiado largos o breves, o si tenían demasiados adornos. Observaban el peinado, contaban los anillos de sus dedos, se metían en la cocina para inspeccionar las alacenas y los platos, ya que no se permitían ni las golosinas ni las mermeladas. Se revisaban los libros para controlar si alguno tenía el sello de la censura. Los hijos eran interrogados sobre la conducta de los padres. Casi todo estaba prohibido: el teatro, los deportes, la ropa con bordados, las fiestas en familia con más de veinte personas, imprimir un libro sin permiso del pastor, las manifestaciones artísticas –ya que se consideraba que el arte tienta a la idolatría–, poner a los niños nombres que no fuesen bíblicos, reír en público.

Aguinis no cita las fuentes de sus afirmaciones. Dejo a nuestros historiadores la confirmación de las mismas. De ser fidedignas, bastarían para alarmarnos y alertarnos sobre cualquier semejanza con nuestro ámbito evangélico. La familia y la iglesia son espacios conservadores, pero cuidado, porque los tres jinetes del conservadurismo desatan la violencia y siembran el terror.

Hablamos de «violencia religiosa», entonces, cuando se reduce la vivencia cristiana al miedo a los castigos divinos, cuando la predicación está sobrecargada de amenazas de condenación, cuando la autoridad eclesiástica o los grupos religiosos se quieren imponer por la fuerza. Nos referimos a la «violencia familiar» cuando el vínculo familiar se establece a partir de golpes, insultos y castigos, cuando se exige una obediencia más allá de lo justo y razonable, cuando se manipula a los demás a través del dinero, del sexo u otros medios.

¿Cómo se expresan en la actualidad los signos de violencia doméstica y eclesial?

- En la familia, el *abuso emocional:* desvalorización, ridiculización, falta de afecto. En la iglesia, el *abuso espiritual:* apelar a la culpa, explotar el miedo, descalificar al otro con frases como «no tienes fe».

- En la familia, el *maltrato físico:* golpes, empujones, pellizcos. En la iglesia, el *maltrato económico:* hacer promesas de prosperidad proporcionales al volumen de las ofrendas, castigar a los que no alcanzan las metas económicas que imponen los líderes.

- En la familia, el *acoso sexual:* juegos que obligan al contacto sexual, manoseo, persuasión. En la iglesia, el *acoso sensual:* manipulación de las emociones por medio de la música, el efecto de las luces, el tono de la voz o los movimientos en la plataforma.

- En la familia, el *abuso del poder:* imponer la autoridad arbitrariamente por el dinero y la fuerza física. En la iglesia, el *abuso de autoridad:* el buen pastor impone su dictadura por la disciplina de la exclusión.

- En la familia, *el sexismo:* la mujer debe destacarse por la sumisión voluntaria al marido; en la iglesia, *el sacerdocio universal androcéntrico:* todos son salvos por la fe, pero las mujeres no pueden enseñar ni tomar decisiones.

– En la familia, *el silencio del abuso de poder*; en la iglesia, *acallar el uso indiscriminado del poder y amordazar a sus víctimas* en nombre de la supremacía del varón sobre la mujer.

Así podríamos continuar con estas ecuaciones de violencia eclesial y familiar: en la familia, el patriarcado; en la iglesia, el caudillismo. En el matrimonio, el divorcio; en la iglesia, los cismas. En la familia posmoderna, el facilismo; en la iglesia electrónica, la oferta religiosa. En la familia, la unidad de consumo; en la iglesia, las reglas del mercado.

En su medulosa exposición sobre «Abuso emocional y maltrato en la iglesia», el psicólogo Gustavo Valiño destaca que *el «abuso espiritual» es un tipo de vínculo que causa daño a la integridad espiritual, psíquica y/o física de una persona, sea en su búsqueda de apoyo o en sus intentos de servicio, a partir de pautas distorsionadas o relaciones disfuncionales que impiden el crecimiento, la libertad espiritual y la búsqueda de una relación más profunda con Dios.*

Por último, demos un vistazo a la producción editorial evangélica sobre el tema de la familia. Aquí viene a nuestro servicio el excelente trabajo de investigación realizado por Estela Somoza, con motivo de su tesis de maestría, presentado ante la escuela de posgrado de la Universidad Nacional de General San Martín (2002). En este trabajo se estudia la literatura evangélica dirigida a las familias que se congregan en iglesias de esa extracción en la Argentina. La autora focaliza su trabajo en el discurso de género que emerge de estos libros. Del poblado universo de libros evangélicos sobre familia, Somoza selecciona 117 títulos. Casi la totalidad de ellos corresponde a traducciones de autores estadounidenses como Christenson, Wright, Dobson, Smalley, Anderson y los esposos La Haye. La investigación demuestra que todos representan, con diferentes matices, las concepciones patriarcales y asimétricas de la relación hombre-mujer. Para citar solo un ejemplo, reproducimos un párrafo de su tesis:

Christenson (1970), siendo que está en el extremo más tradicionalista, opina que el varón es central en la creación, que la mujer está hecha para él, que a su vez él la cuida para que le satisfaga o sirva mejor (al igual, dice, que uno cuida a su automóvil, negocio, cuerpo para que funcione mejor, así [el esposo] cuida a su esposa para que sea mejor ayuda idónea), y que a ella esta función la satisface.

Esta violencia de género, justificada por el discurso del «orden divino», también se encuentra alojada hoy en la familia y en la iglesia.

Lo dicho es suficiente para alcanzar el objetivo de mínima de este trabajo: desmitologizar la iglesia y la familia como lugares paradisíacos donde el conflicto y la violencia son categorías extrañas.

4. Estrategias para la paz

Nuestro segundo objetivo, algo más ambicioso que el primero, era preguntarnos por estrategias que nos ayuden a desactivar la violencia residual que se incuba en ambos espacios.

El primer paso es admitir y denunciar que tenemos un problema. Quedar atrapados en el miedo y el silencio, o pensar que sólo se trata de un episodio pasajero, nos llevaría a perpetuar el ciclo de la violencia. Dice Valiño: «Una de las características fundamentales de los sistemas de abuso es que se sostienen sobre la base del silencio. El lema es: *"De eso no se habla"*». Corrernos de ese lugar significaría adueñarnos otra vez de la familia y de la iglesia como comunidades generadoras de salud.

El siguiente paso es pasar de un modelo de comunidad verticalista a un modelo participativo. Esto no implica desconocer la necesidad de la autoridad; implica, más bien, que la autoridad sana es la que se reconoce y no la que se impone. Esto es particularmente importante cuando descubrimos que el abuso de poder y la violencia van siempre de la mano. La iglesia y la familia no pueden construirse desde los modelos empresarial, militar o feudal. Para desactivar la violencia, debemos tener en cuenta qué modelo de iglesia y de familia queremos construir, porque eso influye en la forma de concebir y ejercer el poder. Las tensiones y conflictos no se pueden eliminar ni con la violencia del fundamentalismo, que controla todo, ni con la violencia del autoritarismo, que sanciona y excluye, ni con la violencia del patriarcado, que impone y uniforma. Tampoco ayuda la violencia del rechazo de la autoridad o de las verdades y valores fundamentales de la fe y de la familia.

El modelo de familia e iglesia que necesitamos para desactivar la violencia se basa en la comunión, el diálogo, la unidad en la diversidad y en un clima de libertad que acepta al otro. Adherimos a la exhortación del Consejo Mundial de Iglesias sobre la violencia, que insta a las iglesias a superar el espíritu, la lógica y la práctica de la violencia, a renunciar a toda justificación teológica de la violencia, y a reafirmar la espiritualidad de la reconciliación y de la no violencia activa.

En tercer lugar, aún desde sus propias heridas, la iglesia y la familia deben trabajar juntas para desactivar la injusticia social, que produce violencia. La violencia que existe en las calles, en la escuela y en el deporte es la respuesta que estamos recogiendo de quienes se han sentido excluidos, maltratados y no escuchados por un sistema social injusto. Detrás de un individuo violento hay una construcción social violenta.

La iglesia y la familia, como espacios socializadores privilegiados, junto a la escuela, pueden acompañar a la sociedad en la construcción de una cultura de la paz, desde una posición de humildad. El gobierno tiene diversas oficinas que prestan ayuda a las personas afectadas por las distintas formas de violencia. Sin embargo, esto no es suficiente. Es necesario que a partir de las familias y de las iglesias se desarrollen programas educativos para combatir este mal, que ministren a las necesidades físicas, morales y espirituales de víctimas y agresores.

En cuarto lugar, la iglesia y la familia deben recuperar el concepto bíblico de «fortalezas en medio de las debilidades», que hoy se trabaja con el nombre de «resiliencia» desde el campo de las ciencias sociales. El concepto de resiliencia alude a la capacidad de tener una vida sana en un medio insano a través de recursos como la creatividad, la autoestima, la espiritualidad, el humor, la iniciativa, y otros. *Las personas y los pueblos tienen recursos y potencialidades que, si los sabemos activar, pueden cambiar los pronósticos más agoreros por un futuro venturoso.*

La iglesia y la familia cuentan con recursos resilientes para recuperarse de esta enfermedad de la violencia: principios bíblicos para conciliar y resolver pacíficamente los conflictos, y profesionales cristianos calificados, dispuestos a trabajar por la paz en la familia y en la iglesia. *No obstante, por sobre todo, contamos con el gran pilar de la resiliencia: nuestro Dios de paz.*

ANEXO 2

FAMILIA, GÉNERO
Y CREENCIAS RELIGIOSAS

Estela Somoza

Las creencias religiosas pueden ser tanto recursos como impedimentos para el tránsito hacia relaciones familiares más igualitarias. Por lo tanto, utilizar la perspectiva de género para analizar los factores facilitadores y obstaculizadores del discurso religioso sobre el tema familia y ayudar a las personas que luchan con ellos, puede abrir caminos para aprendizajes más justos y liberadores.

INTRODUCCIÓN

María y Guillermo entraron en mi oficina con expresión desolada. Su vida familiar estaba colapsando: la deteriorada relación entre ellos daba señales de una ruptura inminente; sus hijos afectados por los conflictos familiares y económicos recientes expresaban en sus enfermedades y en su desempeño escolar los problemas no resueltos.

La lista de reclamos mutuos era interminable, desesperanzada, demoledora. Guillermo preguntaba: "¿No había ella boicoteado su vida y todos sus proyectos? ¿No estaba rebelándose continuamente contra su autoridad como cabeza de la familia? ¿No estaba destruyendo todos sus ideales como persona? ¿No los trataba mal a él y a sus hijos? ¿No estaba enojada con Dios y con la iglesia?" La respuesta de María no se hacía esperar: "¿No quería él realizar sus proyectos a costa de toda la familia? ¿No era destrucción el rechazo y abandono emocional al que se veía sometida? ¿Estaba él cumpliendo su función como cabeza del hogar? ¿Proveía el dinero que se necesitaba para vivir quedándose días enteros deprimido en la cama? ¿Las actitudes distantes no eran también destructivas para la autoestima? ¿No influía la sobrecarga de trabajo en su trato hacia los chicos? ¿Tenía autoridad para pedirle obediencia si él mismo no hacía lo que correspondía? ¿La trataba como un vaso más frágil como dice la Biblia?"

Todos los reclamos que se hacían tenían "un apoyo bíblico", pero Dios parecía tan distante de ellos como ellos lo estaban entre sí. Más allá de los diversos factores que influían en sus vidas (físicos, psicológicos, sociales, económicos), su estilo de relación estaba avalado y sustentado por un discurso tradicional que ellos suponían "bíblico, natural y cristiano". Como muchos de sus cuestionamientos provenían de sus creencias religiosas, sentían que una atención psicológica no podría ayudarles. La orientación pastoral recibida hasta el momento sólo alimentaba este círculo vicioso de reclamos mutuos y de relación de desigualdad. ¿Habría alguna respuesta liberadora para ellos desde la pastoral familiar?

Cambios y replanteos familiares

Las familias del tercer milenio viven en medio de cambios sociales, económicos, culturales, tecnológicos, que se suceden vertiginosamente. La rapidez con que se han ido realizando los cambios en nuestra sociedad supera ampliamente la de otros momentos históricos. En medio de una compleja situación mundial y nacional, las familias evangélicas, al igual que todas las demás familias, han ido efectuando cambios a sus propios ritmos, generalmente más lentos que los de su entorno. Conviven en ellas elementos nuevos y viejos, ideales de la modernidad y de la postmodernidad, mitos, creencias, expectativas, modos de vivir, que en forma consciente e inconsciente van afectando su modo de relacionarse dentro de la familia.

Entre los cambios que más afectan la vida familiar, se encuentran las profundas modificaciones en las funciones de las mujeres y los varones, en sus formas de pensarse a sí mismas/os y de relacionarse. Frente a la creciente conciencia de las mujeres de la opresión por razones de género y a los reclamos femeninos de igualdad en dignidad, derechos y oportunidades, frente a la inserción de las mujeres en el mercado laboral y a la desocupación que afecta a grandes sectores de la población y deja muchas veces a la mujer como principal sostén económico, muchos varones reaccionan sintiéndose amenazados en su masculinidad, y percibiendo una pérdida de los privilegios patriarcales. Cada vez más parejas se enfrentan a estos valores contradictorios, lo que aumenta la vulnerabilidad de las familias y en muchos casos la predisposición a situaciones de violencia conyugal.[1] Se plantea así la necesidad de encontrar estrategias de contención e intervención que incluyan el aporte de los distintos saberes: comunitarios, profesionales, y religiosos, que ayuden a crear nuevos modelos para las relaciones familiares y de género. Las crisis familiares afectan a las personas física, psicológica, social y espiritualmente, por eso cada uno de estos aspectos necesita ser encarado cuando surge un conflicto. Una aproximación que sólo se enfoque en una perspectiva secular o solo en una perspectiva religiosa, corre el peligro de dejar de lado la salud integral de los seres humanos. Considero que quienes trabajamos con las familias (sea en el ámbito secular o religioso), necesitamos aprender a reconocer la importancia de todos los aportes, y a trabajar coordinadamente y en colaboración.

En este espacio quisiera reflexionar sobre la contribución que podría brindarse desde las iglesias evangélicas.[2] Parto del

---

1 Sobre este tema ver, entre otros, a Jorge Corsi, comp., *Violencia masculina en la pareja*, Paidós, Buenos Aires, 1995.

2 Desarrollo este tema desde la mirada disciplinar del trabajo social (entendido en este caso como proceso de ayuda a la familia) y desde el contexto evangélico en que desempeño mis actividades, denominado por muchos autores como "evangelical". Ver por ejemplo a Samuel Escobar, en "¿Qué significa ser evangélico hoy?", *Misión* 1/1 (1982), pp. 14-18; 35-39.

supuesto de que la lectura de la Biblia, base de la fe evangélica, debería producir un efecto de valorización y dignificación del ser humano y favorecer el cambio de tendencias culturales que vayan en contra de los valores de dignidad, amor, respeto, solidaridad, igualdad y otros. De ser así, ayudaría a las personas y familias a vivir en el contexto actual, promovería el desarrollo de cada uno de los miembros individuales y de la familia como un todo. De otro modo, podría validar, sin proponérselo, pautas culturales tradicionales vinculadas con un modelo autoritario, que afectaría la salud integral de las familias.

FACILITANDO UN "LENGUAJE DE DERECHOS"

No pasa desapercibido que las creencias religiosas muchas veces juegan un papel preponderante en la construcción de las identidades y en la elaboración de arreglos en las relaciones de género. Pero así como es corriente que en la orientación familiar se aborden los problemas sin tomar en cuenta las relaciones de poder y de desigualdad entre los géneros,[3] también es usual que queden sin esclarecer las malas interpretaciones o el mal uso de las creencias religiosas para justificar esta relación de desigualdad. De esta manera se legitiman, en nombre de Dios, estructuras familiares perjudiciales tanto para los miembros de una familia como para el grupo familiar en sí y se obstaculizan las negociaciones democratizadoras que podrían iniciarse en la familia.

Para que en una familia sea posible la democratización familiar, es necesario que sus miembros negocien desde una condición de igualdad.[4] Por eso es necesario favorecer la generación de

---

[3] Virginia Goldner, "Generación y género: jerarquías normativas y encubiertas", Sistemas Familiares, (dic. 1988), pp. 35-49, señala que el género es una categoría irreductible en las observaciones de la teoría de familias, de la misma manera que lo es la categoría generación, y no una variable secundaria y mediadora, como son raza, clase, etnia, etc. Insiste en la necesidad de no tomar el tema "género" como una categoría de "caso especial" o "problema especial", sino ubicarlo en el centro de la teoría y observación de familias. De no hacerlo, se invisibilizan las vivencias de las mujeres, y se toma al varón como medida para la mujer.

[4] Cuando hablo de negociaciones en una familia, me estoy refiriendo a aquellas tratativas con las que se intenta lograr acuerdos cuando se producen

poder de los que están en desventajas (en este caso las mujeres) en cada lugar generador o reproductor de ideologías de género. Coria dice que el principal problema de las negociaciones en el ámbito familiar es que ponen de manifiesto un desacuerdo en el espacio de los afectos. Esto rompe con el *amor ilusorio* (que no conlleva ningún diferendo) y suele ser interpretado como un atentado a la unidad familiar, o como evidencia de desamor que, sobre todo las mujeres, deberían evitar si están de acuerdo con las pautas tradicionales de género.[5] Es por ello que cobra suma importancia la articulación de un discurso que legitime el derecho de todas y todos, y permita llegar a nuevos acuerdos más justos.

Pero hay que tener en cuenta que, aunque muchas veces en la vida cotidiana se producen cambios en las tareas o en los roles que se ejercen, estos cambios por sí solos no generan una verdadera transformación democrática. Para que ella suceda, es necesario que ese cambio vaya acompañado de lo que Di Marco[6] denomina "un lenguaje de derechos". En otras palabras, que los y las integrantes del grupo familiar se involucren en un debate que legitime esos cambios, que las mujeres puedan articular un discurso que exprese las razones de los cambios que reclaman, y que se instaure una voz legítima de la mujer, que tienda a producir una mayor simetría. Es aquí donde radica la importancia de la pastoral familiar con perspectiva de género, ya que podría facilitar el tránsito hacia relaciones más justas e igualitarias desafiando creencias estereotipadas –producto del androcentrismo subyacente en la mayoría de las teologías– y favoreciendo, con una lectura bíblica igualitaria, la elaboración de este lenguaje de derechos.

---

divergencias de intereses y disparidad de deseos. Sobre las negociaciones dentro de la familia, ver Clara Coria, *Las negociaciones nuestras de cada día*, Buenos Aires, Paidós, 1998.
5 *Ibíd.*,p.29.
6 Ver Graciela Di Marco, "La transformación de los modelos de género y la democratización de las familias" en Beatriz Schmukler y Graciela Di Marco, *Madres y democratización de la familia en la Argentina contemporánea*, Buenos Aires, Biblos. 1997, pp. 37-46.

Si utilizamos nuestra experiencia como líderes religiosas/os para iluminar los factores positivos de la fe, a la par que ayudamos a identificar aquellas creencias que no hacen honor a la igualdad que proclamamos, no solo posibilitamos que ocurran algunos cambios, sino que los miembros de la familia puedan involucrarse en una negociación que incluya un debate legitimador de las propuestas igualitarias, condición para que ocurra la democratización familiar.[7] Esta posibilidad de favorecer la articulación de un "lenguaje de derechos" en el proceso de orientación familiar es lo que me llevó a reconocer las posibilidades de hacerlo desde el ámbito de la comunidad de fe, y a indagar cuáles son los elementos del discurso evangélico que favorecen la democratización en la familia, y cuáles son los que obstaculizan la transformación. Analizando y ayudando a analizar el discurso de género podremos obtener los elementos para acompañar a las familias en este necesario proceso de democratización.

Discursos de género del sector evangélico

El cristianismo recibe fuertes críticas feministas por brindar aprobación y promover el sistema patriarcal. Sin embargo, también es posible notar que, a lo largo de la historia, algunas mujeres y hombres han podido negociar relaciones más igualitarias y aceptar estos cambios como parte de la nueva fe y ética cristiana. ¿Por qué? Si tomamos en cuenta que los sujetos y actores sociales no son receptores pasivos de los mensajes dominantes, sino que interactúan con los mecanismos discriminatorios respondiendo con aceptaciones, oposiciones, interacciones –en otras palabras, renegociaciones– entonces podemos acercarnos al problema en términos de reconocer las posibilidades de un discurso para la transformación.

Una de las formas de acercarnos al discurso de género es el análisis de la literatura utilizada por un grupo determinado. En este trabajo[8] me focalicé en las creencias del sector evangélico

---

7 *Ibíd.*, p. 37.
8 Las observaciones de este trabajo están basadas en mi tesis de maestría "La familia evangélica": el debate pendiente, presentada en la Universidad Nacional de San Martín, 2002. Realicé una muestra intencional tomando como

que abarca a las iglesias que surgen del trabajo misionero proveniente de misiones europeas y norteamericanas[9] analizando los elementos facilitadores u obstaculizadores de la democratización familiar presentes en su literatura sobre el tema "familia". Ningún discurso es totalmente homogéneo, sino que presenta diversos elementos, con diversas posibilidades para la redefinición de ideas.[10] La conformación del discurso sobre familia

---

criterio de selección los libros más vendidos en las librerías, la opinión de pastores/as y líderes del sector y mi propia experiencia de trabajo en dicho ámbito.

9 De acuerdo con la categorización de Escobar (op.cit.), en este grupo estarían incluidas las iglesias Interdenominacionales, como Hermanos Libres, algunos Bautistas, Alianza Cristiana y Misionera, iglesias independientes y otras, y las grandes iglesias pentecostales también provenientes de misiones europeas o norteamericanas, como Asambleas de Dios, Unión de las Asambleas de Dios, Iglesia Cuadrangular y otras. Este sector tiene una amplia literatura sobre la familia, del estilo de los libros de autoayuda, dirigida directamente a los miembros de las congregaciones o lectores/as laicos. Dada la importancia otorgada a la Palabra de Dios que caracteriza al sector, es usual que los miembros lean libros que respondan a sus necesidades desde una postura bíblica. Si bien es cierto que no todas las personas de la comunidad se abocan a la lectura de los libros, no es menos cierto que los pastores/as, líderes, educadores/as y consejeros/as se nutren de esta literatura que, eventualmente, es transmitida a los miembros de la congregación a través de predicaciones, programas educativos, consejos y otras formas similares. Los presupuestos de los autores que escriben los libros se nutren de las interpretaciones teológicas sobre el tema, pero la diversidad de ideas y los múltiples factores influyentes, generan un discurso que no es homogéneo.

10 El discurso expresa a la vez que modela, las características del contexto en el que surge. Todo discurso, incluyendo el teológico, conlleva un cúmulo de elementos ideológicos y de posiciones o posturas frente a la realidad en las que está inmerso. El discurso remite a una red de relaciones de poder histórica y culturalmente específicas, construidas socialmente, y por lo tanto, susceptibles de cambio. Si el discurso puede hacer que las personas tengan las creencias "apropiadas" (a través de la persuasión), indirectamente se pueden controlar sus acciones para que respondan a los intereses del grupo que tiene en sus manos el acceso al texto o al habla, como si estas fueran consistentes con sus propios intereses. Por esto, el análisis del discurso de género para las relaciones familiares permite discernir los elementos de inequidad y favorecer nuevas elaboraciones que tomen en cuenta los intereses de todos los miembros del grupo familiar. Sobre la relación entre discurso y género ver, entre otros: Giulia Colaizzi, "Feminismo y Teoría del discurso. Razones para un debate" en Giulia Colaizzi, comp., *Feminismo y Teoría del discurso*, Madrid, Cátedra, 1990, pp. 13-25; Teun Van Dijk, "El discurso como interacción en la sociedad" en Teun Van Dijk, comp., *El discurso como interacción social*, Vol. 2, Barcelona, Gedisa, 2000, pp. 19-64.

en las iglesias evangélicas es bastante compleja, debido a la ausencia de organismos o autoridades de alcance universal, lo que da lugar a diversas corrientes de pensamiento, generándose así la diversidad que caracteriza al sector. Esta diversidad y pluralidad son las que permiten las diferentes posibilidades.

Del análisis de la literatura surgen claramente dos corrientes a las que denominaré "discursos patriarcales" –por su fuerte énfasis en la autoridad masculina y la subordinación femenina– y "discursos hacia la igualdad" –que, aunque siguen sosteniendo algunos estereotipos de género, por lo general los ven como una construcción social. Estos discursos conviven con los anteriores pasando prácticamente desapercibidos.

Los discursos patriarcales

En líneas generales, los autores y autoras de esta corriente no presentan la propuesta arcaica o radical del patriarcado, sino la perspectiva de los patriarcados modernos,[11] que consideran a la mujer como complemento del varón. En otras palabras, si bien creen que la mujer está hecha a la imagen de Dios, sostienen que la creación de la misma tiene como finalidad la satisfacción del varón, el completarlo a él, y ayudarlo a realizar su misión en este mundo. Para fundamentar bíblicamente esta perspectiva presentan dos puntos fundamentales: la interpretación de la frase "ayuda idónea", con la que se califica a la mujer en el relato del Génesis (2:18) y la de la palabra "cabeza" con la que se califica al esposo en algunos pasajes del Nuevo Testamento. La frase "ayuda idónea" es la traducción del hebreo *ezerkenegdo*,[12] y esta corriente bíblica le otorga el significado de "ayudante subordinada". Con relación a los varones, consideran que la palabra "cabeza" *(kefale)* con que se designa al hombre en el Nuevo Tes-

---

11 Ver Josep-Vicent Marqués, "Varón y Patriarcado", *Ediciones de las Mujeres*, 24 (1997), pp. 17-30.
12 Expresión a la que, por su parte, la corriente hacia la igualdad le da el significado de "socia". Muchos autores desarrollan este tema. Ver, entre otros, a J. Scverino Croatto, *El Hombre en el Mundo 2: Crear y Amar en Libertad. Estudio de Génesis 2:4-3:24*, Buenos Aires, La Aurora, 1986 pp. 77-97. Un resumen sobre el tema se puede encontrar en: Rene Padilla, "La relación Hombre/Mujer en la Biblia", *Encuentro y Dialogo*, 8 (1990), pp. 7-21.

tamento, equivale a una posición de autoridad.[13] La perspectiva de la corriente patriarcal es androcéntrica y está fundamentada con algunos pasajes de muy difícil interpretación del Nuevo Testamento, a los que los autores/as interpretan con una hermenéutica literalista.[14] Hacen un fuerte énfasis en la "cadena de autoridad" que según sus palabras, fue instituida por Dios. Aseveran que el hombre y la mujer son iguales en dignidad pero distintos en su posición y función. Hacen fuerte énfasis en las diferencias, y presentan las distinciones en los roles masculinos y femeninos como ordenadas por Dios y parte del orden creado. Creen que el liderazgo del hombre es el ideal de Dios y que el pecado produjo distorsiones en las relaciones hombre-mujer, que llevaron a que el liderazgo "amoroso y humilde" del hombre fuese reemplazado por dominio o pasividad y que la sumisión inteligente y voluntaria de la esposa fuese reemplazada por usurpación de la autoridad o servilismo. Afirman que la redención tiene el propósito de quitar dichas distorsiones, lo cual implicaría que los maridos deben abandonar el liderazgo cruel y egoísta y crecer en amor y cuidado a sus esposas; y las esposas deben abandonar la resistencia hacia la autoridad de sus maridos y crecer en la sumisión voluntaria a sus maridos (excepto cuando implique desobediencia a Dios, aunque aún este punto es relativizado).

Estos discursos presentan algunos matices, en los que se destacan dos posiciones (que no están definidas nítidamente). A una denominaremos "el orden divino": ésta responde a los enfoques más tradicionalistas, con un fuerte énfasis en la autoridad masculina, asume los estereotipos de género tradicionales como naturales y ordenados por Dios.[15] A la posición más moderada dentro de esta corriente la denominaré "salvemos a la familia": ésta responde a las aproximaciones más difundidas en el país en

---

13 Los que pertenecen a la corriente más igualitaria consideran que dicha palabra en el griego original tiene un sentido de restricción, de cuidado, de unión con el cuerpo.
14 La cuestión hermenéutica subyace a cualquier interpretación que se realice. Los métodos que se utilizan para la interpretación y la aplicación de las verdades bíblicas son los que en definitiva determinan y dan un encuadre a las creencias que se sostienen y viceversa.
15 Los autores/as de esta posición son: Tim y Bevcrly La Ilaye, Larry y Nordis Christenson, Norman Wright.

la actualidad en el sector en estudio; sostiene los estereotipos tradicionales de género, pero no pone tanto énfasis en las relaciones de poder y autoridad, sino en enseñar habilidades de comunicación, amor y negociación para hacer que las familias funcionen.[16]

Discursos que apuntan hacia la igualdad

Esta corriente[17] tiene como punto de partida el principio de la igualdad entre todos los seres humanos, con un texto clave: "Ya no hay judío ni griego; no hay esclavo ni libre; no hay varón ni mujer; porque todos vosotros sois uno en Cristo Jesús" (Gálatas 3:28). A l igual que la corriente patriarcal, sostiene que la Biblia enseña que tanto el hombre como la mujer fueron creados a la imagen de Dios, pero sus interpretaciones sobre las relaciones de género son diferentes. Los autores de esta corriente consideran que lo importante del texto de Génesis 1:27-28 con respecto a la relación entre los géneros, es que presenta a la humanidad como una realidad sexuada que refleja la imagen de Dios *(Imago Dei)*. Ambos sexos comparten idéntica humanidad, igual dignidad y una tarea común (reproducirse y administrar los recursos del mundo). Para poder reflejar la imagen de Dios y realizar su propósito es necesario el aporte singular tanto del hombre como de la mujer en una relación de mutualidad. Por eso no ven las diferencias sexuales como justificativos para las relaciones jerárquicas. Aunque hay diferencias, éstas son entre dos seres humanos en pie de igualdad. Enfatizan más las semejanzas que las diferencias. Consideran que la subordinación de las mujeres a los varones es una consecuencia del pecado y no forma parte de la intención original de Dios. Sostienen que la redención de Jesucristo vuelve a brindar a los seres humanos la posibilidad de recuperar la intención original de Dios de que ambos sexos disfruten una relación de intimidad, de mutualidad y de un compañerismo de seres de igual dignidad y posición, creados a la

---

16 Los autores/as de esta posición son: James Dobson, Gary Smalley, Neil Anderson y Charles Mylander.

17 Los autores de esta corriente son: Norman Wright (que a través del tiempo fue variando sus posturas), Gilbert Bilezikian, Jorge Maldonado y David Augsburguer.

imagen de Dios. Esto implica que en la familia, esposos y esposas deben buscar satisfacer mutuamente sus preferencias, deseos y aspiraciones y ninguno debe buscar dominar al otro. En caso de desacuerdos, tienen que buscar acuerdos a través de los métodos bíblicos de resolución de conflictos y no por la imposición de uno sobre el otro. El liderazgo se comparte y se debe basar en las capacidades, experiencia y disponibilidad de los miembros de la pareja. De esta manera se podrían revertir los patrones de dominación e inequidad que a veces se imponen sobre la iglesia y la familia.

Elementos facilitadores u obstaculizadores de la democratización familiar

Es evidente que estas corrientes, aún proviniendo del mismo sector evangélico, tienen divergencias significativas. La Biblia, considerada palabra divina por ambas corrientes, es el punto de partida para las interpretaciones, pero los métodos hermenéuticos que se utilizan para la interpretación y aplicación de la misma y el bagaje de elementos ideológicos y posturas frente a la realidad que adoptan los autores/as influyen en las elaboraciones. No es necesario aclarar que estas interpretaciones cobran suma importancia si la persona supone que son un imperativo de Dios.

Esbozaré a continuación un resumen de algunos de los elementos de ambas corrientes, que pueden servir para el análisis de las creencias religiosas sobre el tema con los miembros de la familia.

Concepciones sobre el poder y la autoridad

Una de las formas de analizar las relaciones de poder en la familia es tomar en cuenta la distinción entre los conceptos de poder y de autoridad. El poder es el que permite disponer de los recursos, controlar la vida de otros, hacerse cargo de las decisiones, pero no necesariamente conlleva la autoridad, que es la que permite asumir esas decisiones con legitimidad y ser respetados/as y/o prestigiados/as por ello.[18]

En la corriente patriarcal, el esposo y padre es considerado como autoridad máxima en la familia. Su liderazgo[19] se justifica por estar inscripto en un supuesto "orden natural", biológico y divino (este último se deduce de la interpretación de algunos textos bíblicos). Este supuesto "orden divino" y "natural" da por sentada una relación unilineal entre autoridad y masculinidad, lo que concuerda con la concepción predominante en la cultura popular argentina.[20] Por lo tanto, aunque al analizar las prácticas familiares podrían encontrarse contradicciones, esta corriente de opinión evangélica refuerza las pautas culturales tradicionales argentinas y lo hace en nombre de la voluntad divina.

Como contrapartida a la jefatura masculina se busca la sumisión de parte de la esposa como parte de su deber frente a Dios, lo que lleva a la internalización de esta posición subordinada como legítima.[21] La opinión generalizada es que la subordinación femenina es un mandato universal y natural para todas las épocas históricas. Se afirma que es una subordinación unilateral

---

18 Sobre este tema, ver Di Marco, *op.cit.*, p. 80.
19 Utilizo la palabra liderazgo frecuentemente debido a que es la elegida por los autores/as y traductores/as de estos libros. Esta palabra incluye la idea de autoridad y poder y tiene como característica que debe ser amoroso y servicial y marcar el rumbo para la familia.
20 Ver DiMarco, *op. cit.*, p.79.
21 Oliveira (1998) distingue diferentes matices en las maneras que las mujeres enfrentan las relaciones de poder asimétrico: sumisión, imposición y cuestionamiento. La *sumisión* alude a la aceptación y obediencia de parte de la esposa al ejercicio de la autoridad masculina y lleva implícito que la mujer considere que debe respetar al cónyuge y pedirle permiso. Esta conducta es considerada legítima y, en muchos casos, las mujeres internalizan las normas y valores que suponen la inferioridad femenina como natural. La imposición está referida a situaciones en que el dominio masculino se mantiene mediante el uso de diferentes formas de violencia física o psicológica, y generalmente es un mecanismo que se utiliza cuando los controles ideológicos se debilitan. El *cuestionamiento* se refiere a las diferentes formas de resistencia de las mujeres al dominio masculino y a la defensa de los derechos de la esposa mediante la negación, la negociación o el conflicto abierto. Ver, Orlandina de Oliveira, "Familia y relaciones de género en México" en Beatriz Schmukler, coord., *Familias y relaciones de género en transformación*, México, EDAMEX, 1998, pp. 24-27.

(solamente de la esposa al esposo) y que además, debe hacerse en forma "voluntaria" a fin de facilitar el rol asignado al varón de ser "líder del hogar".

Según los más tradicionalistas, el poder y la autoridad generalmente deberían ir juntos, y le son adjudicados al hombre. Por su parte, los que están buscando recuperar la autoridad masculina como medio de beneficiar o "salvar" a la familia, piensan que el poder debe compartirse con la mujer, debido a que se le reconocen sus habilidades y competencias; pero la autoridad sigue siendo asignada al varón.

A diferencia de la anterior, la corriente que tiende a la igualdad considera que las relaciones de género deben ser de mutualidad, en una relación simétrica: Por el hecho de que tanto el hombre como la mujer son portadores de la imagen de Dios y la reflejan, cada uno de ellos complementa al otro. Se promueven relaciones de género no jerárquicas, en las que los derechos y la autoridad sean iguales para ambos, con una subordinación mutua. Sin embargo, en la mayoría de los autores/as de esta corriente no se produce el corte crítico con las posturas patriarcales, con lo cual se dificulta la reelaboración del tema.

Concepciones sobre "la familia ideal"

La corriente patriarcal tiene como modelo ideal la familia nuclear, compuesta por la pareja y sus hijos no emancipados, basada en relaciones jerárquicas de género como parte del plan divino. Prácticamente ignora las diversas configuraciones familiares existentes y las nuevas modalidades de relaciones familiares que van en aumento en nuestro país.[22] Si no se reconocen las distintas realidades familiares en la que viven los miembros de las iglesias se puede obstaculizar la posibilidad de que todos/as puedan sentirse incluidos/as o identificados/as, afectando el sentido de pertenencia de muchas personas evangélicas. Independientemente de los ideales comunitarios, la diversidad de formas familiares es una realidad actual ineludible. Es por ello

---

22 Ver C. Wainerman, y R. Goldstein, "Viviendo en familia: Ayer y hoy" en Catalina Wainerman, comp., *Vivir en familia*, Buenos Aires, UNICEF/Losada, 1994, pp. 183-201.

que los autores/as de la corriente igualitaria procuran desbaratar el mito de "la familia cristiana", considerando que las familias adquieren su estructura de acuerdo con la sociedad y cultura en la que están insertas.[23] Este es un aporte muy importante ya que introduce la necesidad y posibilidad de elaborar programas, propuestas, orientaciones para las personas que forman parte de otras configuraciones familiares.

Concepciones sobre la femineidad y la masculinidad

La corriente patriarcal sostiene los estereotipos tradicionales como si fueran esencias divinas. Es cierto que los textos más recientes introducen una mirada más suavizada de la masculinidad, pero siempre enfatizando el poder y los roles productivos. De la misma forma, la femineidad sigue sujeta a la maternidad y a los roles domésticos, aunque se acepte que la mujer realice trabajos extra-domésticos. En esta corriente predomina la imagen de la "mujer madre-esposa".

La corriente igualitaria por su parte, aunque promueve una flexibilización de roles y funciones, no pone de relieve las dificultades para lograr los cambios democráticos que ellos consideran bíblicos y casi alcanzados, o por lo menos, factibles de alcanzar sin conflicto. Los cambios sociales vertiginosos a los que asistimos no propician el paso sosegado hacia una mayor flexibilidad. Por esta razón, se podría aprovechar la gran cantidad de culturas y épocas históricas que se ven reflejadas en el texto bíblico, para observar que las virtudes cristianas se pueden manifestar en las diversas situaciones sociales. La creencia de que la palabra de Dios puede brindar alternativas para las personas a lo largo de toda la historia humana, es un recurso fundamental a

---

23 La familia cristiana es asimilada por los autores de la corriente patriarcal al ideal de "familia moderna": hogar nuclear "intacto" con jefatura masculina, separación de ámbitos público y privado, con el hombre-proveedor y la mujer-familia. El tema está desarrollado en forma muy esclarecedora en Judith Stacey, *In the Name of the Family. Rethinking Family Values in the Postmodern Age*, Boston, Beacon Press, 1996.

la hora de brindar apoyo a las familias y a las personas que integran la comunidad de fe.[24]

Estilos de negociaciones posibles en el sistema familiar

Los estilos de negociaciones propuestos por los discursos evangélicos patriarcales son los de complementariedad, ya que los miembros de la familia están unidos en una relación binaria complementaria jerárquica (esposo/esposa, padre/hijo).[25] Estas negociaciones denotan la existencia de personas que no están en un plano de igualdad para sostener el equilibrio del sistema y que dicho sistema tiene prioridad por sobre las necesidades y los deseos de los miembros, fundamentalmente de las mujeres. Son negociaciones de índole tradicional, que no cuestionan la asimetría del poder sino que apuntan a arrebatar alguna parte del poder del varón u obtener logros indirectos. Esto es estimulado a través de ejemplos que los mismos autores brindan en su afán de demostrar que el lugar de subordinación de la mujer no es un lugar de inferioridad. La voz de la mujer es escuchada siempre y cuando el discurso tradicional quede intacto. Las decisiones requieren de consensos y acuerdos aunque persisten en decir que la palabra final debería tenerla el hombre. En la práctica estos son espacios para que las mujeres puedan obtener mayor espacio de poder, pero sin la autoridad legítima para ejercerlo.

La corriente igualitaria, por su parte, está en camino hacia cambios más equitativos. Promueve la negociación y la concertación de intereses, tanto entre los cónyuges (quienes son animados a tratar los conflictos y a lograr acuerdos en un plano de igualdad), como con los hijos, cuyos intereses deben tener el

---

24 Bedford señala que no se puede dar por sentado que el cristianismo sea liberador para las mujeres, debido a la diversidad de caminos que éste presenta para las mismas. Cuando la fe estimula la igualdad de derechos y dignidad de mujeres y varones, las mujeres son impulsadas a reformular sus teologías, y esas nuevas elaboraciones se transforman en discursos que promueven una transformación liberadora. Creo que se podría pensar lo mismo con respecto a los varones. Ver Nancy Bedford, "Dar razón de la fe que hay en nosotras. Elementos de la teoría feminista como mediaciones socio-analíticas para la teología latinoamericana", *Proyecto,* 39 (2001), pp. 145-161.
25 Sigo a Di Marco en este tema.

peso correspondiente, aunque la responsabilidad recaiga sobre los padres. Se apunta a las negociaciones realizadas en simetría, tratando de construir acuerdos entre sujetos que posean la legitimidad y la posibilidad de redefinir la situación para encontrar una nueva que beneficie a ambos.[26] Por lo general los autores/as de esta corriente, a diferencia de la anterior, aclaran en forma explícita la hermenéutica que utilizan, incorporando los aportes de otras disciplinas en la interpretación y estudiando los textos bíblicos con mayor detenimiento y contextualización que la corriente patriarcal. Esto permite un análisis crítico de sus elaboraciones, que posibilita la reflexión para todos los que deseen profundizar en los temas; no se arroga a sí misma el ser "palabra de Dios". Así se facilita que mujeres y hombres evangélicos reconozcan la necesidad de repensar nuevos caminos más acordes con los valores de justicia, igualdad, dignidad y solidaridad entre los seres humanos que promueve el evangelio, sin quedarse con la idea de que los dogmas patriarcales son la única interpretación posible de la palabra de Dios.

El análisis igualitario evitaría también las consecuencias negativas que las pautas autoritarias traen aparejadas. A modo de ejemplo, en la literatura de la corriente patriarcal se ignoran las vinculaciones entre violencia familiar y los sistemas familiares jerárquicos y autoritarios, y muchas veces la integridad familiar parecería ser más importante que la integridad personal de las mujeres.[27] Esto obstaculiza la detección precoz de las relaciones abusivas y posterga la denuncia y pedido de ayuda cuando es necesario. Es cierto que se alienta explícitamente a realizar las denuncias en casos de maltrato, se previene en contra de las relaciones físicas o emocionales abusivas, y se estimula al apoyo comunitario en estas circunstancias, pero el efecto preventivo sería mayor si se promocionaran relaciones de género equitativas.

Actitud frente a la desigualdad de género

El androcentrismo de la corriente patriarcal trae consigo la invisibilización de las problemática de las mujeres (o el análisis

---

26 Di Marco, *op. Cit.*, pp. 40-46.
27 Ver Jorge Corsi, comp., *Violencia familiar,* Paidós, Buenos Aires, 1994

de las mismas desde el punto de vista y los intereses del varón). Difícilmente podría cuestionarse la asimetría de poder cuando las desigualdades están naturalizadas y consideradas como la voluntad de Dios para una pareja. En los textos más antiguos de esta corriente se combate al feminismo de manera directa, manifestándose un total desconocimiento de las desigualdades y discriminaciones padecidas por las mujeres. En los textos más recientes de esta corriente el silencio se rompe frente a los temas que tienen en común con el movimiento de mujeres (como el cuestionamiento a las relaciones abusivas, la pornografía, el incesto, la violencia), pero se brindan respuestas que permanecen en el orden patriarcal. Es cierto que algunas de estas orientaciones son más favorecedoras para las mujeres y los niños que muchas de las pautas autoritarias de la cultura argentina.[28] Esta podría ser una de las razones por las que la corriente recibe la adhesión de la población evangélica. Sin embargo, no llegan a legitimar los cambios que se pueden efectuar debido a que no cuestionan la asimetría del poder.

Junto con la escasa conciencia de las desigualdades, se percibe la invisibilización de las diferencias intragénero. Este silencio oculta la diversidad de necesidades y experiencias por las que transitan personas de diferentes etnias, culturas, clase social, etapas de vida y aún en las distintas posiciones que se ocupan dentro de la iglesia.[29] De esta forma, se favorecen y perpetúan las desigualdades aunque no se haga en forma intencional.

La perspectiva de la corriente igualitaria, en cambio, amplía la conciencia de las desigualdades de género y lleva a analizar los mismos textos bíblicos con otras miradas. Así, los autores pueden facilitar actitudes de solidaridad, apoyo y fortalecimiento

---

28 Entre ellas, las que favorecen que las decisiones sobre el uso del dinero se tomen con mayor consenso y que los recursos económicos se deriven para el bien de la familia, las que promueven la planificación familiar, y las que reconocen que la mujer debería tener más peso en las decisiones acerca de cuántos hijos tener.

29 A modo de ejemplo, mientras que una mujer proveniente de clase trabajadora podría encontrar que las enseñanzas recibidas favorecen su posición dentro de la familia y tener un importante espacio de participación en comparación con otros espacios comunitarios, una mujer soltera profesional podría llegar a sentirse totalmente excluida y discriminada.

de los que tienen menor poder de negociación, aunque en la mayoría de los casos prefieren hacerlo sin entrar en controversias o confrontar las creencias previas. Todos/as los/ as autores/as de esta corriente reconocen las diferencias que se pueden producir debido a la influencia de variables como la edad, sexo, posición social, educación, cultura y otras.

Roles productivos y reproductivos

La corriente patriarcal, en sus dos vertientes, sostiene las asignaciones tradicionales en los roles de género. En las últimas obras se observa una aceptación mayor de la participación femenina en el ámbito productivo sin que por ello cambie la creencia de que es natural que las mujeres se ocupen de los hijos, el marido y el hogar. Hace una identificación casi absoluta de la mujer-persona con la mujer-familia. La jornada laboral extra-doméstica se agrega a su jornada de trabajo doméstico. A los hombres se los sigue considerando naturalmente responsables del sostén económico del hogar y de los roles productivos. Aunque se les alienta a colaborar con las tareas del hogar y el cuidado de los hijos, estas tareas serían una muestra de su amor y no una responsabilidad que deban asumir.

Por su parte, la corriente igualitaria apunta a la flexibilidad y participación de ambos miembros de la pareja en los ámbitos de interacción que elijan, sin considerar que es natural uno u otro para ninguno de los dos sexos (aunque no sin contradicciones). Consideran que la crianza es una tarea para padres y madres, quienes tienen la responsabilidad de la formación psicofísica, social y espiritual de sus hijos. La autonomía de los hijos es altamente valorada, no se idealizan las condiciones de la niñez, sino que la mayoría opina que los más jóvenes deben vivir en circunstancias complejas en esta sociedad. La disciplina, cuidado y autoridad debe ser ejercida por ambos progenitores, aún en el caso de la separación. Aunque la madre aparece más vinculada con los hijos, se intenta corregir la desvinculación de los varones.

Derecho a la autonomía

La corriente patriarcal facilita la autonomía para los varones y la obstaculiza para las mujeres, especialmente para las que están casadas y son madres (aunque en la mayor parte de los textos aparecen rupturas en el discurso y espacios para la reelaboración).[30] Los puntos de vista sobre el *trabajo* denotan esta obstaculización a la autonomía femenina: por un lado, no se presenta ningún modelo válido de mujeres fuera de su rol doméstico. Por el otro, la masculinidad está estrechamente vinculada con el rol de proveedor económico, lo que puede reforzar un sentido de inadecuación en los varones que se enfrentan con una elevada tasa de desempleo, y con un contexto social en el que las mujeres muy a menudo son las principales proveedoras del hogar, o las proveedoras secundarias pero imprescindibles de la economía familiar. En los textos más recientes se percibe el impacto que produce en el discurso la creciente independencia económica que las mujeres van adquiriendo. Es por esta causa que se insiste en que las mujeres asuman una actitud paciente frente a las debilidades masculinas.

Para la corriente igualitaria, la autonomía es un valor sumamente importante y se promociona para todos los miembros de la familia. Los textos cuestionan explícitamente los intentos masculinos de mantener a la mujer en relaciones de dependencia. Manifiestan un mayor reconocimiento de la sobrecarga de trabajo femenino y su impacto en la calidad de vida femenina, y de la importancia del trabajo de las mujeres para la supervivencia, aunque el énfasis en este tema crucial podría ser mayor. Como se presentan modelos femeninos válidos y diversos –dirigentes de iglesias, profesionales, mujeres trabajadoras, de todas las clases sociales y niveles de instrucción– se favorece que los intereses

---

30 Entiendo por autonomía el proceso por el cual se adquiere el poder de controlar la propia vida. No se adquiere en forma definitiva, ni se carece de ella totalmente, sino que se va desarrollando en la medida en que cada persona puede ir reclamando su propio espacio y logrando satisfacer sus propias necesidades e intereses. Implica el reconocimiento de los derechos propios y ajenos, de la existencia de otros sujetos, el reconocimiento de que existen intereses en conflicto y, por lo tanto, la necesidad de negociación y concertación de intereses en un plano de igualdad.

y deseos de las mujeres sean más valorizados que en los demás textos. Ambas corrientes defienden el derecho a la autonomía de hijas e hijos.

Concepciones sobre el divorcio

Ambas corrientes lo consideran como una excepción permitida por Dios, ya sea por infidelidad o por alguna situación de riesgo. Sin embargo, los énfasis son diferentes.

Los textos de la corriente patriarcal utilizan métodos de persuasión con datos de investigaciones (algunas sin documentar) que muestran las diversas secuelas que deja el divorcio, fundamentalmente en los hijos.[31] Y aunque generalmente atribuyen a los hombres la responsabilidad por el aumento de los divorcios, la presión para que no se produzcan se ejerce sobre las mujeres. Es que, por una parte, los hombres parecen menos obligados a comprometerse con las relaciones familiares y parentales, imponiendo así sobre las mujeres una pesada carga de trabajo y responsabilidad, y por otra parte, a medida que las mujeres son menos dependientes de las ganancias del varón se ven más libres para evitar o dejar relaciones hostiles o abusivas.[32] Esta situación lleva a que sean las mujeres las que mayoritariamente decidan la ruptura matrimonial. El énfasis para que las mujeres acepten con paciencia las actitudes irresponsables de los varones y aún más, para que sean ellas las que "les dejen lugar" de forma tal que

---

[31] Muchas veces se analizan las consecuencias del divorcio en forma estigmatizada y generalizada. Se presupone que los hijos de hogares divorciados tendrán toda una serie de secuelas psicológicas o de otro tipo, o se presenta al divorcio como causal de una posterior pobreza. Sin embargo, es necesario tomar en cuenta que las situaciones de divorcio no son homogéneas. Muchas de las secuelas atribuidas al divorcio se deben más a las disfunciones que produjeron el divorcio, que al divorcio en sí mismo y muchas veces la tan mentada "feminización de la pobreza" y el impacto en los hijos de madres separadas provienen de las malas políticas de trabajo en relación a la mujer, de la discriminación laboral, o de la irresponsabilidad de los varones frente a la manutención de los hijos. Sobre este tema se puede ver, entre otros a Cecilia P. Grosmann, "Los derechos del niño en la familia. La ley, creencias y realidades"en Wainerman, comp., *op.cit.*, pp. 92-94; Di Marco, op.cit., p. 84-90.

[32] Ver Stacey, *op.cit*, pp. 50; 68-69.

ellos asuman sus responsabilidades, no resulta muy adecuado para fortalecer la posición de las mujeres. Si bien reconocen la necesidad de los varones de ser más responsables en el cuidado y sostén de los hijos, necesitan avanzar en el sentido de defender el derecho de los que están en inferioridad de condiciones y no utilizar técnicas discursivas coercitivas para que las mujeres no decidan las separaciones al querer evitar ser maltratadas o desposeídas.

La corriente "hacia la igualdad", también presenta la permanencia del matrimonio como el ideal de Dios, pero enfatiza que su gracia y misericordia proveen un paliativo para las situaciones irresolubles y promueve el apoyo de la comunidad de fe a las personas y familias que estén en una etapa de ruptura.

Orientaciones sobre los/as hijos/as

El cuidado, educación, estímulo y fortalecimiento de los hijos/as tiene un amplio espacio en el discurso y las prácticas evangélicas, especialmente a partir de la década del 80. Surgen orientaciones que integran las creencias bíblicas con la psicología y la educación. En ocasiones se impulsa y enfatiza el bienestar y autonomía de los hijos/as mucho más que el de las mujeres, aunque a su vez, se hacen eco de las preocupaciones femeninas con respecto a la crianza de los hijos/as Se notan diferencias entre los extremos, fundamentalmente en el tema de la autoridad. Vemos pasar de un fuerte énfasis en la sujeción y obediencia de los hijos/as hacia los padres y madres, a un fuerte énfasis en la atención de las necesidades de los hijos/as por parte de los adultos.

En términos generales ambas corrientes enfatizan que los padres eduquen a los hijos e hijas de forma tal que lleguen a ser adultos/as responsables y autónomos. Ambas corrientes consideran importante introducir la voz de los niños y las niñas, tanto en las decisiones que a ellos/as les afectan, como en los acuerdos sobre los límites y las disciplinas que se impondrán si éstos no se cumplen. Los textos, con algunas excepciones, fortalecen los derechos infantiles en mayor o menor medida, y desaprueban los abusos, los tratos bruscos o airados.[33] Sin embargo, a menudo quedan invisibilizadas las necesidades y experiencias de las niñas y en ocasiones se sugieren tratos diferenciales y estereotipados, especialmente en la corriente patriarcal. Los textos también son muy conscientes de la vulnerabilidad de los/las adolescentes, exhortando a los padres y madres a que respeten su individualidad, sus deseos y aún sus decisiones en cuanto a la fe, ya que no se acepta la imposición de las creencias religiosas.

Manejo del dinero

Según los autores/as de ambas corrientes, debería ser manejado de forma conjunta, basándose en principios administrativos y favoreciendo que el dinero tenga un uso que beneficie a toda la familia, teniendo los integrantes de la pareja la misma legitimidad para opinar sobre él. En la práctica, esto no sería posible en el orden jerárquico, ya que si el hombre tiene la autoridad de tomar la decisión final, también podría decidir sobre el dinero. Sin embargo, al no legitimarse el uso unilateral del dinero por parte del varón en ninguno de los dos grupos, se fortalece la posición de las mujeres y los niños con respecto a la utilización de los recursos económicos.

Derechos sexuales y reproductivos

La opinión generalizada es que hombres y mujeres poseen los mismos derechos y obligaciones sexuales, ya sea la responsabilidad en la procreación como el placer sexual. No obstante, en la práctica, difícilmente se pueda lograr esta mutualidad si la relación en sí está ordenada en forma jerárquica como lo propone la corriente patriarcal. De todas formas, no dejan lugar a dudas sobre la ilegitimidad de los abusos, lo que posibilita un mejor equilibrio en las relaciones que eventualmente podría tras-

---

33 Aún así, en algunos textos de la corriente patriarcal se recomiendan algunos castigos físicos para poner límites, y, aunque estas recomendaciones se hacen con muchas explicaciones y diferenciaciones de lo que es el maltrato y abuso, lamentablemente en la práctica muchas veces son utilizadas por los adultos para justificar abusos. Al permanecer en el orden jerárquico patriarcal, no pueden transmitir un mensaje que refuerce los derechos de los niños.

ladarse a otras áreas de la relación de pareja. Se favorece la planificación familiar a través de la instrucción sobre los diversos métodos anticonceptivos con el fin de que tanto el hombre como la mujer se involucren en la responsabilidad del control de la natalidad. Y se apunta a que la iglesia participe, se comprometa y colabore con las familias en la prevención de los problemas sexuales en una forma positiva.

Participación comunitaria

La promoción de la participación en las redes comunitarias evangélicas es un factor crucial tanto para los hombres como para las mujeres. Muchas veces es posible encontrar en la comunidad de fe recursos afectivos, de ayuda y aún económicos que no podrían encontrarse en la familia. Estas redes sociales naturales son muy importantes para tener en cuenta por el orientador familiar, ya que pueden colaborar en forma muy importante con la familia en dificultades.

"¿LA BIBLIA DICE...?"

Como en el ejemplo de la introducción, es frecuente escuchar que los integrantes de las familias evangélicas que buscan orientación realicen sus reclamos mutuos "diciendo que la Biblia dice.. ."Algunos temas recurrentes son: ¿Cómo debe ser un hombre o una mujer cristianos? ¿cómo debe una familia cristiana? ¿quién debe ejercer el poder y la autoridad? ¿quién debe ser el sostén del hogar? ¿de quién debería ser la responsabilidad de las labores domésticas? ¿de la educación de los hijos? ¿de poner los límites? ¿de manejar el dinero?

Es la sociedad como un todo la que realiza las asignaciones de género, pero estas son sostenidas y reproducidas día a día en la vida cotidiana por las instituciones, las familias, y las personas. Creo que las familias evangélicas muchas veces encuentran difícil hallar el camino para la resolución de sus problemas. En los ámbitos seculares es usual que se de por sentado que las pautas religiosas favorecen y promueven las pautas autoritarias. Y en los ámbitos evangélicos muchas veces se produce una simplificación que desconoce la complejidad de los problemas con los que luchan las familias, o se sostienen los valores patriarcales como si fueran pautas bíblicas, eternas, dadas por Dios. Tratar de modificar estas creencias sin tomar en cuenta las interpretaciones bíblicas que están por detrás de ellas es, o bien un trabajo infructuoso (ya que si "Dios lo dice" ¿quién puede oponérsele?), o un proceso que distancia a las personas de Dios y de los recursos espirituales tan imprescindibles en los momentos de crisis, porque ¿qué Dios es éste que promueve las injusticias?

Por eso, creo que es de suma importancia, al encarar un proceso de orientación familiar con perspectiva de género, tomar en cuenta algunas premisas básicas, ya sea que trabajemos en el ámbito religioso o secular:

1. Tomar en cuenta los comentarios religiosos, sea cual fuere nuestro ámbito de acción. Reconocer y evaluar la importancia que tenga para las/los consultantes. Trabajar en cooperación con algún consejero/a religioso/a capacitado/a en el tema en el caso de no poder encarar personalmente estos temas (por no pertenecer a la misma confesión, o no sentirse cómodo en el tratamiento de los temas religiosos).[34]

2. Intentar develar nuestros puntos ciegos en relación con nuestras propias actitudes frente a los temas de género. Necesitamos revisar nuestros prejuicios, nuestras creencias, y nuestras prácticas.

3. Somos los seres humanos los que interpretamos la Palabra de Dios, por lo tanto, no podemos evitar que nuestro bagaje interior esté presente en la interpretación. Más honesto es reconocerlo, clarificarlo, y explicitar desde dónde partimos para realizar nuestras interpretaciones de la Palabra Divina. Esto es válido para profesionales, pastores/as, escritoras/es evangélicas/o, y consultantes.

4. Necesitamos conocer las creencias y las interpretaciones que pueden estar afectando a las personas que asisten a la consulta de orientación. De otra forma, hay obstáculos que no podrán ser removidos o recursos que no podrán

---

34 Marie M. Fortune, *Vióleme in the Family: A Workshop Curriculum for Clergy and Other Helpers,* Cleveland,The Pilgrim Press, 1991, pp. 137-151.

ser utilizados. Sea que trabajemos en el ámbito religioso o secular, este tema debe ser reconocido y, en caso de ser necesario, trabajar en colaboración. Es importante enfatizar los recursos positivos de la fe en el proceso de ayuda.

5. El solo hecho de saber que hay varias interpretaciones sobre el mismo tema, abre un camino de posibilidades y de esperanzas para la familia que lucha con estas temáticas. El discurso que aparece como único y verdadero obstaculiza la posibilidad de la reflexión autónoma sobre los alcances y significados de las interpretaciones y evita la confrontación con las creencias previas, sea o no ésta la intención del autor.[35]

6. Analizar las creencias religiosas con perspectiva de género supone un desafío a lo que se da por sentado como natural y como "la voluntad de Dios", por lo tanto, el análisis no es fácilmente aceptado por las mujeres, y mucho menos por los varones, ya que ponen al descubierto una situación injusta frente a la cual se debe tomar una postura ética. Es necesario aceptar los desafíos que esto significa, y estar preparados para los mismos.

7. Visibilizar el impacto que tienen las creencias en la vida cotidiana ayuda también a poder incorporar otro lenguaje que facilitaría la transformación.

Conclusión

María y Guillermo recurrieron al Centro de Orientación Familiar en el que trabajo como un último intento de encontrar ayuda para resolver sus problemas, pero sin mucha esperanza. Lentamente, como con un ovillo enredado, fuimos analizando juntos, en un arduo proceso de ayuda, todos esos supuestos bíblicos que tanto les pesaba a la hora de comunicarse entre sí. La perspectiva de género aplicada a las pautas bíblicas fue una luz de esperanza que movilizó algunos recursos potenciales de esta pareja, trayendo la posibilidad de una calidad de vida diferente: realizaron una terapia de pareja, y cada uno continúa

---

35 Ver Van Dijk, *op.cit.*, pp. 19-64.

actualmente en terapia individual. Encararon los problemas de salud de toda la familia. Pudieron llevar a los niños a los especialistas que necesitaban. Pudieron integrarse nuevamente en una iglesia que favorece el crecimiento de toda la familia. Guillermo tiene una mejor y mayor participación en la vida de sus hijos, y disfruta de aprender a relacionarse con ellos. La depresión va cediendo lugar, y aún en medio de la crisis económica, tiene más trabajo del que puede realizar. María no está tan sobrecargada con lo doméstico, esto le permite pensar mejores formas de tratar a sus hijos. Pudo realizar algunos cursos que tenía postergados. Atiende su salud, y está pensando retomar el trabajo. Encontró nuevas amistades que valoran su nueva forma de vivir, y puede vencer la tentación de dejarse poner siempre en el lugar de "la mala". No necesita ser perfecta, con lo cual puede reflexionar y seguir cambiando. Todavía tienen muchas recaídas. Todavía luchan con sus problemas psicológicos, y tienen períodos en que los conflictos se intensifican. Pero están convencidos de que hay un camino de retorno hacia la paz, la armonía (no libre de conflictos) y la esperanza.

> Replantear los postulados del discurso evangélico sobre la familia les abrió el camino hacia nuevos aprendizajes. No fue un "milagro", sino que en sus vidas va haciéndose real la libertad que produce el saber que: No importa si son judíos o no lo son, si son esclavos o libres, o si son hombres o mujeres. Si están unidos a Jesucristo, todos son iguales. Y si están unidos a Cristo, entonces son miembros de la gran familia de Abraham y tienen derecho a recibir las promesas que Dios le hizo.[36]

---

36 Gálatas 3: 28-29, *Biblia Latinoamericana*, Madrid, Ediciones Castilla, 1972.

www.ingramcontent.com/pod-product-compliance
Lightning Source LLC
LaVergne TN
LVHW010156070526
838199LV00062B/4382